我
们
一
起
解
决
问
题

弗布克人力资源管理操作实务系列

员工培训管理实务手册

（第 4 版）

孙宗虎　姚小风　编著

人民邮电出版社

北　京

图书在版编目（CIP）数据

员工培训管理实务手册 / 孙宗虎，姚小风编著. --
4版. -- 北京 ：人民邮电出版社，2017.5（2024.4重印）
（弗布克人力资源管理操作实务系列）
ISBN 978-7-115-45531-4

Ⅰ. ①员… Ⅱ. ①孙… ②姚… Ⅲ. ①企业管理—职
工培训—手册 Ⅳ. ①F272.92-62

中国版本图书馆CIP数据核字（2017）第083494号

内 容 提 要

对于企业而言，如何选择培训方法、如何确定培训讲师、如何选取培训工具、如何设计培训课程、如何开展培训评估等都需要一系列系统性的解决方案，从而企业才能做到合理育才。

本书从员工的培训需求出发，系统介绍了培训的相关内容和具体操作方法。其内容涉及新员工、销售人员、技术人员、企业生产人员、企业管理人员的培训方案设计，脱岗与外派培训方案设计，以及拓展训练、沙盘模拟和E化培训三种特殊培训方式的应用等。

本书适合人力资源管理人员、行政管理人员、企业培训师、咨询师以及高校相关专业的师生阅读和使用。

◆ 编　著　孙宗虎　姚小风
　　责任编辑　程珍珍
　　责任印制　焦志炜
◆ 人民邮电出版社出版发行　　　北京市丰台区成寿寺路11号
　　邮编 100164　电子邮件 315@ ptpress. com. cn
　　网址 http://www. ptpress. com. cn
　　北京虎彩文化传播有限公司印刷
◆ 开本：787×1092　1/16
　　印张：19　　　　　　　　　　2017 年 5 月第 4 版
　　字数：450 千字　　　　　　　2024 年 4 月北京第18次印刷

定　价：69.00元
读者服务热线：（010）81055656　印装质量热线：（010）81055316
反盗版热线：（010）81055315
广告经营许可证：京东市监广登字 20170147 号

人力资源管理操作实务系列
专家委员会成员

以下名单按姓氏笔画顺序排列

王志强　三一集团高级副总经理　三一新能源投资有限公司总经理

王鹤鹏　生活家（北京）家居装饰有限公司武汉分公司总经理

白　云　凹凸人网（北京）咨询有限公司 CEO

龙红明　长沙市爱欣爱见教育管理有限公司人力资源总监

龙拉非　深圳市新睿女主人形象设计有限公司创始人

任　艺　华恒智信副总经理　高级咨询师

孙宗虎　北京弗布克管理咨询有限公司总经理

张　显　腾讯人力资源平台部助理总经理　腾讯上海分公司人力资源总监

张　颖　薪酬绩效专家　颖和企业管理咨询有限公司创始人　前腾讯高级薪酬绩效经理

李原淑　北大方正集团方正商学院执行院长

屈秀丽　北京恒昌利通投资管理有限公司人力资源高级经理

胡　炜　中信建投证券股份有限公司人力资源部高级副总裁

赵　磊　华恒智信副总经理　中国人力资源协会理事

郭振山　汇川技术 BU HRBP

龚高科　中车株洲所时代电气股份有限公司物流中心主任

郭　娟　京东集团 HRBP Head

程　玮　中国核工业二四建设有限公司人力资源部主管

彭皖寅　礼舍科技合伙人兼人力资源总监

熊俊彬　CSTD 中国人才发展社群创始人

魏晨琛　美科多（北京）家居用品有限公司常务副总

总序

伴随着"互联网＋"和人工智能的崛起，人力资源在企业中所起的作用也发生了重大的变化。人力资源部门所扮演的角色，将伴随着这些变化不断调整。

第一，在人员招聘上，正逐步从招人走向找人。未来找人将成为人力资源招聘的常态。

第二，在人员培训上，正逐步由技能培训走向领导力开发。人力资源开发将变得非常重要，提升员工的领导力将是未来人力资源部门重要的工作任务之一。

第三，在组织设计上，未来人力资源将基于平台开展组织设计的各项工作。"平台＋个人"将成为未来组织的常态。

第四，在雇佣关系上，雇佣时代逐步退去，合伙时代正在开启。

第五，在人员管理上，随着智能机器逐步取代一些蓝领岗位，未来的人员管理将更多集中于对高知型人才的管理。

不管组织如何变革，技术如何发展，在企业管理中，人依然是最重要的资源，而对人的管理也依然是企业管理中永恒的主题。

在企业中，不管是"招人"还是"选人"，不管是"育人"还是"用人"，人力资源管理工作者仍将发挥着重要的作用。将企业的人力资源转化为企业的竞争优势仍将是人力资源管理工作者主要的工作。

企业人力资源管理工作者在培训、人员开发、人才盘点、绩效薪酬、员工关系等工作上，仍会基于企业的人力资源战略，不断落实企业人力资源管理的各项工作，并做到求真务实；同时在管理实践中仍需要使用人力资源管理的各种工具、方法、方案和模板。

人力资源管理工作是一项实务性很强的工作，仅有战略而缺少实施战略的方法和工具是无法达到预期效果的。如何把人力资源管理的工作落到实处；如何从实际出发，设计出行之有效的方案和工具；如何把人力资源各项工作加以细化；如何执行人力资源各项具体的工作……这些都是亟需解决的问题。

这套图书从人力资源管理实务的角度出发，针对某一个部门、某一类人员、某一类事项的管理问题，提供了细节化、工具化、方案化的解决策略，体现了很强的实用性和工具性。

因此，这套图书既可以作为人力资源管理工作者的工具书和操作手册，也可作为高校人力资源管理专业教材，尤其适用于职业院校人力资源专业。

北大方正集团方正商学院执行院长

李原淑

2017 年 5 月

再版前言

《员工培训管理实务手册》是"弗布克人力资源管理操作实务系列"图书中的一本。本书最大的特点是针对三种不同级别的管理人员和三种经常需要培训的人员分别提供了培训方案，便于培训工作者随时查阅和参照。

本书从员工培训需求分析出发，按照不同级别、不同岗位以及不同的培训方式详细叙述了企业应该如何开展培训工作，是一本关于培训方案设计和培训实施管理的工具书。

《员工培训管理实务手册》前三版上市近十年来，赢得了大量读者的关注与喜爱。他们对本书给予了高度评价，同时针对书中存在的问题提出了客观的批评和有效的改进建议。在此，衷心感谢广大读者多年来对弗布克的大力支持！

在对读者反映的问题、提出的意见进行充分研究的基础上，我们结合市场调研的结果及企事业单位的现实需求，对《员工培训管理实务手册》进行了第3次改版。此次改版，我们将原书中的部分内容进行了替换、补充和更新，其目的就是使本书更加符合读者的实际工作需求，更好地实现我们"拿来即用"的承诺。

在编写《员工培训管理实务手册（第4版）》时，我们在第3版的基础上做了如下修订。

1. 结合"大数据""移动互联网"这一时代背景，此次改版新增了移动互联网时代新型培训方式的实操内容，从而有助于企业推进个性化学习、改善培训机制。

2. 基于目前各种创新的商业模式不断涌现这一时代特征，此次改版新增了电商、微商等培训课程设计模块，以便更好地满足企业培训工作的需要。

在本书修订的过程中，孙宗坤、孙立宏负责资料的收集和整理，董连香负责图表的编排，郭蓉、刘娜参与修订第一、二章，王伟华、张天骄参与修订第三、四章，王海燕、李瑞峰参与修订第五、六章，高玉卓参与修订第七、八章，李作学、齐艳霞、赵安香参与修订第九章，刘瑞江参与修订第十章，余雪杰参与修订第十一章，全书由孙宗虎、姚小风统改、定稿。

弗布克 HR 咨询中心

2017 年 5 月

目　录

第一章

员工培训需求分析

为了适应科学技术的不断发展和企业经营环境的持续变化，企业需要不断地对员工进行岗位知识和技能培训。当发现员工的知识和技能与岗位的实际需要之间存在差距时，企业可以通过专项培训缩小这种差距。

培训需求分析就是在培训需求调查的基础上，结合绩效差距，对企业员工在知识、技能等各方面进行整体分析，从而确定培训的必要性及培训内容的过程。不进行培训需求分析的培训是盲目的，往往达不到预期的培训效果。培训需求分析是确定培训目标、制订培训计划、具体实施培训的前提条件和进行培训评估的基础，是培训工作及时、有效开展的重要保证。

第一节　员工培训需求的细分

一、培训需求产生的原因

对培训需求形成原因的客观分析直接关系到培训的针对性和实效性。培训需求产生的原因大致可以分成以下三类。

（一）工作内容改变产生的培训需求

企业处在不断变化发展的环境之中，不同岗位的工作内容也会相应地发生变化，为了适应这种变化，培训需求随之产生。

（二）工作领域改变产生的培训需求

无论员工原来从事何种工作，只要他们进入一家新的企业，踏入新的工作领域，为了尽快进入工作状态，参加培训是他们的首要选择。

（三）追求绩效目标产生的培训需求

实现既定的或更优异的绩效目标是企业所希望的，但部分员工因能力方面的原因，达成既定的业绩目标有困难，由此产生了相关的培训需求。

二、员工培训需求的分类

员工培训需求可以按不同的角度进行分类：按培训对象的范围不同可分为普遍培训需求和个别培训需求；按培训时间的长短不同可分为短期培训需求和长期培训需求；按培训表现的方式不同可分为显性培训需求和隐性培训需求。

（一）普遍培训需求

普遍培训需求是指全体人员的共同培训需求，包括职业素养、通用管理技能、个人发展等培训需求，但不包括专业知识、专业技能等培训需求。

普遍培训需求的具体内容详见表1-1。

表1-1 普遍培训需求的具体内容

分类	具体内容
增强企业认同的培训需求	企业文化、企业发展历程、企业关键事件、企业基本规章制度等培训需求
提升员工素质的培训需求	员工工作态度、工作方法、人际关系、职业生涯管理等培训需求
提升员工技能的培训需求	计算机操作基本技能、外语应用基本技能等培训需求

（二）个别培训需求

个别培训需求由于部门不同、层级不同、岗位不同、资历不同而产生，是部分人员或个别人员的培训需求，各类专业技能培训就属此类。

个别培训需求的具体内容详见表1-2。

表1-2 个别培训需求的具体内容

分类	具体内容
不同类别人员的培训需求	新入职员工、新任管理人员等的培训需求
不同工作部门的培训需求	人力资源部门、行政部门、生产部门、质量管理部门、采购部门、营销部门等的培训需求
不同工作团队的培训需求	临时项目组、部门内不同团队等的培训需求

（三）短期培训需求

短期培训需求大多是指企业在未来一年内的培训需求，包括年度培训需求、季度培训需求、月度培训需求等。

短期培训需求包括突发情况的解决、引进技术的普及、政策法规的学习，侧重于对具体问题的解决和具体事项的处理，适用于由不满意到满意、由不合格到合格、由不胜任到胜任这一范畴的培训。

（四）长期培训需求

长期培训需求是指企业在未来一年以上（不含一年）这个时间段内的培训需求，这类培训需求的产生并不是基于现状，而是基于企业未来发展的要求。长期培训需求制定的依据是企业未来的发展战略目标和经营管理目标。

长期培训需求涉及理念变革、战略转换、人才培养等方面的培训内容。

（五）显性培训需求

显性培训需求是指当前状态下培训对象在专业知识、技能水平和工作能力等方面进行提高的需求，它是基于现时的企业需要、组织要求和个人期望的培训需求。

（1）显性培训需求的信号

显性培训需求的信号比较容易识别，主要有如图 1-1 所示的六种情况。

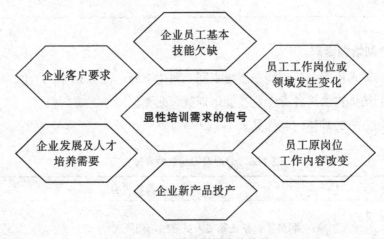

图 1-1　显性培训需求的信号

（2）显性培训需求确定的方法

显性培训需求比较容易确定，员工往往能够比较清晰地说出他们的显性培训需求。企业员工显性培训需求确定的方法如下。

① 企业引导员工说出培训需求

企业培训管理人员识别到明显的培训需求信号后，可通过面谈法、问卷调查法、小组讨论法、关键事件法等对显性培训需求进行确定。

② 员工自我申报

企业可以建立员工个人培训需求自我申请机制，即由员工说明参加培训的项目、时间、理由和依据，然后对其进行审批。

（六）隐性培训需求确定

隐性培训需求是指在当前状态下尚未被组织普遍认同、未直接显示出来的，同时也是企业因客观形势发展而存在的培训需求。

（1）隐性培训需求的特点

隐性培训需求与显性培训需求有着密切的联系，很多情况下隐性培训需求是显性培训需求的延续。隐性培训需求的特点具体如图1-2所示。

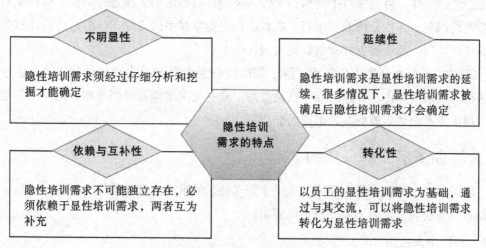

图1-2　隐性培训需求的特点

（2）隐性培训需求的信号

一般来说，隐性培训需求的信号包含但不限于如图1-3所示的六个方面。

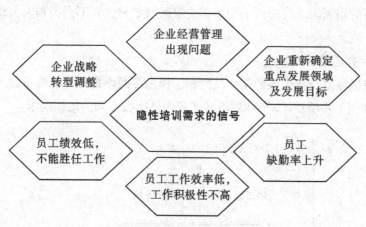

图1-3　隐性培训需求的信号

（3）隐性培训需求确定的方法

隐性培训需求的确定更多的是依赖于培训管理人员的观察分析和系统思考，即建立在信息收集的基础上，对信息进行整理、分析以及深度挖掘。隐性培训需求确定的方法具体如下。

① 深度调查隐性需求。管理培训人员识别到隐性培训需求信号后，可通过面谈法、小组讨论法、观察法、问卷调查法等对员工隐性培训需求进行深度调查，也可事先预计可能的隐性培训需求，再深入到员工的实际工作中进行有针对性的调查。

② 与同行业的竞争对手进行对比和分析。培训管理人员需关注和了解同行业其他企业的培训工作，将竞争对手的培训工作同企业自身的培训工作进行对比，以产生对员工隐性培训需求评估分析的新思路。在对比行业竞争对手的培训工作时，应关注竞争对手的培训项目、培训的方式及培训机构选择等。

③ 建立员工培训需求信息库。除了深度调查企业员工的隐性培训需求外，还应定期进行员工素质测评，并进行相关信息整理，建立员工培训需求信息库，监控员工培训需求的变化及培训实施后员工素质的变化。

三、培训需求分析三层面

培训的成功与否在很大程度上取决于需求分析的准确性和有效性，企业可以从个人层面、职务层面和企业层面分析培训需求。

（一）个人层面

培训是针对具体的员工和具体的岗位进行的，所以，在公司整体员工素质结构分析的基础之上对拟接受培训的个人展开分析，是整个培训需求分析的核心，对培训效果起着决定性的作用。

个人层面的培训需求分析可采用培训对象区域划分法和不同类别人员培训需求定位法两种方法。

1. 培训对象区域划分法

培训对象区域划分法先按照工作技能和工作态度两项指标，将员工归入四种不同的区域（具体如图1-4所示），再针对不同区域人员挖掘不同的培训需求。

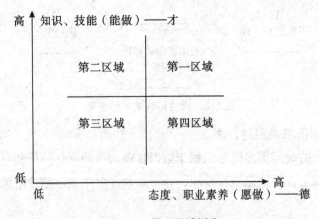

图1-4　员工区域划分

第一区域员工：德才兼备，各方面素质都过硬，已是或将是企业的核心员工或业务骨干。这类员工是企业的重点培养对象。

培训部的职责就是督促这类员工做好职业发展规划，为其安排一些提升培训，不断引导其从操作层向执行层、管理层发展。

第二区域员工：知识和技能过硬，但工作态度不太好，职业素养不太高。

针对这类员工的培训要解决的是其工作态度和职业素养的问题，培训部可以安排其参加企业文化培训、团队协作精神训练、职业素养提升培训等，并加大对其的绩效考核力度。

第三区域员工：知识和技能不符合岗位要求，工作态度也不好。

对于这一区域内的员工，人力资源部门可以与其进行个别谈话，了解其想法；向其直属领导了解实情，要求这类员工在规定的时间内适应岗位的要求，否则予以转岗或辞退。企业可以安排这类员工接受各项培训。当然，这会花费大量的人力、物力和财力。

第四区域员工：知识和技能不符合岗位要求，但工作态度好。

培训部需要安排这些员工参加专业知识培训和技术操作训练，使其尽快达到岗位的硬性要求，以便更好地为企业服务。

2. 不同类别人员培训需求定位法

不同工作性质的人员，其培训需求是不同的。按进入组织的时间先后划分，可以将员工分为新员工和老员工（即在职员工）；而老员工按岗位级别划分，又可分为基层员工、中层主管人员以及高层管理人员，以上这几类人员的不同培训需求定位如图1-5所示。

（二）职务层面

职务层面的培训需求分析是指对某一职务的任职要求和业绩指标进行评价，由此得出该职务现任员工所应掌握的知识和所应拥有的技能与员工实际拥有的知识和实际拥有的技能之间的差距，进而明确培训需求的一种分析方法，具体内容如图1-6所示。

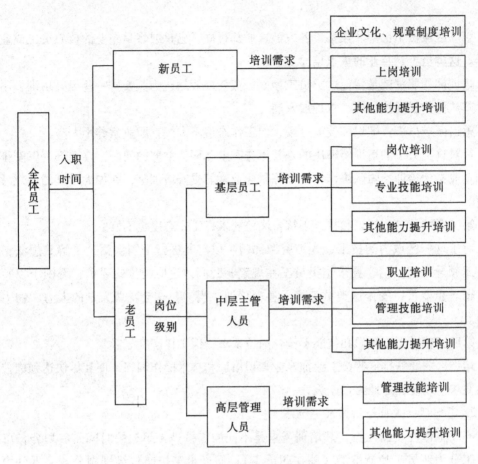

图1-5　不同人员的培训需求定位

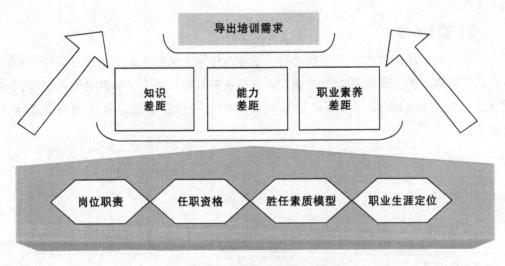

图1-6　职务层面培训需求分析示意

（三）企业层面

企业层面的培训需求分析是指通过对企业的目标、资源、环境等因素的分析，准确找出企业存在的问题，并确定具体培训需求的一种分析方法。

1. 企业层面培训需求分析的内容

企业层面培训需求分析的内容详见表1-3。

表1-3 企业层面培训需求分析的内容

分析内容	分析内容细化说明
企业目标	明确企业目标是确定培训目标的关键，企业目标不清晰，培训目标就无法有效界定，最终会影响培训的实施和对培训效果的分析
企业资源	企业资源分析包括以下三类资源的分析 ①资金资源，即分析企业为支持培训工作开展所能承担的经费 ②时间资源，即分析企业业务开展方式和经营管理的特点，以此来确保是否有足够的培训时间 ③人力资源，既要分析企业目前的人力资源状况，又要分析组织未来的人力资源需求
企业环境	主要从企业内部环境与外部环境两方面进行分析，内部环境包括企业文化、企业的软硬件设施、企业经营运作的方式、各种规章制度等；外部环境包括企业所在地区的经济发展状况、地域文化等
企业员工素质结构	员工素质结构分析主要包括以下四项内容 ①员工所受教育，即分析员工所受教育程度对岗位工作的影响 ②员工专业结构，即分析员工所学的专业知识与岗位技能的匹配度 ③员工年龄结构，即分析不同岗位的年龄特点以及员工年龄层次的分布情况 ④员工性格结构，即分析不同岗位的工作特点对岗位任职者性格的不同要求

2. 企业层面常见培训需求事项

企业层面提出的常见培训需求事项如图1-7所示。

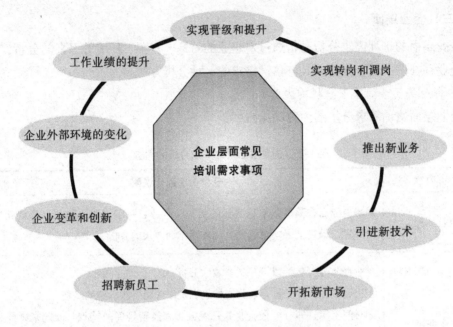

图1-7 企业层面常见培训需求事项

第二节 员工培训需求调查方法

员工培训需求的调查方法有很多，这里介绍四种简便可行的培训需求调查方法，供企业参考。

一、面谈法

面谈法指的是访谈者根据与受访人面对面的交谈，从受访人的表述中发现问题，进而判断出培训需求的调查方法。

面谈分为正式和非正式两种情况。正式面谈是指访谈者以标准的模式向所有的受访人提出同样的问题的面谈方式；非正式面谈是指访谈者针对不同的受访人提出不同的开放式问题，以获取所需信息的面谈方式。

（一）面谈法的优缺点分析

面谈法同其他培训需求调查方法一样，有着自身的优缺点以及适用范围，所以企业在开展实际培训需求调查时，最好不要单独使用一种方法。面谈法的具体优缺点如图1-8所示。

面谈法的优点	面谈法的缺点
（1）得到的资料全面	（1）受访人容易受到访谈者的影响
（2）得到的资料真实	（2）需要投入较多的人力、物力、时间
（3）能够了解问题核心，有效性较强	（3）面谈涉及的样本容量小
（4）能够得到自发性回答	（4）可能会给受访人带来不便
（5）能够控制非言语行为	（5）可替代性较差
（6）开展团体面谈可以节省时间	

图1-8　面谈法的优缺点

（二）开展面谈的流程

通过面谈法收集培训需求分析信息时，可以按照图1-9所示的流程执行。

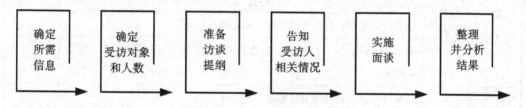

图1-9　面谈法收集信息的流程

（三）对不同层级员工实施面谈法的关键点

组织在针对新员工、专员、主管、经理等不同级别的员工进行培训需求调查时，要依据具体要求选择面谈内容（详见表1-4）。

表1-4　对不同层级员工实施面谈法的关键点

受访人员类别	面谈法实施关键点
新员工	访谈组织文化、规章制度、职业化心态等内容
专员级员工	访谈岗位技能、专业技能等内容
主管级员工	访谈职业化、管理技能等内容
经理级员工	访谈管理技能、领导力提升等内容

（四）面谈法使用实例

运用面谈法进行培训需求分析调查时，决定面谈法能否达到面谈目的的关键在于访谈者是否有一份能启发、引导受访人讨论关键信息，防止谈话偏离主题的面谈提纲。鉴于面谈提纲对于面谈目标达成的重要性，下面提供一个范例以供参考（详见表1-5）。

表1-5　基层员工绩效提升培训需求面谈提纲示例

受访人：　　　　　　　　　　　　　　　　　　　　　访谈时间：

调查指标	访谈具体问题	访谈记录
员工目前绩效现状自我认知	个人绩效方面目前存在哪些不足	
	个人是否清楚自己所处职位的目标绩效水平	
	个人目标绩效与现实绩效之间存在的差距	
	个人如何得到关于自己绩效的反馈	
	个人绩效低会对企业有什么影响，是否妨碍团队达成目标	
绩效低的原因（1）工作环境（2）知识技能（3）工作态度	你认为是什么事情阻碍了个人绩效的发挥	
	工作环境中哪些变化会导致个人绩效低	
	目前你所掌握的技能有哪些	
	为达到标准绩效水平，个人当前的技能是否够用	
	如果没有掌握目标要求的技能，你会如何解决	
	你是否已经掌握了目标要求的技能但没有加以应用？如果是，请说明原因	
学习动机调动	如果个人绩效低却没有被指出，你会怎么做	
	如果个人绩效低的情况被指出，你会得到什么裨益	
	如果是上述因素导致绩效低，你会采取什么措施改变现状	
	自己是否尝试过直接针对问题的解决方案	
	是否有比培训更简单的解决方案	
培训负责人	你期望由谁来负责培训？具体原因是什么	
培训内容	为改变绩效现状，是进行知识、技能培训还是改变工作心态的培训	
培训期限、时间	培训期限多长为宜？你更倾向于在工作时间还是休息时间进行培训	
	工作时间接受培训不太现实的话，具体在休息时间内的哪段时间培训合适	
培训地点	是选择内部培训场地还是外部培训场地	
培训方式	你希望采取何种培训方式，是讲课类培训、阅读类培训、研讨类培训还是演练类培训	
	对培训讲师和讲授方法有什么要求	
	个人的学习风格是什么	
培训评估	你认为培训结束以后应达到什么效果	

二、观察法

观察法是指通过较长时间的反复观察，或通过多种角度、多个侧面或在具体时间段进行细致观察，进而得出结论的调查方法。

（一）观察法的优缺点分析

了解员工工作表现的最佳方式就是观察，仔细观察能够发现员工工作中存在的问题。实施观察法的优缺点如图1-10所示。

观察法的优点	观察法的缺点
（1）不妨碍被观察对象的正常工作和集体活动 （2）通过观察所获得的资料能够更准确地反映实际培训需求，偏差小	（1）观察者只有熟悉被观察者所从事的工作程序和工作内容，才能做好观察工作 （2）如果被观察者对观察者的观察行为有所察觉，可能会故意做出假象，致使观察结果产生偏差

图1-10　观察法的优缺点

基于观察法存在的上述两大缺点，在运用观察法调查培训需求时，可以采取如图1-11所示的两种改进方法。

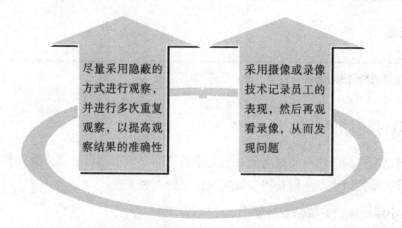

图1-11　观察法的两种改进方法

（二）观察法使用实例

表1-6是采用观察法收集培训需求信息的实例。

表1-6　观察法使用实例

观察对象：_____　　　　　地点：_____　　　　　日期：_____

观察项目	很好	好	一般	差
工作效率	□	□	□	□
工作质量	□	□	□	□
工作情绪	□	□	□	□
服务态度	□	□	□	□
工作中的耗损情况	□	□	□	□
工作中的安全意识	□	□	□	□
工作的熟练程度	□	□	□	□
工作方法是否恰当	□	□	□	□
时间安排的合理性	□	□	□	□
创新能力	□	□	□	□
团队协作能力	□	□	□	□
领导组织能力	□	□	□	□
语言表达能力	□	□	□	□
解决问题能力	□	□	□	□
团队中的影响力	□	□	□	□
部门整体情况				

注：将观察到的结果在最贴切选项下的"□"中打"√"。

三、小组讨论法

小组讨论法同面谈法有相似之处，它是指从培训对象中选出一部分具有代表性且熟悉问题的员工参加讨论，从而获得培训需求信息的一种方法。

（一）小组讨论法的优缺点分析

小组讨论法的优缺点如图1-12所示。

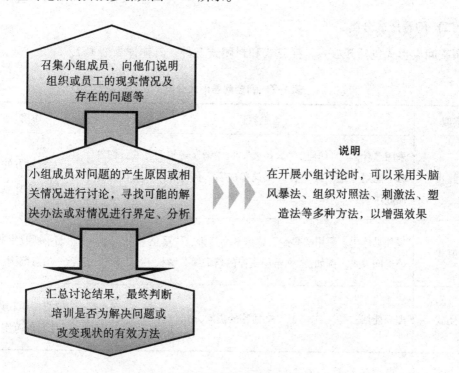

图1-12　小组讨论法的优缺点

（二）小组讨论法的开展步骤

小组讨论法的开展步骤如图1-13所示。

召集小组成员，向他们说明组织或员工的现实情况及存在的问题等

小组成员对问题的产生原因或相关情况进行讨论，寻找可能的解决办法或对情况进行界定、分析

说明

在开展小组讨论时，可以采用头脑风暴法、组织对照法、刺激法、塑造法等多种方法，以增强效果

汇总讨论结果，最终判断培训是否为解决问题或改变现状的有效方法

图1-13　小组讨论法的开展步骤

四、问卷调查法

问卷调查法是指通过预先设计的调查问卷收集培训需求信息的调查方法。

（一）问卷调查法的优缺点分析

问卷调查法的优缺点如图1-14所示。

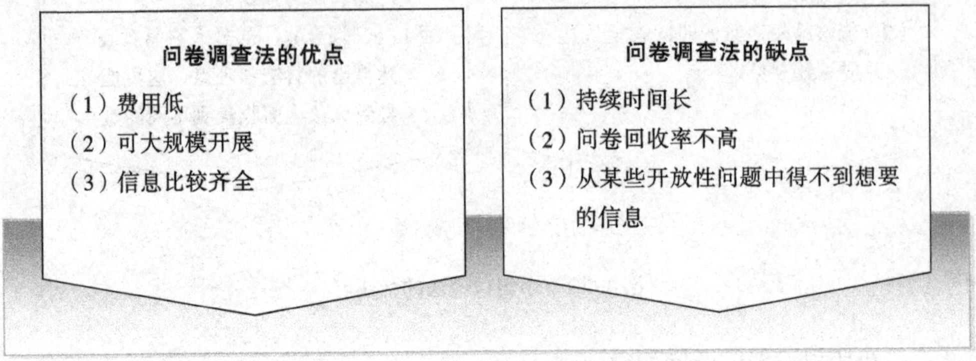

问卷调查法的优点

（1）费用低
（2）可大规模开展
（3）信息比较齐全

问卷调查法的缺点

（1）持续时间长
（2）问卷回收率不高
（3）从某些开放性问题中得不到想要的信息

图1-14　问卷调查法的优缺点

（二）问卷形式分类

调查问卷形式包括开放式、探究式和封闭式三种，具体详见表1-7。

表1-7　调查问卷形式分类

类型	特征	作用
开放式	采用"什么""如何""为什么"和"请"等提问方式，回答时不能用"是"或"否"来简单应对。例如，"你为什么参加此培训"	发掘对方的想法和观点
探究式	更加具体化，采用"多少""多久""谁""哪里""何时"等提问方式。例如，"你希望这样的培训多久举行一次"	缩小所收集的信息范围
封闭式	即只能用"是"或"否"来回答的提问方式	限制所能收集信息的范围

（三）问卷设计流程

图1-15是调查问卷的设计流程。

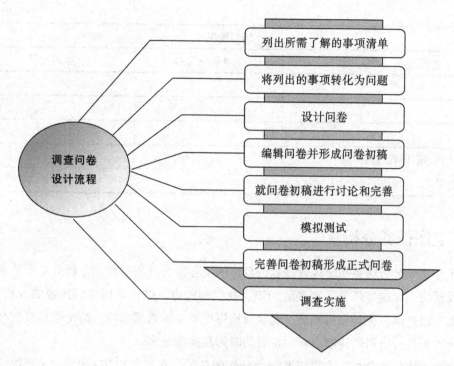

图 1-15 调查问卷设计流程

（四）问卷设计样例

表 1-8 展示了用于了解在岗员工培训需求的调查问卷。

表 1-8 培训需求调查表（在岗员工）

日期：_____年___月___日

姓　　名		性　　别		年　　龄	
专　　业		学　　历		所属部门	
职　　务		任职年限		工作年限	
工作情况					
主要工作内容					
工作问题处理					
在工作中经常遇到的问题					
解决方式					
结果如何					

（续表）

培训情况		
参训经历（课程名称）	就职公司	参训日期
针对上述培训课程的感受		
希望公司安排何种培训（希望和建议）		

五、工作任务分析法

工作任务分析法是指培训管理者以具体的工作作为分析对象，分析员工所要完成的任务及成功完成这些任务所需要的知识、技能和能力，进而确定培训内容的分析方法。其优点为通过岗位资料分析和员工现状对比得出员工的素质差距，结论可信度较高；其缺点为需要进行资料的详细分析，花费的时间和费用较多。

运用工作任务分析法收集培训需求分析信息时，我们可以按照图1-16所示的流程进行。

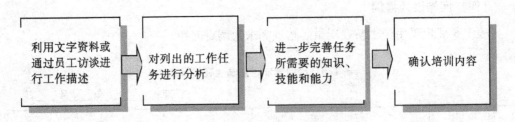

图1-16　工作任务分析法收集信息的流程

六、关键事件分析法

关键事件分析法是指培训管理者通过分析对员工或者客户产生较大影响的事件，及其暴露出来的问题，从而确定培训需求的一种方法。其适用于客户投诉、重大事故等较大影响事件出现的情况，优点为易于分析和总结，缺点为事件具有偶然性，易以偏概全。

通过关键事件分析法收集培训需求分析信息时，可以按照图1-17所示的流程进行。

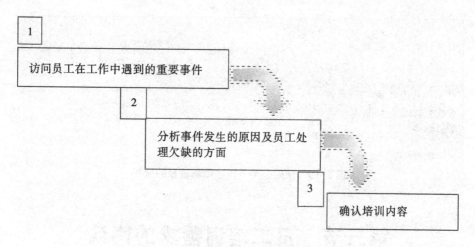

图 1-17 关键事件分析法收集信息的流程

七、绩效差距分析法

绩效差距分析法是指培训管理者在分析组织成员及其成员现状与理想状况之间差距的基础上，确认和分析造成差距的原因，并最终确定培训需求的方法。其适用于员工绩效与理想状况出现差距的情况。

（一）绩效差距分析法的优缺点分析

绩效差距分析法的优缺点如图 1-18 所示。

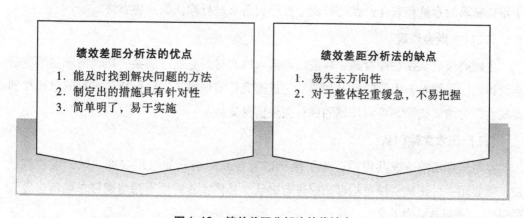

图 1-18 绩效差距分析法的优缺点

（二）绩效差距分析法的流程

运用绩效差距分析法收集培训需求分析信息时，我们可以参照图 1-19 所示的流程。

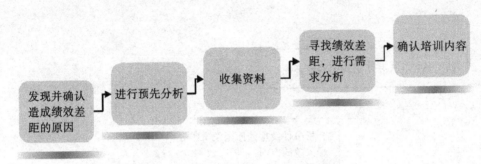

图1-19　绩效差距分析法收集信息的流程

第三节　员工培训需求的确认

一、培训需求确认的方法

培训部门对通过各种调查方法所获得的培训需求信息进行汇总、分类后，形成企业或员工的初步培训需求。为了使初步确定的培训需求切合企业或员工的实际培训需求，需要进行培训需求的确认。

（一）面谈确认

面谈确认是针对某一个别培训需求，同培训对象面对面进行交流，听取培训对象对于培训需求的意见和态度，在此基础上对培训需求进行确认的一种方法。

（二）主题会议确认

主题会议确认往往针对某一普遍培训需求而实施。它通过就某一培训需求主题进行会议讨论，了解参会人员的意见和看法，进而完善培训需求，确保培训需求的普遍性和真实性，为培训决策和培训计划的制订提供信息支持。

（三）正式文件确认

在对培训需求达成共识后，为了便于以后各部门培训的组织实施，减少推诿或扯皮，需要用一份正式文件对培训需求进行确认。具体实施时可采用培训需求确认会签表的形式（样例参见表1-9）。

表1-9　培训需求确认会签表样例

培训部门	个别培训	短期培训	长期培训	目前培训	未来培训

二、培训需求分析报告的要点

在完成了员工培训需求的调查和确认后，就要将培训需求调查分析的结果撰写成正式的书面报告。《培训需求分析报告》一般包括如图1-20所示的七个方面的要点。

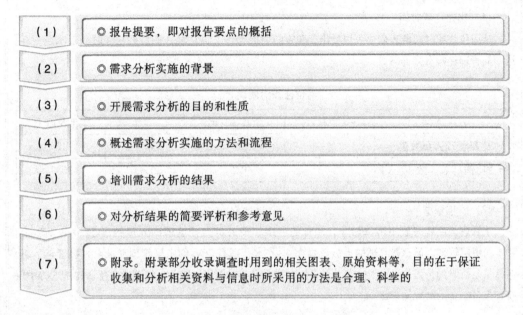

（1） ◎ 报告提要，即对报告要点的概括

（2） ◎ 需求分析实施的背景

（3） ◎ 开展需求分析的目的和性质

（4） ◎ 概述需求分析实施的方法和流程

（5） ◎ 培训需求分析的结果

（6） ◎ 对分析结果的简要评析和参考意见

（7） ◎ 附录。附录部分收录调查时用到的相关图表、原始资料等，目的在于保证收集和分析相关资料与信息时所采用的方法是合理、科学的

图1-20 培训需求分析报告的要点

三、培训需求分析报告的实例

文本名称	中层管理人员技能培训需求分析报告	编 号	

一、培训需求分析实施背景

2016年1月，人力资源部对企业中层管理人员进行了年度培训需求调查，了解到企业现任的中层管理人员大部分任职时间较短，并且大多数是从基层管理人员或各部门的业务骨干中提拔上来的。

通过需求调查分析，我们将管理技能的提升列为他们需要培训的重点内容之一。

二、调查对象

调查对象：企业各职能部门主要负责人（共计40人）。

三、调查方式及主要内容

1. 调查方式

（1）访谈方式

人力资源部经理作为培训需求分析的主要负责人，先同企业各职能部负责人（共计40人）分

（续）

别进行了面谈，之后，又与企业部分高层分别就这40人的工作表现进行了沟通。

（2）问卷调查方式

本次调查共发出40份问卷，收回有效问卷35份。

2. 调查主要内容及其分析

（1）岗位任职时间

从岗位任职时间调查表中可以看出，50%的中层管理人员在现任职位的任职时间都不足一年，说明其管理经验有待提高。

岗位任职时间调查表

任职时间	1~6个月以内	6个月~1年	1~2年	2年及以上
中层管理人员数量	4	16	8	12
所占比例（总人数40人）	10%	40%	20%	30%

（2）管理幅度

从管理幅度调查表中可以看出，20%的中层管理人员直接管理的人员数量在10人及以上，40%的中层管理人员直接管理的人员数量在4~6人，还有20%的中层管理者没有直接管理下属，但这只是暂时的，因为企业对这部分业务正在进行调整或重组。因此，管理者角色认知是这些中层管理人员必备的管理知识之一。

管理幅度调查表

管理幅度	无	1~3人	4~6人	6~10人	10人及以上
中层管理人员数量	8	0	16	8	8
所占比例（总人数40人）	20%	0	40%	20%	20%

（3）如何制订工作计划

从访谈及问卷调查获得的信息看，大多数中层管理人员是以月或者季度作为制订计划的单位，很少有制定长期规划的。在具体制订计划的过程中，有关对"如何围绕总目标制订具体的可行性计划""如何确保计划的实现"等问题处理方面，中层管理人员存在诸多不足之处。

（4）有效授权与激励

授权和激励是管理者的重要管理技能之一，从培训需求调查的结果来看，35人都表示自己愿意给下属授予一定的权限并激励下属，但在工作中具体该如何操作，40%的中层管理人员都很迷茫，所以他们希望能得到这方面的培训。

（5）高效团队的建设

在带领及组建一支高效的团队方面，60%的中层管理人员表示缺乏相应的技巧。

（续）

（6）员工培训

本次调查涉及的所有中层管理人员都有对员工进行培训的任务，但只有 10% 的人员制订了员工培训计划且认真执行了，10% 的人员制订了员工培训计划但没有落到实处，70% 的人员对待员工培训工作很随意，10% 的人员认为没有时间对下属进行培训。由此可以看出，大部分中层管理人员需要接受培训技巧方面的培训。

四、培训计划建议

1. 时间安排

培训时间：____ ~ ____，共计 3 天。

2. 培训课程的设置和具体的时间安排详见下表。

中层管理人员培训课程安排一览表

培训课程	培训课时
管理者的角色定位与主要工作职责	2
部门工作计划的制订与执行	4
有效的授权	4
员工激励	4
高效团队的建设	4
培训技巧	3
如何与上级领导进行有效的沟通	2
如何与下属员工进行有效的沟通	2

第二章

员工培训计划制订

在整个员工培训体系中，制订全面周详的员工培训计划无疑是一个重要的环节。培训计划编制得好坏直接影响培训实践的过程。

根据培训计划制订的层次性，企业可将培训计划分为年度培训计划、部门培训计划和培训支援计划。

第一节　年度培训计划

一、年度培训计划的制订原则

在制订年度培训计划时，企业首先需要明确并把握图 2-1 所示的七项原则。

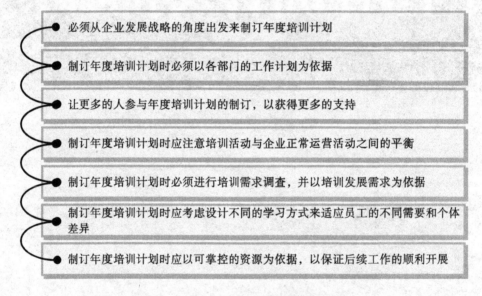

图2-1　制订年度培训计划应坚持的七项原则

二、年度培训计划的制订流程

企业制订年度培训计划应遵循一定的流程，具体可参照如图 2-2 所示的流程。

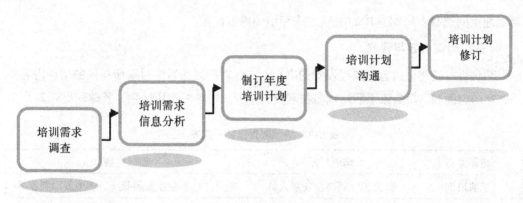

图2-2 年度培训计划的制订流程

三、年度培训计划的主要模块

年度培训计划一般包含五大模块，具体内容如图2-3所示。

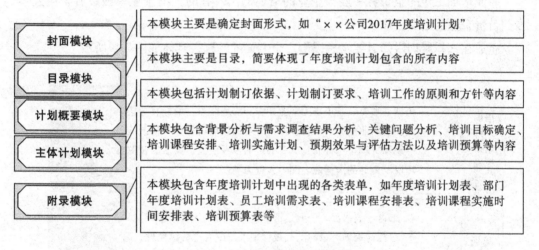

封面模块	本模块主要是确定封面形式，如"××公司2017年度培训计划"
目录模块	本模块主要是目录，简要体现了年度培训计划包含的所有内容
计划概要模块	本模块包括计划制订依据、计划制订要求、培训工作的原则和方针等内容
主体计划模块	本模块包含背景分析与需求调查结果分析、关键问题分析、培训目标确定、培训课程安排、培训实施计划、预期效果与评估方法以及培训预算等内容
附录模块	本模块包含年度培训计划中出现的各类表单，如年度培训计划表、部门年度培训计划表、员工培训需求表、培训课程安排表、培训课程实施时间安排表、培训预算表等

图2-3 年度培训计划的五大模块

四、年度培训计划的具体内容

年度培训计划主要包括如下八项内容。

（一）培训目标

企业的培训目标一般分为端正员工态度、更新员工知识和提高员工业务技能三种。确立培训目标的意义在于明确培训要达到的效果，以及为培训效果的评估提供切实可行的标准。

（二）培训时间与地点

合理安排培训时间，有助于培训讲师在整个培训过程中按部就班地完成培训任务。

培训地点的选择要依据具体的培训方式和培训内容而定。

（三）培训内容与课程

培训目标是培训内容和课程设置的出发点。针对不同的培训对象所提供的培训内容是不一样的。例如，新员工入职培训与在职员工培训的内容要有所区别，具体详见表2-1。

表2-1　培训课程设置一览表

培训类别	培训对象	培训内容
职前培训	新员工、新岗位任职人员	企业文化、企业发展状况、相关规章制度等
专业技能提升培训	在职人员	生产、制造、研发、营销等专业知识
管理能力培训	基层、中层和高层管理人员	管理能力提升

（四）培训负责人与培训讲师

企业培训工作的组织者一般为企业的培训部门。有的大型企业单独设有企业大学，专门负责企业的培训工作。

企业在选择培训讲师时要考虑以下三个方面的问题，具体如图2-4所示。

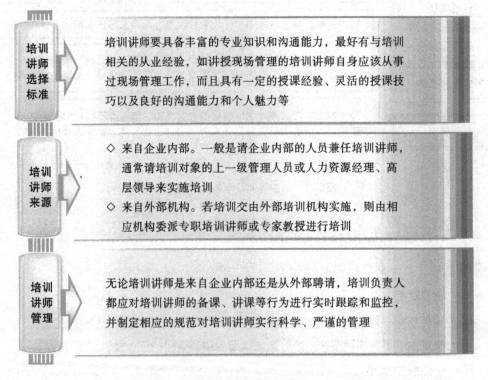

图2-4　选择培训讲师应考虑的三方面问题

（五）培训对象

企业可根据培训需求调查分析的结果并结合组织发展战略，确定需要接受培训的人员。

（六）培训教材及相关工具

培训教材分为印刷材料和视听材料两大类，印刷材料主要包括书籍、手册、指南、图表、试卷等；视听材料主要包括录像带、光盘、录音等。

培训相关工具是指投影机、笔记本、幻灯机、音响、录像机等培训辅助设备。

（七）培训形式与培训方法

1. 培训形式

培训的形式和方法有很多，企业可以根据培训手段确定，也可以根据培训对象的特征、兴趣或动机确定，如图 2-5 中，根据人员是否在职、入职时间、类别等的不同，可采用不同的培训形式。

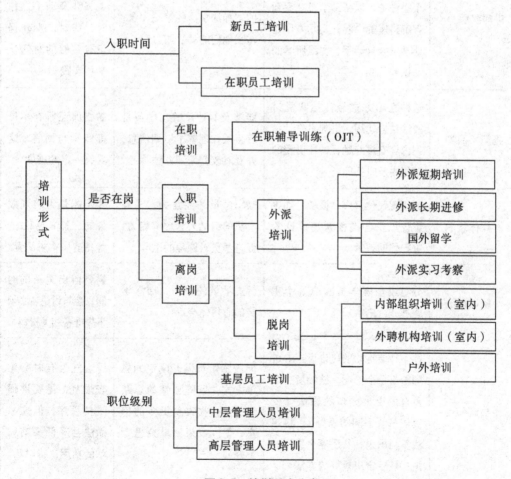

图 2-5　培训形式分类

2. 培训方法

培训方法有很多种，都有各自的优缺点（具体详见表2-2），企业应根据培训的内容选择最适合的培训方法。

表2-2　常用培训方法介绍及优缺点比较

培训方法	简单说明	优点	缺点
课堂讲授法	课堂讲授法是最基本、最常见的培训方法。它的操作方法为讲师讲课，学员被动地接受	讲师能有效控制课堂时间	讲师与学员之间缺乏沟通；无法及时评估培训效果；授课人数不宜超过25人
讲师演示 + 学员实际操作	演示是将培训任务分拆成几个小任务，以帮助学员观察和理解讲座的内容；实际操作是让学员亲自动手，实践所学的知识和技能	能够加深学员的第一印象，增强他们的动手能力	易受周围环境限制，尤其涉及动手操作时；费时，要确保留有足够的时间让学员实践
提问 + 回答	这种互动方式经常与课堂讲授法结合使用，讲师事先就培训内容安排好题目，在讲授的过程中及时提问	能够及时地反映出学员是否接受和理解了培训信息，并及时改变培训方法	需要保证所有学员都能参与回答，这具有一定的难度
多媒体教学	利用现代化多媒体设备，如投影仪以及各类视频播放器等进行辅助教学	吸引学员的注意力，提高学员的记忆力和理解能力，促进学员对课程的思考	多媒体是为培训服务的，若把握不好，容易造成本末倒置
小组讨论法	分组或全体学员围绕某个主题展开讨论	促进学员的学习，加深学员的心得体会	需要留出宽裕的时间；参与讨论者必须事先准备相关资料
头脑风暴法	即一种结构化的讨论形式。讲师给出一个论题，鼓励所有学员自由说出更多的想法（要提倡与众不同的思路）；将想法罗列出来，然后逐个进行讨论，最后定出最好的方案	能鼓励学员抛开既定的思维方式，另辟独特的思路和想法；收集到更多的信息，整体效果比单独思考要好	课堂气氛有时会比较混乱，需要讲师维持秩序，但这一做法会降低头脑风暴的功用；费时

（续表）

培训方法	简单说明	优点	缺点
案例研究法	让学员分析和研究案例，提出解决问题的建议和方案	能够训练学员良好的决策能力，帮助他们学习如何在紧急情况下处理问题	案例应具有真实性，不能随意杜撰；案例要和培训内容相一致
角色扮演法	由学员自己想象角色的场景，并加以描述和表演；可由多个学员扮演同一角色。表演结束时，应由学员汇报心得体会，由讲师进行总结	让学员成为参与者，主动发现结果的效果要比被动接受好	需要事先准备好材料和道具；费时
情景模拟训练	将所有成员划分成若干小组，每组都承担不同的任务。比角色扮演的结构要复杂，人员投入更多	能够让所有学员都参与到培训中，以锻炼学员的团队协作意识	事先得做大量的准备工作，如场景设置、模型准备；训练较复杂，需花费更多的时间和费用
游戏训练法	该方法贯彻"寓教于乐"的精神，可以是简单的（例如，谁能在白板上画一个圆圈），也可以是复杂的；这种方法可以帮助讲师与学员拉近距离	通过游戏的竞争性，鼓励学员积极参与，可以活跃课堂气氛	根据培训的主题，应设计难易程度不同的游戏，难度较高的游戏操作起来较费时，且成本也较高
户外培训	在室外进行的学习、练习和模拟活动	要求学员全身心投入到培训中；能使学员形成长久的记忆并影响其未来的行为；培训效果迅速、显著	存在危险因素；培训成本很高，所需的时间较长

（八）培训预算

培训预算应该定多少，是由企业所在行业的特点、企业的销售业绩和员工的整体水平等诸多因素决定的。

对于培训经理来说，在编制培训计划的同时需要制定出必要的成本控制和费用节约方案，并要考虑企业培训预算的合理分配，这直接关系到培训项目能否通过审批并顺利实施。

培训预算的工作流程及说明如下。

（1）确定培训规划方案以及经费预算情况

人力资源部要在年初制定企业未来一年内的培训规划方案，并确定培训费用的预算方案。

（2）确定年度培训计划

人力资源培训部门根据培训规划方针确定年度培训计划。

（3）分配培训预算、初步确定培训项目

培训经理根据编制好的年度培训计划，分配培训预算，初步确定培训项目。

（4）估算部门培训费用

参训部门根据前三步的成果，估算本部门下一年度的培训费用总额度。

（5）调整部门培训预算方案

培训经理、财务人员、管理人员协商培训预算的额度、对象和范围等内容，并与培训实施部门、参训部门进行沟通协调，调整培训预算方案，设定各部门的培训费用额度。

（6）确定培训项目、审批培训预算方案

人力资源部整理以上各步骤的调整结果，最终确定培训项目，并将相关培训项目的预算方案提请领导审批。

五、年度培训计划的确定方式

年度培训计划的初稿完成后，企业还应召开培训计划会议，对培训计划的初稿进行论证和评价，并形成最终的培训计划。

（一）会议组织者

企业的培训部门负责组织召开培训计划确定会议。

（二）会议参加者

除了培训部门的相关人员以外，一般还需要邀请制订培训计划的部门经理、培训课程开发人员以及部分培训对象等参加。

（三）会议决策方式

参加培训计划确定会议的所有人员，应对培训计划中的培训项目逐一展开讨论，然后由培训部门汇总修改意见，并根据实际情况进行调整。

六、年度培训计划的制订工具

（一）年度培训计划样表

表2-3、表2-4、表2-5为年度培训计划样表，仅供读者参考。

表2-3 年度培训计划表1

编号： 制表日期：_____年___月___日

预计日期	培训部门	培训内容	培训对象	受训人数	培训机构	培训方式	培训地点	培训讲师	预期效果	所需资源	费用预算

制表人： 审核人： 审批人：

表2-4 年度培训计划表2

编号	培训课程	预定培训月份												培训对象	经费预算
		1	2	3	4	5	6	7	8	9	10	11	12		

表2-5 年度培训计划表3

编号：

序号	培训内容	培训目标	培训对象	计划人数	计划天数	培训时间	责任部门	协助部门	所需资源	考核方式	备注

制表人： 制表日期：_____年___月___日

（二）年度培训计划书范例

××公司2016年度培训计划书

一、封面（略）
本部分包括封面名称、编制部门、编制日期以及审核部门等元素。
二、目录（略）
三、正文部分
（一）计划概要
本计划主要内容包括2016年度培训工作具体内容、时间安排和费用预算等。编制本计划的目的在于加强对培训教育工作的管理，提高对培训工作的计划性、有效性和针对性，使得培训工作能够有效地促进公司经营目标的达成。

（二）计划依据

制订本计划的主要依据是总经理关于 2016 年度公司发展战略及具体工作安排的报告、本公司现有的职能定位以及最新的培训需求调查结果、部门访谈结果等。

（三）培训工作的原则、方针和要求

1. 培训原则

（1）按需施教、学用结合。

（2）各个部门各负其责、密切配合、通力协作。

（3）以公司内部培训为主，外部培训为辅。

（4）加强培训效果反馈，及时调整相关内容。

（5）培训内容必须有益于促进公司发展。

2. 培训方针

以"专业、敬业、服务、创新"的企业文化为基础，以提高员工实际岗位技能和工作绩效为重点，建立"全面培训与重点培训相结合、自我培训与讲授培训相结合、岗位培训与专业培训相结合"的全员培训机制，促进员工发展和企业整体竞争力的提升。

3. 培训要求

（1）符合公司未来业务发展需求。

（2）符合企业文化建设的需要。

（3）符合中层管理人员以及后备人员的发展需要。

（4）符合企业内部培训系统发展和完善的需要。

（四）培训目标

1. 培训体系目标和培训时间目标

培训体系目标，即建立并不断完善公司培训组织体系与业务流程，确保培训工作高效、正常运作；培训时间目标，即保证为所有管理层（在一个年度内）提供至少 30 小时的业务和技能培训。

2. 培训内容及课程目标

此次培训重点推进中层以上管理人员的管理技能培训，提高各部门的工作效率；打造"TTT 培训""财务管理培训"和"两非培训（非人力资源经理的人力资源管理培训、非财务经理的财务管理培训）"等品牌课程。

3. 培训队伍建设目标

此次培训的目标是建立并有效管理内部培训队伍，确保培训讲师资的胜任能力和培训的实际效果。

（五）培训体系建设任务

公司培训体系的建设任务如下表所示。

（续）

<table>
<tr><th colspan="5" align="center">培训体系建设任务一览表</th></tr>
<tr><th>序号</th><th>任务</th><th colspan="2">作用及措施</th><th>工作时间</th></tr>
<tr><td rowspan="2">1</td><td rowspan="2">培训管理制度
体系建设</td><td>作用</td><td>为推动企业培训体系的建立提供制度保障</td><td></td></tr>
<tr><td>措施</td><td>制定培训管理办法、新员工培训管理制度、岗位技能培训管理制度、员工外派管理制度、培训考核管理制度等</td><td></td></tr>
<tr><td rowspan="2">2</td><td rowspan="2">教材库建设</td><td>作用</td><td>开发教材，使教材成为实现培训目标的保障和基础</td><td></td></tr>
<tr><td>措施</td><td>各职能部门按层次、按专业组织教材的开发</td><td></td></tr>
<tr><td rowspan="2">3</td><td rowspan="2">案例库建设</td><td>作用</td><td>使培训生动化，更好地实现培训目标</td><td></td></tr>
<tr><td>措施</td><td>各部门收集日常工作中的突发事件、关键事件，每个部门负责提交 2 ~ 3 个详细案例</td><td></td></tr>
<tr><td rowspan="2">4</td><td rowspan="2">素材库建设</td><td>作用</td><td>通过局域网建立资料共享平台，供员工自我学习</td><td></td></tr>
<tr><td>措施</td><td>各员工负责上传资料，网络部负责资料审核、分类整理</td><td></td></tr>
<tr><td rowspan="2">5</td><td rowspan="2">档案库建设</td><td>作用</td><td>管理企业及员工培训档案</td><td></td></tr>
<tr><td>措施</td><td>收录培训计划、培训通知、培训签到本、培训讲义、培训教材、培训评估记录、培训抽查记录等</td><td></td></tr>
<tr><td rowspan="2">6</td><td rowspan="2">实施多样化
培训方式</td><td>作用</td><td>提高培训的灵活性及有效性，使员工随时随地都能接受培训</td><td></td></tr>
<tr><td>措施</td><td>开展网络培训、户外拓展、光盘培训、管理游戏等项目</td><td></td></tr>
<tr><td rowspan="2">7</td><td rowspan="2">建立员工职业
生涯发展系统</td><td>作用</td><td>挖掘员工潜能，通过对口培训提高员工的归属感</td><td></td></tr>
<tr><td>措施</td><td>为员工进行职业生涯规划，建立与职位升迁相关的必须参加的培训项目列表，完善职位晋升所需要的培训管理体系</td><td></td></tr>
<tr><td rowspan="2">8</td><td rowspan="2">建立内部
讲师队伍</td><td>作用</td><td>提高培训水平，降低培训成本</td><td></td></tr>
<tr><td>措施</td><td>本年度内通过各种手段开发____位内部讲师，且年授课量不少于____小时，同时建立各讲师的专业、特色课程</td><td></td></tr>
</table>

（六）2016 年培训课程计划

1. 计划内培训课程

新员工入职培训是每个进入企业的新员工都必须参加的培训项目。新员工入职培训分为两类，一

（续）

类是新员工到企业报到之日进行的简单入职事项告知；另一类是每两个月统一组织一次的新员工培训。其培训内容为企业发展历程和规模及发展方向、企业文化、企业理念、组织架构、规章制度等。

2016 年度新员工培训计划如下表所示。

2016 年度新员工培训计划

序号	培训项目	培训时间（按月份）										培训课时	累计课时	培训讲师	培训预算
		3	4	5	6	7	8	9	10	11	12				
1	企业文化和发展史											2			
2	员工行为规范要求											2			
3	企业业务概况											2			
4	各岗位基本事务											2			
5	安全管理与保密											2			
6	职业道德与利益											2			
7	质量管理体系											5			
8	团队协作											3			
9	试用期辅导计划											1			
10	企业规章制度											1			

在职员工的年度培训计划如下表所示。

在职员工年度培训计划

序号	培训项目	培训时间（按月份）										培训课时	累计课时	培训讲师
		3	4	5	6	7	8	9	10	11	12			
1	高效团队法则													
2	人力管理案例													
3	职员发展训练课程													
4	时间管理													
5	情绪管理													
6	目标管理													
7	文书管理													
8	绩效管理													
9	高效团队建设指南													
10	沟通力与领导力													

（续）

（续表）

序号	培训项目	培训时间（按月份）										培训课时	累计课时	培训讲师
		3	4	5	6	7	8	9	10	11	12			
11	平行思维工具训练													
12	培训讲师授课技巧													
13	市场拓展技巧													
14	出色主管													
15	核心管理技能培训													
16	内部培训训练													
17	管理者的十个误区													
18	学习型组织建设													

2. 计划外培训课程

计划外培训是指不在本年度计划内的培训项目。本公司员工参与计划外培训项目需要办理审核审批手续，具体要求如下。

（1）培训项目以及培训内容应符合公司业务或员工专业技能提高的需要。

（2）一般应提前15天申请，且培训项目费用没有超出预算（单次及累计）。

（3）同一主题的培训项目一年内原则上只能申请一次。

（七）重点培训项目（略）

（八）培训效果评估

1. 课程培训评估

培训结束时由培训组织者及时收集现场反馈，并完成"课程培训评估表"。

2. 培训有效性评估

培训结束3个月内，人力资源部会同部门主管对培训有效性进行评估，并完成"培训有效性评估表"。

3. 培训有效性复评

在每半年的员工教育培训总结会议上，相关人员进行半年度培训有效性的复评。培训人员汇集培训有效性评估表，作为调整下半年度培训计划及培训持续改进的依据。

（九）培训费用预算

年度培训费用预算如下表所示。

年度培训费用预算表

项目	内容	单价	合计	备注
内部培训讲师				
外部培训讲师				

（续）

（续表）

项目	内容	单价	合计	备注
拓展项目				
培训教材				
培训资料				
辅助资料				
合计				

（十）计划控制

1. 月度工作计划和费用预算控制

培训人员于每月末将下月培训实施方案提交给培训领导小组审批。

2. 课程培训计划审批

培训项目开始时，培训人员将课程培训计划提交给总经理办公室，由总经理办公室通知相关人员。

3. 培训管理

人力资源部经理严格进行培训管理，促使培训人员完成公司年度最低培训任务，并对日常培训工作的效果负责。

4. 培训设施购置

人力资源部应完善硬件条件，年内购买投影仪、摄像机和录音机各一台。

四、附录（略）

第二节　部门培训计划

一、部门培训计划的制订要点

部门培训计划的制订要点主要包括七个，具体如图 2-6 所示。

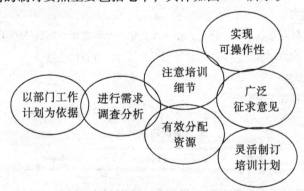

图 2-6　部门培训计划制订的七个要点

二、部门培训计划的主要内容

各部门应结合本部门年度工作计划、工作目标责任书，专业知识及专业领域的新态势、新发展，以及人才队伍建设的需要，认真制订部门培训计划，有针对性地开展内容丰富、形式多样的培训活动，努力形成具有本部门特色的培训项目。

部门培训计划包括的主要内容如下。

（一）培训目的

从部门的角度出发，明确培训计划要解决的问题或者要达成的目标。

（二）培训需求

在部门运营和管理过程中，明确哪些方面存在差距，且需要通过培训来弥补。

（三）培训目标

明确培训计划中各培训项目需要达到的具体培训效果。

（四）培训对象

明确培训计划中各培训项目分别针对什么岗位的任职人员，他们的学历、经验、技能状况如何。

（五）培训内容

明确培训计划中每个培训项目的具体内容，如岗位技能培训、管理技能培训等。

（六）培训方式

明确培训计划中的每个培训项目所采用的培训方式，如是外派培训还是内部组织培训，是利用内部讲师资源还是外聘培训讲师，是半脱产培训、脱产培训还是业余培训等。

（七）培训预算

明确部门整体培训计划的预算以及每个培训项目的预算。

（八）计划变更或调整方式

明确计划变更或者调整的程序以及权限范围等。

三、部门培训计划的制订工具

（一）部门培训计划表

各部门在制订本部门的培训计划表时，可参照如表 2-6 所示的部门月度培训计划表和如表 2-7 所示的部门年度培训计划表。

表2-6　部门月度培训计划表

编号：　　　　制表人：　　　　制表日期：＿＿＿＿年＿＿月＿＿日

部　门				月　份		
日　期	培训内容	受训人员	培训时间	培训地点	培训方式	培训讲师
受训人员共计＿＿＿人						
备注						
部门经理意见		签字：　　　　日期：＿＿＿＿年＿＿月＿＿日				
总经理意见		签字：　　　　日期：＿＿＿＿年＿＿月＿＿日				

注：各部门于每月25日之前将此表交至培训部门。

表2-7　部门年度培训计划表

部门（盖章）　　　　　　　　　　　　编号：

月份	培训内容	培训对象	培训课时	培训地点	培训讲师	所需资源	协助部门	备注
1								
2								
3								
4								
…								
12								

制表人：　　　　审批人：　　　　制表日期：＿＿＿＿年＿＿月＿＿日

（二）部门培训计划书

部门中长期培训计划书的框架如表2-8所示。

表2-8　部门中长期培训计划书的框架

部门中长期培训计划书的框架
一、部门中长期任务目标分析
二、部门目前的现状分析
三、部门中长期培训需求分析
四、部门中长期培训目标

（续）

五、部门中长期培训对象
六、部门需要的培训资源
七、部门拥有的培训资源
八、部门中长期培训需要的支援
九、部门中长期培训策略和培训政策
十、部门中长期培训组织设置
十一、部门中长期培训的内容安排
十二、部门中长期培训行动
十三、部门中长期培训的效果预测
十四、部门中长期培训的效益预测

部门培训实施计划书的框架如表2-9所示。

表2-9　部门培训实施计划书的框架

部门培训实施计划书的框架
一、部门培训需求分析
二、部门的培训目标
三、部门以往的培训情况
四、现实与培训目标的差距
五、部门的培训对象
六、部门的培训时间
七、部门的培训日程
八、部门的培训地点
九、部门的培训主题
十、部门的培训形式
十一、部门的培训内容
十二、部门的培训讲师
十三、部门培训组织工作安排
十四、部门培训效果预测
十五、部门培训效益分析

第三节　培训支援计划

一、培训支援计划的含义

培训支援计划是指企业的培训部门为适应各部门的特殊要求而专门制订的培训计划。培训支援计划存在的前提条件是某些部门需要培训支援，但这些需要支援的部门自身却不具备实现培训项目的能力或资源。

二、培训支援计划的内容

培训支援计划的内容如图2-7所示。

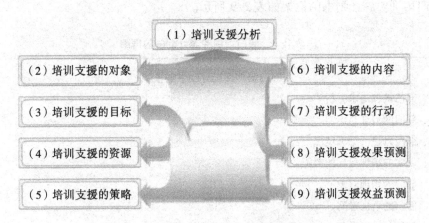

图2-7　培训支援计划的内容

三、培训支援计划的制订

培训支援计划的制订步骤如图2-8所示。

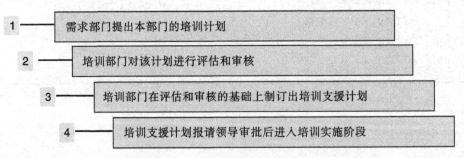

图2-8　培训支援计划的制订步骤

第三章

员工培训实施与评估

在员工培训管理的整个流程中，培训组织者对需求分析、培训计划的制订进行总体规划后，紧接着就要按规划开始实施培训了。

培训计划的实施过程包括诸多环节，如培训时间的确定、培训场所的选择、培训课程的设置、培训讲师的确定、培训方法的选择、培训设备的准备、培训纪律的规范等。培训效果的好坏直接取决于培训实施过程中对每个环节的控制程度。

培训作为一种人力资本投资，其投资效果一般较难通过直观手段检测出来，这容易让人对培训的效果产生怀疑，科学的培训评估对于了解培训的效果、界定培训对组织的贡献等非常重要。培训评估工作是一项系统工程，需要利用多种评估工具进行综合评估。

第一节　员工培训活动的实施

一、培训时间的确定

企业一般会在新员工入职、企业技术革新、销售业绩下滑、员工升职、引进新技术、开发新项目、推出新产品时对员工进行培训。在具体培训日期的确定方面，企业一般会考虑销售淡季或生产淡季，总之以不影响正常的业务开展为前提。对于新员工，则选择在上岗前进行集中培训。

在确定好了培训时间以后，培训部还要对学员的培训日程做好安排，并形成正式文件发放给学员。表3-1是某集团信息部8月份的各区域经理培训日程安排表。

表3-1　某集团信息部各区域经理培训日程安排表（8月）

培训日期	议题	报告人或讲师
2016年8月4日（全天）	信息部经理预备会议	信息部总经理
	信息系统流程讲解	信息部总经理
2016年8月5日（9：00～11：30）	信息系统与财务系统接口流程讲解	财务经理
2016年8月5日（13：30～17：30）	大客户导入工作回顾及讨论	外聘讲师
2016年8月6日（9：00～11：30）	开店流程及各项工程验收标准讲解	外聘讲师、资深门店经理
2016年8月6日（13：30～17：30）	各地区经验及技术交流讨论	各地区信息部经理
2016年8月7日（全天）	信息部经理述职报告	各地区信息部经理

二、培训场所的选择

对讲师和学员来说，选择合适的培训场所是十分重要的。选择培训场所时，我们要遵循一个原则，即保证培训实施的过程不受任何干扰。具体选择培训场地时，我们应考虑以下三个方面的因素。

（一）培训场所的空间

培训场所的空间要足够大，能够容纳全部学员并配有相关设施。一般来说，每位学员至少需要 2.3 平方米的活动空间，按照这个标准，一个 50 平方米的房间大约能容纳 22 位学员。

（二）培训场所的配套设施

培训场所的电子设备、音响等条件应当符合培训的要求。

（三）培训场所的整体环境

培训场所的室内环境和气氛会影响学员的情绪，继而影响培训效果。因此，在布置培训场所时，应尽量采用明亮的颜色。培训场所的温度、噪声、通风、光线等条件也应良好。

三、培训课程的设置

培训课程的设置过程是一个全员参与的过程。培训课程要求精练、层次分明、通俗易懂，且能充分利用语音、动画等工具，做到图文并茂、生动有趣。

1. 明确培训目标

设置培训课程前应明确通过培训要解决的问题或要达到的效果。

2. 明确培训课程要求

（1）运用培训需求调查方法，从领导者、培训对象主管（或直接领导人）以及学员处获得课程的相关要求。

（2）对所有培训学员的培训需求进行分析，将他们的培训需求用逻辑树的形式进行分解，直到需求不能再分解为止，从而对培训需求进行归类、整理。

（3）将分解后的最终培训需求制成表格，分发给高层领导、培训对象主管以及培训对象本人，让其按重要程度给每一个事项打分，从而确定培训的重点并据此开发课程。

3. 设计课程大纲

（1）回收培训需求表格，统计各项分值。围绕分数最高的几项需求设计课程大纲，并收集详细的资料。

（2）按大纲制作培训教材、PPT 文件，整理课堂上可能用到的相关辅助资料。

4. 试讲、完善培训课程

设计好的课程要经过多次内部试讲并不断地修改和完善，才能最终形成正式的培训课程。

四、培训讲师的确定

（一）培训讲师的选择标准

培训讲师的选择标准如图 3-1 所示。

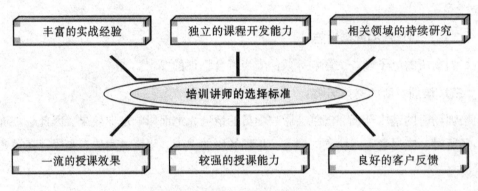

图 3-1　培训讲师的选择标准

（二）培训讲师的来源

培训讲师主要有外部聘请和内部开发两大来源。企业应根据实际情况选择合适的培训讲师，确定内部和外部培训讲师的恰当比例，做到内外搭配、相互学习、共同进步。

（三）培训讲师确定流程

培训讲师自身的水平高低对培训效果有着直接的影响。因此，选择和确定培训讲师需要经过缜密的内部决策流程。

1. 收集培训讲师信息

通过网络、专业报纸和杂志及他人推荐等渠道收集外部培训讲师的信息。

2. 进行初步筛选

根据企业的培训需要、培训目标、培训对象的层次以及经费，我们对培训讲师进行初步筛选，暂定培训讲师名单。

3. 进行讲师资质审查

培训部及相关部门负责人对名单中的培训讲师进行资质审查，审查未通过的，一律不得聘用。

4. 组织试讲与评估

培训部及相关部门负责人与通过资质审查的培训讲师取得联系，组织其进行试讲，并对其试讲效果进行评估。

5. 拟定培训讲师名单

培训部依据企业的实际情况，结合试讲评估结果，拟定培训讲师聘用名单，提交相关领导审核。

6. 确定培训讲师名单

经企业分管培训的领导审核批准后，培训部与培训讲师就相关事项进行沟通，并签订合作协议。

五、培训方法的选择

首先，要根据培训目标来选择培训方法。如果想让员工获得新知识，那么就可以选择课堂讲授、演示操作、多媒体教学等方法；若要改变员工的态度，可以选用角色扮演、游戏训练等方法，总之就是让学员亲自参与到培训之中，亲身领悟。由此我们可将培训方法分为五类，即直接传授型培训、实践型培训、参与型培训、态度型培训，以及科技型培训。这五类培训的效果分析详见表3-2。

表3-2　五类培训效果分析说明表

名称	参训方式	效果分析	常用培训方法
直接传授型培训	学员被动接收培训讲师的传授，中间有部分的互动环节	适用于知识类培训；传授内容多，知识比较系统、全面，有利于培养大面积人才；对培训环境要求不高，有利于培训讲师的发挥；学员可利用室内环境相互沟通，也可以向培训讲师请教疑难问题；员工平均培训成本较低	讲授法 专题讲座法 研讨法 ……
实践型培训	学员通过亲自实践、亲自操作的方式参与培训过程	适用于以掌握技能为目的的培训；受训者边工作边学习，无需特别准备场地和培训设施；受训者通过实际操作将培训内容与工作紧密结合起来；培训讲师能及时得到关于培训效果的反馈	工作指导法 工作轮换法 特别任务法 个别指导法 ……

（续表）

名称	参训方式	效果分析	常用培训方法
参与型培训	学员通过培训讲师设置的活动、案例等参与到培训的过程中	调动受训对象的积极性，在活动参与中获得知识、技能，掌握正确的行为方式，开拓思维，转变观念；参与性强，变学员被动接受为主动参与；将学员解决问题能力的提高融入知识传授中；教学方式要生动具体、直观易学；学员之间能相互交流	自学 案例研究法 敏感性训练法 头脑风暴法 ……
态度型培训		主要针对行为调整和心理训练；学员参与性强，与培训讲师互动充分；可增加学员之间的感情交流；具有高度的灵活性，培训内容可随时调整	角色扮演法 拓展训练法 ……
科技型培训	学员通过视听技术、网络技术、在线学习平台系统等自主学习、参与培训过程	可充分利用网络资源，如声音、图片和影音文件，增强趣味性，从而提高学习效率；培训进程安排灵活，学员可自主掌控	视听技术法 E-Learning 培训 企业大学培训 ……

其次，要考虑培训内容、学员的接受能力……

六、培训设备的准备

培训辅助设备可以增强授课的效果，方便讲师讲解。在实际工作中，经常用到的培训辅助设备详见表3-3。

表3-3 常用培训辅助设备

设备名称	优点	缺点
投影仪	◇ 方便讲师与学员面对面地沟通培训内容 ◇ 可及时布置和删除授课内容 ◇ 可图文并茂地展示课程内容	◇ 价格昂贵，不便于运输 ◇ 要提前进行安装和调试
电影、电视录像	◇ 多数为专业设备，放映效果好 ◇ 能在正常光线下使用 ◇ 多数材料可通过租用降低成本	◇ 价格昂贵 ◇ 需要使用特殊的仪器和设备

（续表）

设备名称	优点	缺点
磁带录音机	◇ 购买磁带的成本低 ◇ 使用方便	◇ 需要做好一些准备工作，如剪辑等 ◇ 磁带使用频率不能太高，不易长期保存
白色书写板	◇ 使用比较方便 ◇ 记号笔容易购买，且便宜 ◇ 可以使用多种颜色加以标注	◇ 书写板的价格比较昂贵 ◇ 记号笔容易干枯 ◇ 板面光滑，不易书写
粘贴展板、磁性展板	◇ 价格便宜 ◇ 可以展示优秀作品，能反复使用	◇ 日常工作中较少使用 ◇ 粘贴物的磁性容易消失
图表、海报	◇ 可提高色彩和质量 ◇ 携带方便 ◇ 可提前准备和反复多次使用	◇ 容易破损 ◇ 易分散学员的注意力 ◇ 第一次准备时工作量太大

在培训开始之前，培训组织部门要将可能用到的培训模型、实物和设备提前准备到位，并对设备一一进行调试和检查，以保证其运行时不出故障。

最好准备好备用电源和投影仪，以防在培训过程中出现断电、投影仪损坏等情况，从而保证课程正常开展。

七、培训规定与纪律

培训的具体实施过程是一个教与学互动、讲师与学员相互沟通的过程，为了营造良好的互动气氛，就需要制定一些规章制度，以约束学员的行为。

（1）培训规定与纪律不但可以保证讲师的授课效率，还可以提高所有学员的学习效率。

（2）学员遵守培训规定与纪律、积极主动地配合讲师，这既是对讲师的尊重，又能体现出员工的素质。

第二节　移动互联网时代的培训管理

一、用大数据挖掘培训需求

确定培训需求是培训实施的前提条件，然而实践中常常存在这样的困扰：无论是部门的需求趋向还是人事部门得出的需求结论，与实际的培训需求总有不合拍之处。在移动互联网时代，我们可以利用大数据为企业管理者解决这一难题。

随着互联网的普及和云计算技术的发展，大数据应用备受推崇，即通过收集数据、分析数据，从中发现问题，提出改进方案。当数据量足够大、足够细时，企业人力资源管理人员可通过数据分析结果为培训需求的确定提供数据支持。

运用大数据这一工具进行培训需求分析，首先需要收集到足够丰富的信息，即通过收集企业内外部绩效优秀工作人员与效益有关且能被测评的数据，进而分析其与绩效一般者在绩效水平上的差距，寻找企业整体绩效提升的关键点，从而确定培训需求。具体操作方法，我们以某一公司对服务人员的培训需求分析为例进行说明。

某大型电子商务公司借助大数据思维，重新审视服务人员的培训需求，即利用行为事件访谈法、专家经验法等常用方法来确定服务人员的素质项；根据相关数据的统计显著性来分析模型中变量间的真实关系，归纳出岗位职责所需的素质特征，从而确定培训需求，具体包括如图3-2所示的三个步骤。

1　从服务人员与客户沟通的录音、现场就具体问题与客户开展的访谈、问卷，以及专家给出的意见中收集各类工作素质描述，并整理到素质列表中，形成涉及面较广的素质清单

2　将素质清单中每一项素质描述所代表的内涵与素质行为描述进行一一匹配，将一些同质的素质描述进行合并，最终形成素质项

3　将素质清单中的素质项导入大样本数据库，通过素质模型得出素质项的关系比例，从而对素质清单进行排序，按照排序结果进行素质项增减，从而确定服务人员的培训需求

图3-2　服务人员培训需求的数据分析过程

通过分析各类相关数据，可在众多影响因素中锁定对员工绩效输出具有决定性作用的关键输入因素，从而明确员工的培训需求，使数据分析在明确培训需求中发挥效力，解决企业设定的培训需求与实际培训需求不符的难题。

二、移动学习资料的设计

与传统互联网不同，移动互联网具有移动化的特征。这种特征必然影响企业员工接收知识的方式。基于移动化，企业培训可以突破传统培训固定时间、固定地点的限制，通过网络学习形式，让员工随时随地获取自己需要的知识内容。

由于承载内容的终端及内容的结构差异，移动学习资源不同于传统学习资源。移动学习资源大多是基于手机、iPad 等移动终端，这样能使学习者处于随时随地的自由学习状态，其形式与传统培训相差较大，如依托 APP 应用软件、微信社交软件、网络直播平台等工具开展一对一或一对多的培训，具有移动化、碎片化、个性化和多元化的特征，其学习资料的类型也各具特色，具体详见表3-4。

表3-4 移动学习的方式

移动学习工具	学习途径	学习资料
APP 应用软件	游戏闯关、在线课堂、录音、文章等	专业知识技能
微信社交软件	微信群分享、公众号文章、微课等	行业动态、专业知识
网络直播平台	产品功能演示、会议转播、技能培训等	产品介绍、操作演示、远程会议等

三、移动互联网时代的培训实施

企业传统的培训通常要求学员、讲师在特定时间点、场所，于限定时间内完成，而利用移动互联网展开的培训则截然不同，即企业通过创建微信公众号、微信群、APP等，将录制的课程视频、音频、文章等学习资料上传，或通过在线组织课堂，让学员随时随地接受培训。

移动互联时代的培训，方便学员利用碎片化的时间，根据个人需求选择学习内容，并通过向老师提问、与其他学员交流等互动行为来实现快速成长。利用移动互联网技术实施培训的载体及其覆盖范围如图3-3所示。

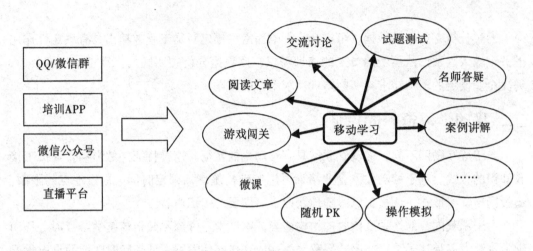

图 3-3　移动学习方式

现在不少企业都定制了专属的 APP，使利用 APP 开展培训成为趋势，接下来以某大型企业对业务员进行的产品知识培训为例加以说明。

企业培训部准备利用 APP 组织全国范围内的业务员参加一次关于主营产品知识的培训，以使所有业务员在方便的时间通过手机完成培训，从而加深对产品的了解。此次培训过程分四个阶段。

第一阶段：发布在线学习内容。培训人员在 APP 课程库中添加此次培训课程，上传培训资料，进行排课，将课程安排到培训计划中，并提醒学员下载并注册 APP 培训软件。

第二阶段：安排移动学习。培训人员在 APP 中批量选择学员后，通知学员在规定时间内参加培训，同时设计考试问卷和课程评估表。

第三阶段：学员移动学习。学员在规定时间内登录，进行移动学习，完成阅读资料、观看视频、参加考试、评估课程、提出意见等流程。

第四阶段：学习结果测评。培训人员对学员的试卷进行测评，分析课程评估结果，并将相关信息反馈给学员。

企业培训部主管根据所有业务员的培训结果和反馈意见，对培训做出改进，并设计下一次的培训内容。

移动互联网给企业培训的实施创造了便利条件，使培训实施起来更快捷、有效。同时，APP、微信等手机应用软件使培训实施的方式多种多样、内容丰富多彩，从而能够使员工根据个人喜好选择学习方式和培训内容，提高了培训的效率和效果。

第三节　员工培训效果的评估

一、培训效果评估内容

培训效果评估是指培训结束后，了解企业和培训对象从培训中获得的受益情况，以衡量培训是否有效的过程。培训效果评估内容主要包括四个方面，具体如图3-4所示。

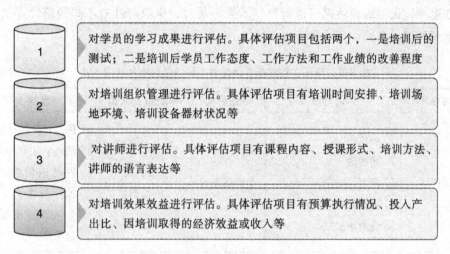

1	对学员的学习成果进行评估。具体评估项目包括两个，一是培训后的测试；二是培训后学员工作态度、工作方法和工作业绩的改善程度
2	对培训组织管理进行评估。具体评估项目有培训时间安排、培训场地环境、培训设备器材状况等
3	对讲师进行评估。具体评估项目有课程内容、授课形式、培训方法、讲师的语言表达等
4	对培训效果效益进行评估。具体评估项目有预算执行情况、投入产出比、因培训取得的经济效益或收入等

图3-4　培训效果评估内容及具体评估项目

二、培训效果评估模型

在培训效果评估过程中，常用的培训效果评估模型主要有五个，即柯氏四级评估模型、考夫曼五层次评估模型、菲力普斯五级投资回报率模型、CIRO评估模型、CIPP评估模型。

（一）柯氏四级评估模型

柯氏四级评估模型是由国际著名学者柯克帕特里克（Kirkpatrick）于1959年提出的。柯氏四级评估模型是目前应用最为广泛的培训效果评估模型，它简单、全面，有很强的系统性和可操作性。柯氏四级评估模型详见表3-5。

表3-5 柯氏四级评估模型

评估层次	评估内容
反应评估	学员对培训组织、培训讲师、培训课程的满意度
学习评估	学员在知识、技能、态度、行为方式等方面的学习收获
行为评估	学员在工作过程中态度、行为方式的变化和改进
结果评估	学员在一定时期内取得的生产经营或技术管理方面的业绩

在运用柯氏四级评估模型进行培训效果评估时，企业可针对不同的培训评估层级，应用不同的评估方法，具体详见表3-6。

表3-6 柯氏四级评估各评估层次的评估内容与适用方法

评估层次	评估方法	评估时间	评估部门/人员	优缺点
反应评估	1. 访谈法 2. 观察法 3. 问卷调查 4. 电话调查 5. 综合座谈法	培训结束时	企业人力资源部	◇ 优点：简单易行 ◇ 缺点：主观性较强，容易以偏概全，即很容易因为学员的个人喜恶而影响评估结果
学习评估	1. 学员演讲 2. 提问法 3. 笔试法 4. 角色扮演 5. 写作心得报告等	培训进行时、培训结束时	企业人力资源部	◇ 优点：给学员和讲师一定压力，使之更好地学习和完成培训 ◇ 缺点：依赖于测试方法的可信度和测试难度是否合适
行为评估	1. 问卷调查 2. 行为观察 3. 绩效评估 4. 任务项目法 5. 360度评估 6. 管理能力评鉴	培训结束三个月或半年后	学员的直接上级主管	◇ 优点：可直接反映培训的效果，使企业高层和主管看到培训效果后更支持培训 ◇ 缺点：实施有难度，要花费很多时间和精力，难以剔除不相干因素干扰

（续表）

评估层次	评估方法	评估时间	评估部门/人员	优缺点
结果评估	1. 生产率 2. 离职率 3. 客户市场调查 4. 成本效益分析 5. 360度满意度调查 6. 个人与组织绩效指标	半年或一两年后员工以及企业的绩效评估	企业人力资源部	◇ 优点：量化翔实、令人信服的数据不仅可以消除企业高层对培训投资的疑虑，而且可以指导培训课程计划，将培训费用用到最能为企业创造经济效益的课程中 ◇ 缺点：耗时长，经验少，目前评估技术不完善，简单的数字对比意义不大，必须分辨哪些结果是与培训有关且有多大关联

（二）考夫曼五层次评估模型

考夫曼扩展了柯克帕特里克的四层次模型，他认为培训能否成功，培训前各种资源的获得是至关重要的，因而，他在模型第一层次中加上了对资源获得可能性的评估。

考夫曼还认为培训所产生的效果不应该仅仅对本企业有益，它最终还会作用于企业所处的环境，从而给企业带来效益。因而，他又加上了一个层次，即评估社会和客户的反应，从而形成了五个层次评估模型，具体详见表3-7。

表3-7 考夫曼五层次评估模型

评估层次		评估内容
1	可能性和反应评估	可能性因素说明的是针对确保培训成功所必需的各种资源的有效性、可用性、质量等问题
		反应因素旨在说明方法、手段和程序的接受情况与效用情况
2	掌握评估	用来评估学员的掌握能力情况
3	应用评估	评估学员在接受培训项目之后，其在工作中对知识、技能的应用情况
4	企业效益评估	评估培训项目对企业的贡献和报偿情况
5	社会效益产出	评估社会和客户的反应等情况

（三）菲力普斯五级投资回报率模型

1996 年，菲力普斯（Phillips）提出五级投资回报率模型，该模型在柯氏四级评估模型的基础上加入了第五个层次，即投资回报率。

投资回报率是一个较为宽泛的概念，可以包含培训项目的任何效益，这里将投资回报率看作培训项目的成本和效益相比后所得出的实际价值。该模型也是目前比较常用的一种培训成果评估模型。

（四）CIRO 评估模型

CIRO 评估模型是由沃尔（Warr）、伯德（Bird）和雷克汉姆（Rackham）创建的。CIRO 模型的四个字母分别代表模型中的四项评估活动，即背景评估（Context Evaluation）、输入评估（Input Evaluation）、反应评估（Reaction Evaluation）、输出评估（Output Evaluation）。该模型属于过程性评估模型，其模型说明详见表 3-8。

表 3-8　CIRO 评估模型

阶段评估	阶段评估任务	阶段评估任务说明
背景评估	确认培训的必要性	1. 收集和分析有关人力资源开发的信息 2. 分析和确定培训需求与培训目标
输入评估	确定培训的可能性	1. 收集和汇总可利用的培训资源信息 2. 评估和选择培训资源——对可利用的培训资源进行利弊分析 3. 确定人力资源培训的实施战略与方法
反应评估	提高培训的有效性	1. 收集和分析学员的反馈信息 2. 改进培训运作程序
输出评估	检验培训的结果	1. 收集和分析同培训结果相关的信息 2. 评价与确定培训的结果

（五）CIPP 评估模型

CIPP 评估模型，即"背景（Context）—输入（Input）—过程（Process）—成果（Produce）"评估模型，该模型是由美国的斯塔弗比姆在 1967 年提出的。

CIPP 评估模型是将培训项目本身作为一个对象进行分析，它强调评估手段在各个阶段的应用，目的就是为了及时发现问题并进行改善。该模型也属于过程性评估模型，其模型说明详见表 3-9。

表3-9 CIPP 评估模型

阶段评估	阶段评估任务说明
背景评估	该阶段评估的主要任务是确定培训需求以及设定培训的目标，具体包括了解相关环境、分析培训需求、鉴别培训机会、确定培训目标等
输入评估	该阶段评估的主要任务是评估培训资源和培训项目，具体包括收集培训资源信息、评估培训资源、评估项目规划是否有效地利用了资源、是否能够达到预期目标，以及是否需要外部资源的帮助等
过程评估	该阶段评估任务主要是通过评估，为实施培训项目的人员提供反馈信息，以使他们能在后续的培训过程中进行改进和完善
成果评估	该阶段评估主要是对培训是否达到预期目标进行评估，具体评估任务包括评估学员的满意度、知识和技能的增加情况、行为的改善情况，以及个人和组织绩效的提高情况等

三、培训效果评估流程

培训效果评估流程主要包括六个步骤，具体内容如下。

（一）培训需求评估

进行培训需求评估是培训项目设计的第一步，也是培训评估的第一步。实施培训需求评估首先要由评估人员重新进行培训需求分析，找出员工知识、技能、态度等方面的差距和不足，以确定培训的必要性和目标。

（二）确定培训评估目标

培训目标主要是界定培训要解决什么问题、达到什么水平和具体的目标是什么等问题，它决定着评估项目和评估方法的选择。评估培训目标的实现程度是衡量培训效果的重要指标之一。

（三）设计培训评估方案

确定培训评估目标后，接下来的工作是设计培训评估方案，除了评估者的选择外，其中很重要的一项是评估内容及评估方法的确定，具体内容如下。

1. 选定评估者

我们可以从企业内部选定评估者，也可以外聘专家或由企业客户担任评估者。评估者的人选主要由培训项目的特点、培训的内容及企业自身的实际情况等因素综合决定。

2. 培训效果的评估

根据柯氏四级评估模型，我们可以将培训效果的评估划分为四个层面，具体内容详见表3-10。

表 3-10　四层评估比较表

评估层面	名称	评估内容	实施方法	优势	劣势	改进策略
第一层面	反应层评估（学员的反应）	学员对培训的总体印象，对培训内容、讲师、教学方法、材料、设施、场地、报名程序等的评价	问卷调查、小组座谈；常运用四分法（极好、好、一般、差）、五分法（极好、很好、好、一般、差）进行衡量	容易开展，是最基本、最普遍的评估方式	会出现以偏概全、主观性强、不够理智的现象	强调评价的目的，要求大家配合；将课程评价与讲师评价分开；结合使用问卷、面谈、座谈等方式；同时进行学员自我的评估
第二层面	学习层评估（学习的效果）	学员掌握了多少知识和技能，如学员吸收或者记住了多少课程内容	在反应层基础上，要求运用所学的知识解答试题；进行现场操作；对于专业性岗位课程，要求学员提出改善方案并执行	给学员增加了压力，使他们更认真地学习；给讲师也带来了压力，使他们更负责、更精心地准备培训课程和培训内容	压力过大，可能造成报名不太踊跃	针对不同的培训课程采用不同的评估方法
第三层面	行为层评估（学员行为的改变）	学员培训后的工作行为和在职表现方面的变化	观察法，360度评估法	可以直接反映培训课程的效果；使高层领导看到培训的效果，从而支持培训；讲师可以获得学员的支持	耗费时间和精力；360度评估问卷比较难设计；需要占用相关人员较多的时间，不容易获得配合；员工行为易受其他因素的影响	选择适合进行行为层评估的课程；选择合适的评价时间；充分利用专业讲师和咨询公司的力量

（续表）

评估层面	名称	评估内容	实施方法	优势	劣势	改进策略
第四层面	绩效层评估（培训产生的效果）	上述三级变化对组织发展带来的可见的、积极的作用；培训是否对企业的经营结果产生了直接的影响，如次品率下降在多大程度上归功于操作技能的培训	通过一些企业组织指标来衡量，如事故率、次品率、生产率、员工流动率以及客户投诉率	详细的、令人信服的调查数据，能打消高层主管对培训投入的疑虑；将有限的培训费用投到最能为企业创造经济效益的课程上来	需要时间，在短期内很难得出结论；对这个层面的评估，缺乏必要的技术和经验；简单的对比数字意义不大	必须获取管理层的认可，拿到培训之前的相关数字进行比对；分辨哪些结果与要评估的课程有关系，并分析在多大程度上有关系

3. 对培训工作人员的评估

培训工作人员主要指讲师及培训组织者。

对讲师的评估主要体现在责任心、授课质量等方面。对讲师进行评估有利于改进讲师的培训方式，并为下一次培训讲师的选择提供依据。

对组织者的评估主要由培训部门开展自我评估，侧重评估培训的后勤服务、培训设备准备、讲师的选择、培训的组织等工作，以便不断改进此类工作。

4. 对培训内容的评估

培训内容的评估主要围绕培训课程的开发、培训的应用效果、培训的方式等内容展开。

5. 选择评估方法

用来评估的方法有很多种，总的来说，有定性分析和定量分析两种。按具体形式不同，用于定性分析的方法又可分为观察评估法、集体讨论法和问卷调查法；用于定量分析的方法又可分为成本—收益分析法、加权分析法。

（1）观察评估法

观察评估法是指评估者观察学员在培训过程中的反应情况及培训结束后在工作岗位上的表现的方法。评估者或利用观察记录或利用录像的方式，将相关信息记录到培训过程观察表中（如表3-11所示），通过比较学员在培训前后的工作业绩，衡量培训的效果。

表3-11　培训过程观察记录表

培训课程		培训日期	＿＿＿＿年＿＿月＿＿日
观察对象		观察记录员	
观察到的现象	（培训前情况）		
	（培训后相应情况）		
观察结论	1.		
	2.		
其他特殊情况			

（2）集体讨论法

集体讨论法是指将所有学员集中到一起开讨论会。在会议上，每一个学员都要陈述通过培训学会了什么，以及如何将这些知识运用到工作中。这种方法一般在培训结束后采用，有的时候会以写培训总结或培训感想的形式来代替。

（3）问卷调查法

问卷调查法是指借助预先设计好的问卷，在培训课程结束时向调查对象了解各方面信息的方法。此方法的关键在于设计一份有效的问卷，按照调查对象和调查目的的不同可设计以下两种问卷。

①需要受训人员填写，以反映课程内容、培训讲师、培训情况的调查问卷（如表3-12所示）。

表3-12　关于某项培训的调查问卷

调查说明：

◇ 请您详细、如实地填写下表，并将此表按时交到培训组织部门或相关人员处。

◇ 请在您选择的答案前划"√"。

◇ 希望您给予真实的答案，这将有利于我们工作的改进。

培训主题（课程名称）		讲师		日期	＿＿＿＿年＿＿月＿＿日

一、关于培训课程、教材

1. 您认为本次课程对您的工作是否有帮助　□很大　□较大　□一般　□没有

2. 您觉得本次课程内容的安排顺序如何　□很好　□好　□一般　□差

3. 您认为本次课程是否解决了您工作中的实际需要　□解决　□部分得到解决　□没有解决

4. 参加此次培训，您觉得有哪些收获（可多选）

□接触到一些适用的新知识　□获得一些可以用在工作上的技巧及技术

□帮助我印证了某些观点　□帮助我改变我的工作态度

（续）

□ 给了我一个客观认识自己及所从事工作的机会

5. 您认为本课程的哪些内容需要增加或删减

需要增加的内容：_____ 需要删减的内容：_____

6. 列出您对本课程最感兴趣的地方（可列三点）_____

7. 写出本次培训课程的重点内容

8. 您认为本次哪些培训课程对您帮助最大

9. 对您来说，本次哪些培训课程对您最不适用

二、关于培训讲师

1. 您认为培训讲师的专业水平和培训经验如何 □ 优 □ 良 □ 中 □ 差

2. 培训讲师对教学内容、培训目标的阐述是否具体、明确和完整 □ 优 □ 良 □ 中 □ 差

3. 您对此次培训的教学方式是否满意

□ 很满意 □ 满意 □ 一般 □ 不满意

4. 您对培训讲师在培训辅助设备的运用上有何感想

□ 很满意 □ 满意 □ 一般 □ 不满意

5. 您认为这次培训应采用何种教学方式较为合适（可多选）

□ 普通讲座 □ 小组讨论 □ 讲师演示＋学员实际操作 □ 提问＋回答

□ 多媒体教学 □ 角色扮演 □ 情景模拟训练 □ 游戏训练

三、关于培训组织人员

1. 您认为此次培训的后勤协助工作做得如何 □ 很好 □ 好 □ 一般 □ 不好

2. 您认为此次培训的场地符合培训要求吗 □ 符合 □ 不符合 若不符合，请简单说

明理由）_____

3. 您认为此次培训的辅助设备、培训资料是否齐全 □ 齐全 □ 不齐全

请列举出需要补充的设备、资料：_____

4. 您认为培训的餐饮、交通安排如何 □ 很满意 □ 满意 □ 一般 □ 不满意

四、其他方面

1. 将来若有类似的培训，您是否愿意参加 □ 愿意 □ 不愿意 □ 不确定

2. 谈谈您对本次培训课程的整体评价

_____

3. 您对本次培训是否还有其他的改进建议

_____

4. 您认为还需要组织哪些方面的培训

_____

注：1. 该表格可以根据实际情况，只选取其中部分内容来设计关于特定对象的调查问卷。

2. 该表格由参加培训的学员填写。

②需要培训讲师填写，以反映学员表现的调查表（如表3-13所示）。

表3-13　学员表现调查表

培训项目名称		参训人数	
参训时间	_____年___月___日	填表日期	_____年___月___日
调查项目	记录内容		
学员对课程的参与情况			
学员对培训内容是否理解			
学员回答问题的积极性			
学员回答问题的准确性			
学员参与课程游戏的情况			
培训结束后，学员测试情况	（成绩统计表、图）		
	（存在的问题说明）		

（4）成本—收益分析法

成本—收益分析法即通过分析成本和培训所带来的各项硬性指标的提高，计算出培训的投资回报率，这也是最常见的定量分析法。其涉及如下两个公式。

①培训收益 = $(E2 - E1) \times N \times T - C$

其中，$E2$（$E1$）表示培训后（前）每个学员的年效益，N表示参加培训的总人数，T表示培训效益可持续的年限，C表示培训成本。

②投资回报率（ROI）=（培训收益/培训成本）×100%

若计算出来的ROI值小于1，表明培训收益小于培训成本，说明此次培训没有收到预期的效果，或企业存在的问题不是培训所能解决的。

该方法实施的前提条件是参训学员的年效益可以量化。

（5）加权分析法

①建立一个完整的评估指标体系。

②确定各项指标的权重（衡量指标重要程度的数据，所有权重之和等于1）。

③每个指标分为五个等级（优为5分、良为4分、中为3分、合格为2分、不合格为1分）。

④就学员的某一方面进行全方位的调查，然后进行统计结果的计算。

表3-14是对某位员工接受职业素质培训后运用加权分析进行培训评估的案例。

表3-14 加权分析评估举例

指标权重	5分	4分	3分	2分	1分	单项指标得分
工作能力（0.2）	40%	25%	20%	10%	5%	0.77
知识理论水平（0.2）	30%	20%	25%	15%	10%	0.69
职业道德水平（0.2）	55%	20%	10%	8%	7%	0.816
敬业精神（0.4）	10%	60%	20%	8%	2%	1.472

说明：表中评价结果用百分数表示，如40%表示40%的人认为该员工的工作能力得分为5，即为优；单项得分=权重×∑（分值×百分比值）；最终评价结果=∑（权重×单项得分）；最终评价结果=0.2×0.77+0.2×0.69+0.2×0.816+0.4×1.472=3.748（分）。

（四）实施培训评估方案

培训评估方案确定后，就可以开展具体的评估工作了。

对于不同评估层次，其评估时间选择应该有所不同。例如，对于反应层评估，一般在培训中或培训刚结束时进行调查，这样可以避免因时间间隔较长，导致学员忘记当时的培训感受，从而使调查数据失真；若从行为或结果层考察，则一般可以选择在培训结束一段时间后（如3~6个月）进行，因为培训的效果真正作用到员工的实际工作表现中尚需一段时间。

当适时地收集到所需的信息和数据后，培训评估工作者就可以开始对所收集的信息采用一定的方法和技术进行整理与分析，形成评估数据库。

（五）反馈评估结果并撰写评估报告

1. 反馈评估结果

培训评估结果一般需要反馈给参与培训工作的相关人员，具体如下。

（1）人力资源部工作人员。人力资源部的工作人员在得到反馈意见的基础上对培训项目进行改进，精益求精，提高培训水平。

（2）管理层。管理层对培训工作的支持与否、培训项目资金投入的多少等直接影响着培训效果。

（3）学员。学员明确自己的培训效果有助于学员取长补短，继续努力，不断提高自己的工作绩效。

（4）学员的直接领导。学员的直接领导通过培训评估结果，可以掌握其下属培训的情况，以便于指导下属工作，同时学员的直接领导可将培训评估结果作为对该学员考核的参考因素之一。

2. 撰写评估报告

评估报告的内容和结构如下。

（1）导言，即培训项目的概况、评估的目的和性质。

（2）概述评估实施的过程。

（3）阐述评估结果。

（4）解释、评论评估结果并提出参考意见。

（5）附录，其内容主要包括收集评估信息时所采用的相关资料、图表、工具等，目的在于让他人判定其评估者的评估工作是否科学、合理。

四、培训效果评估工具

在实施培训效果评估的过程中，借助相关的表单可以提高培训效果评估效率。下面给出一些评估过程中的常用工具。

（一）柯氏四级评估模型所需工具

1. 反应评估调查问卷

反应评估调查问卷样例一

××公司××培训反应评估问卷

为了了解本次培训对您需求的满足程度，我们需要您花费几分钟的时间填写这份表格，填写表格时请注意以下两点。

1. 请务必填写您的真实感受，这对我们培训工作的改进很重要。

2. 请注意所有的选择题均为单选题，请在相应的选项后划"√"。

下面请作答。

1. 您对本次培训的主题如何评价？

A. 非常好　　　　B. 很好　　　　C. 好　　　　D. 一般　　　　E. 差

2. 您对本次培训的组织管理人员如何评价？

A. 非常好　　　　B. 很好　　　　C. 好　　　　D. 一般　　　　E. 差

3. 您对本次培训的讲师如何评价？

A. 非常好　　　　B. 很好　　　　C. 好　　　　D. 一般　　　　E. 差

4. 您对本次培训的设施条件如何评价？

A. 非常好　　　　B. 很好　　　　C. 好　　　　D. 一般　　　　E. 差

5. 您对本次培训的日程安排如何评价？

A. 非常好　　　　B. 很好　　　　C. 好　　　　D. 一般　　　　E. 差

6. 您对本次培训的内容如何评价？

A. 非常好　　　　B. 很好　　　　C. 好　　　　D. 一般　　　　E. 差

（续）

---

7. 您对本次培训的方式如何评价？

A. 非常好　　　　B. 很好　　　　C. 好　　　　D. 一般　　　　E. 差

反应评估调查问卷样例二

××公司××培训反应评估问卷

为了了解本课程对您需求的满足程度，我们需要您花费几分钟的时间填写这份表格，填写表格时请注意以下两点。

1. 请务必填写您的真实感受，这对我们培训工作的改进很重要。

2. 请注意所有的选择题均为单选题，请在相应的选项后划"√"。

下面请作答。

1. 培训课程的内容与我的工作的相关程度 （ ）

A. 密切相关　　　　B. 一般相关　　　　C. 关系不大　　　　D. 没什么关系

说明：_____

2. 培训课程的讲解方式是否生动、有趣 （ ）

A. 很吸引人　　　　B. 比较有趣　　　　C. 一般　　　　D. 没感觉

说明：_____

3. 辅助材料的选用和设计的满意程度 （ ）

A. 很满意　　　B. 满意　　　C. 一般　　　D. 不满意　　　E. 很不满意

说明：_____

4. 您对培训服务（培训场所的舒适度、方便性、及时性）的满意程度 （ ）

A. 很满意　　　B. 满意　　　C. 一般　　　D. 不满意　　　E. 很不满意

说明：_____

5. 您对课程培训讲师的仪容仪表和讲课风格的满意程度 （ ）

A. 很满意　　　B. 满意　　　C. 一般　　　D. 不满意　　　E. 很不满意

说明：_____

6. 就本次课程而言，您认为需要改进的方面有哪些，请写出您的宝贵意见。

_____

培训反应评估调查问卷样例二对培训过程进行了笼统的反应评估，并没有对反应评估的各个具体事项进行细化说明，而且选项设计比较简单。这种评估问卷设计的不足之处在于难以全面了解参训学员对培训效果的反应程度。

培训反应评估调查问卷样例三是对培训项目进行细化后的可供参考的培训评估调查问卷样例。

培训反应评估调查问卷样例三

××公司××培训反应评估问卷

1. 您对本课程的哪些讲解感到难以理解（ ）

A. 理论知识　　B. 案例讲解　　C. 故事　　D. 游戏　　E. 其他，请说明：_____

2. 您对培训讲师的哪些表现存在不满意的地方（ ）（可多选）

A. 穿着，说明_____　　　　B. 讲课语速，说明_____

C. 语言表达，说明_____　　D. 逻辑分析，说明_____

3. 您对我们提供的培训场地和资料是否满意（ ）

A. 是　　　　　　　　　　　　B. 否，请说明：_____

4. 您对培训内容的感受是（ ）

A. 所讲的内容我都感兴趣，但有一些我想了解的内容没有讲到，例如_____

B. 我想听的都讲到了，而且讲得很透彻

C. 我想听的都讲到了，但讲得不够清楚，没有解决我想解决的难题

D. 其他，请说明_____

5. 您对在培训过程中所用的PPT展现形式的印象是（ ）（可多选）

A. 标题内容完整、统一，能够体现我想了解的东西

B. 色彩搭配和谐一致，美观大方，没有眼花缭乱的感觉

C. 字体、字号选择适中，没有看不清楚的感觉

D. 没有什么特别之处，跟我听过的其他课程差不多

您希望有哪些改进，请说明。

(1)_____

(2)_____

6. 在本次培训过程中，能让您最感兴趣的内容是（ ）

A. 理论环节，透彻易懂　　　B. 讨论环节，受益匪浅　　　C. 游戏互动，感触颇深

D. 故事环节，发人深省　　　E. 案例环节，生动有趣

若您都不选，请说明原因：

_____

7. 您认为本次培训对您提高工作效率和解决工作问题提供的帮助在于（ ）

A. 帮助拓展解决难题的思路　　　B. 提供解决问题的有效的工具或方法

C. 激发我去了解其他相关的知识　　D. 需要反思自己的态度或能力，取得进步

E. 其他，请说明：_____

8. 您认为培训中安排的练习、讨论和活动占用的时间长短情况如何（ ）

A. 太长　　B. 长　　C. 刚好　　D. 短（您认为恰当的时间是：____分钟）

9. 您认为今后的课程安排应该在哪些方面进行改进（ ）

A. 提高课堂趣味性　　B. 培训讲师放慢语速、增加逻辑分析环节

C. 增加案例　　D. 增加故事

（续）

E. 增加讨论和游戏等互动环节　F. 减少理论知识的讲解
G. 其他，请说明：＿＿＿＿＿＿＿＿＿＿＿＿＿＿＿＿＿＿＿＿＿＿＿＿

2. 行为评估工具

在培训实践工作中，很多企业通过培训效果跟踪表的形式对行为变化进行评估，表 3-15 为培训效果跟踪表的样表。

表 3-15　培训效果跟踪表

学员填写内容			
学员姓名		所属部门	
组织部门		培训时间	
培训课程名称			
培训内容 （要求学员掌握的技能）			
学员所在部门负责人填写			
该学员在日常工作中是否运用了培训中学到的技能，请举例说明			
您怎样督促该学员运用培训所学技能			
通过这次培训，该学员的工作绩效有了怎样的改进			
您对培训工作有何建议与要求			
部门负责人签名			

（二）菲力普斯五级投资回报率模型所需工具

投资回报评估方法有许多评估工具，下面提供五级数据收集计划表、投资回报率数据分析计划表、学员培训结果评估表以及培训成本分析表，仅供读者参考。

表3-16 五级数据收集计划表

项目名称				培训对象			
数据收集 总负责人				计划收集 日期	_____年___月___日至 _____年___月___日		
审核人				填表日期	_____年___月___日		
数据级别	数据内容	衡量标准	数据来源	收集方法	收集人	监督人	收集时间
1级	培训 满意度						
2级	培训学习 结果						
3级	培训内容 应用						
4级	培训对业 务的影响						
5级	培训投资 回报率						
备 注							

表3-17 投资回报率数据分析计划表

培训项目名称				培训对象		
责任人				填表日期	_____年___月___日	
数据分析日期		_____年___月___日至_____年___月___日				
编 号	数据	培训效果 评估方法	数据转换货币 价值的方法	成本项	无形收益	备 注
1						
2						
3						

表3-18 学员培训结果评估表

姓名： 岗位： 部门：

课程基本情况	课程名称		
	开课时间		
课程过程评估	出勤情况	迟到____次， 早退____次	评分标准
	参与程度		4分——很好
	理解程度		3分——好
	动手能力		2分——一般
	测试结果		1分——不合格
课程跟踪评估	该培训项目内容对该员工岗位工作的指导成效		
	很有效	有效	一般	无用
实践应用概述：			
学员签字：_____部门经理签字：_____培训讲师签字：_____			

表3-19 培训成本分析表

培训项目名称				填表日期	_____年___月___日
责任人				审核人	
细目细化说明					
成本类	编 号	细 目	费用（元）	总 计（元）	
培训需求分析成本	1				
	2				
	3				
培训内容设计成本	1				
	2				
	3				
培训资料采购成本	1				
	2				
	3				
培训实施成本	1				
	2				
	3				
培训效果跟踪管理成本	1				
	2				
	3				
备 注					

（三）培训效果量化分析

培训效果量化分析，即运用量化评估方法分析、计算出培训效果数据的过程。培训效果量化的对象一般是参训员工所在岗位的关键绩效指标对应的行为或绩效表现，如客户满意度、市场占有率、行为操作规范程度等。

在对培训效果进行量化分析的过程中，选择合适的量化分析方法比较重要。在实际操作过程中，人力资源部常用的培训效果量化分析方法除了前文提及的客户满意度调查法、市场占有率分析法、绩效指标分析法，还包括加权分析法、成本—收益分析法等综合性分析方法。

1. 客户满意度调查法

为了更清晰地介绍这一评估方法，我们以某银行信用卡客服部门的集体培训为例来对其加以说明。本次评估时，该银行重点评价参训员工的整体绩效改善情况。

在接受培训前后一个月的时间内，该银行收集到的信用卡客户反馈的信息详见表3-20。

表3-20　某银行客服部门培训前后客户满意度对比表

评估要素		培训前	培训后
	接打电话总量	1 145	1 789
客户满意度	客户对电话质量的评价为"优"	695	1 245
	客户对电话质量的评价为"良"	274	462
	客户对电话质量的评价为"差"	176	82

该银行客服部门将此次培训后客户满意度的考查标准设定为客户评价为"优"的有效电话，通过对以上数据的对比，不难得出：

培训前：客户满意度 A ＝培训前有效电话中评"优"的数量/培训前电话总量×100%

$A = 695/1\ 145 \times 100\% \approx 60.7\%$

培训后：客户满意度 B ＝培训后有效电话中评"优"的数量/培训后电话总量×100%

$B = 1\ 245/1\ 789 \times 100\% \approx 69.6\%$

$A < B$

从上可以看出，经过培训，该银行信用卡中心客服部的客户满意度有了显著提高，这进一步说明了此次培训取得的成效，即客服人员的服务品质能更好地满足客户的需求和期望。

2. 加权分析法

加权分析法是指评估人员将培训效果的行为或绩效表现设计成一个个的指标，然后通过权重构成相互关联的指标体系，由此来计算培训学员的得分，进而分析学员的培训效果。其操作步骤说明如下。

（1）根据培训评估的层级要素，建立一个完善的培训评估指标体系（可以参考柯氏四级评估模型）。

（2）确定各项培训评估指标的权重，即各项评估指标的重要程度系数（各项培训评估指标权重之和为1）。

（3）将每个培训评价指标分级（例如，优为5分、良为4分、中为3分、差为2分、不合格为0分）。

（4）就参训员工的某一方面进行评价和统计。

（5）根据统计得出的数据分析并记录培训效果。

以下为某位参训员工接受职业素养塑造培训后，人力资源部运用加权分析法对其培训效果进行评估的示例，设定的指标、权重及得分等级详见表3-21。

表3-21　加权分析评估示范表

指标 （权重）	5分	4分	3分	2分	1分	单项加权 得分
工作能力（0.3）	50%	20%	5%	10%	15%	1.14
专业知识（0.2）	40%	25%	25%	5%	5%	0.78
职业道德（0.2）	10%	20%	20%	30%	20%	0.54
敬业精神（0.3）	20%	60%	15%	10%	5%	1.23
最终得分						3.69

在表3-21中，评价结果用百分数表示，如评价表中工作能力一项中的50%，表示50%的人认为该员工的工作能力为优秀，得分为5分；单项得分＝权重×∑（分值×得分比率）；最终评价结果＝∑单项加权得分；即最终评价结果＝1.14＋0.78＋0.54＋1.23＝3.69（分）。

最终，我们可以将该学员的培训前后得分进行比较，也可以将该学员的受训后的得分与其他学员或其他未受训员工的得分进行比较，以此来判断培训是否有效及培训效果如何。

3. 成本—收益分析法

本部分内容详见前节的详细介绍。

第四章

新员工入职培训

新员工入职培训是指针对新进员工、到新岗位任职的员工开展的培训，其又被称为入职教育、上岗引导培训或职前培训。

入职培训的主要目的是将企业的价值观、行为准则、岗位职责传达给每一位新员工，以指导新员工快速适应企业环境，尽快进入工作角色。

入职培训对新员工的作用具体体现在以下三个方面。

第一，使新员工了解企业的发展概况、规章制度和发展前景，减少新员工初到新环境、新岗位时的紧张和不安情绪，使之尽快适应新环境和新工作。

第二，使新员工快速熟悉自己的岗位工作，明确自己的职责，帮助新员工更快胜任本职工作。

第三，营造良好的人际关系氛围，使新员工快速融入团队，减少因不同的工作背景带来的"文化冲击"，增强全体员工的团队合作意识。

入职培训对企业的作用具体体现在以下三个方面。

第一，入职培训可以让新员工尽快了解企业，以增强员工的团队合作意识。

第二，入职培训可以使新员工快速了解自己的工作，从而迅速进入工作状态。

第三，入职培训可以提高新员工胜任工作的能力，从而提高企业的运营效率。

第一节 新员工入职培训需求分析

一、新员工入职培训需求分析

有效的培训计划是建立在对培训需求进行分析的基础之上的。因此，在制订培训计划之前，首先要进行培训需求的分析工作。

进行新员工入职培训的需求分析，主要从以下三个角度展开。

（一）组织分析

1. 企业环境分析

企业环境分析主要是针对企业所在行业的行规、企业所在行业中的地位、企业产品在市场中的地位等方面进行分析。

2. 企业自身分析

企业自身分析主要针对企业文化、企业概况、企业组织结构、企业相关的规章制度等对新员工的影响进行分析。

3. 竞争对手分析（略）

（二）工作岗位分析

1. 任职资格分析（略）

2. 工作关系分析（略）

3. 岗位职责分析（略）

4. 所任职岗位的工作技巧分析（略）

（三）新员工分析

1. 工作态度分析（略）

2. 工作能力分析（略）

二、新员工入职培训需求分析报告

文本名称	新员工入职培训需求分析报告	编　　号	

一、新员工入职培训需求分析背景

企业自＿＿＿＿＿年＿＿月＿＿日至＿＿月＿＿日通过人力资源部招聘了＿＿人，至＿＿＿＿＿年＿＿月＿＿日内部升职、调岗了＿＿人。其中，新毕业人员占新员工总数的＿＿％，升职人员占新员工总数的＿＿％，调岗员工占新员工总数的＿＿％。

二、选择培训需求分析的方法

此次新员工入职培训需求分析以调查问卷法与观察法为主，主要是针对内部调岗与升职者。

三、调查结果分析

此次发放调查问卷＿＿＿份，收回有效问卷＿＿＿份，结合培训需求调查观察表、职务说明书及公司其他相关文件可得出以下结论。

1. 公司大部分升职人员（＿＿％）感到管理技能欠缺，无法快速进入新的角色。

2. 公司近＿＿％的调岗人员对工作内容不太熟悉，影响了工作效率。

四、培训内容设置建议

鉴于新员工对企业与岗位的熟悉程度不同，企业建议设置两套不同的培训内容体系。

1. 针对刚毕业的新员工

对刚毕业进入公司工作的新员工的入职培训分为公司整体培训、部门工作引导和实地培训三个阶段。培训内容主要包括以下四个方面。

（1）企业的发展历史及现状。

（2）企业的经营理念、企业文化、规章制度等。

（3）企业的组织机构及部门职责。

（4）工作岗位介绍、业务知识及工作技能培训。

（续）

> 2. 针对有工作经验的新员工
> （1）岗位技能培训
> （2）管理能力培训
> ……
> **五、培训时间（略）**

第二节　新员工入职培训实施

一、确定培训内容

通过以上培训需求的分析，培训人员必须明确哪些内容可以满足这些培训需求，并将这些内容分别开发成培训课程。培训人员可以根据图4-1所示的框架来收集、整理新员工入职培训的具体内容。

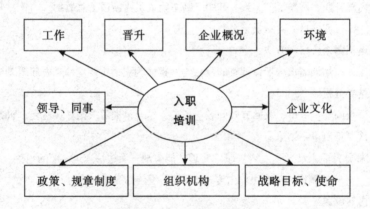

图4-1　入职培训的内容

（一）确定与工作环境有关的培训内容

1. 企业宏观环境

企业宏观环境包括企业的历史、现状、行业地位、发展趋势、目标、优劣势、组织机构、部门职能、产品和服务、市场战略、质量方针、企业文化与传统，以及经营理念等。

2. 工作环境与设施

工作环境与设施包括办公设备、生产设备、各办公场所、食堂等，人力资源部经理可根据本企业的具体情况选择要参观介绍的具体工作环境。

（二）确定与工作制度有关的培训内容

这一部分涉及的内容较多，且都关系到员工的切身利益，包括企业各项人力资源管理制度、财务管理制度、行政办公管理制度等。

（三）确定与工作岗位有关的培训内容

1. 岗位职责培训

根据员工岗位说明书，向新员工介绍其所在岗位的主要职责、新员工的主要任务和责任、工作绩效考核的具体规定等。同时，根据工作流程图，向新员工介绍企业各相关部门的职责和岗位职能，以及本部门和其他部门的关系。

2. 技术培训

对于技术性特别强的岗位，企业可安排新员工到新的工作岗位上进行实地训练，并指定一名资深员工向新员工说明操作规范、协助新员工独立完成工作、指出应改进的地方。

3. 行为规范培训

行为规范培训主要是针对员工仪容仪表要求、着装要求、工作场所行为规范、工作休息制度、公司礼仪规范等方面进行的培训。

某企业的新员工入职培训内容详见表4-1。

表4-1 新员工入职培训内容

姓名： 部门： 职务： 到职日期：_____年___月___日

序号	培训项目		培训日期	时间	培训人
1	欢迎新员工，致欢迎词				
2	培训计划简介				
3	工作环境简介				
4	公司概况	（1）公司基本概况 （2）发展历史、文化、经营理念和未来发展方向 （3）公司组织结构说明			
5	人员介绍	（1）介绍公司主要高层领导 （2）介绍各级主管 （3）介绍部门同事 （4）员工自我介绍			

（续表）

序号	培训项目		培训日期	时间	培训人
6	规章 制度	（1）人事规章与福利说明 （2）作息及签到规则 （3）休息和用餐规则 （4）服务礼仪和接待规定 （5）办公自动化使用规定 （6）休假和加班规定 （7）奖罚规章			
7	学习《员工手册》的内容				
8	财务制度	（1）财务制度说明 （2）出差规程与费用报销流程 （3）主要财务政策			
9	部门本职位工作内容介绍				
10	消防安全知识普及				
11	紧急事故及灾害处理方法				

二、确定培训讲师

涉及与企业、部门及工作密切相关的入职培训课程，企业最好指定内部人员担任讲师，因为企业内部人员才是最熟悉企业的人。企业高层领导、人力资源部经理、部门主管、专业技术人员可以分别就不同的内容模块给新员工做入职培训。

涉及提高新员工个人职业素养的入职培训课程，如时间管理、商务礼仪等方面的培训，可以请专职的培训讲师来讲授。

同时，为了取得良好的培训效果，新员工的入职培训应该安排一位高层领导参加，以表明企业对新员工的重视。

三、选择培训方法

针对新进企业的人员，通常采用课堂讲座、多媒体教学、工作指导的方法展开培训，也可以采用角色扮演法来提升他们的一些基本技能；针对调岗和职位晋升者，可以运用工作指导、角色扮演及工作轮换的方法对他们进行培训。

四、培训实施管理

培训实施管理包括培训资料的准备和培训后勤保障两大工作。

（一）培训资料的准备

培训资料主要来源于员工手册和部门内部培训教材。员工手册是新员工入职培训的教材之一。部门内部培训教材主要指各部门的岗位说明书、专业技术文档等。

（二）培训后勤保障

培训后勤保障工作主要包括培训相关人员的生活安排、培训器材的准备、培训场地的管理等。另外，新员工培训不仅仅是企业人力资源部的事情。对于新员工培训的这项工作，一定要明确人力资源部、高层管理者、岗位所在部门负责人、相关部门负责人的职责，并在各自部门和岗位的考核中予以体现，以保证各岗位和部门担负起各自应尽的职责。为了保证培训的实际效果，新员工培训实施之后应及时进行记录归档和效果评估。

第三节 新员工入职培训方案设计

一、新员工入职培训通用方案设计

方案名称	新员工入职培训方案	编 号	

一、新员工入职培训目的

企业实施新员工入职培训的目的主要有以下七点。

1. 为新员工提供公司及工作岗位的相关信息，鼓舞新员工的士气。

2. 让新员工了解公司的福利待遇及公司对他的期望。

3. 让新员工了解公司历史、政策、企业文化，并提供讨论的平台。

4. 减少新员工初进公司时的紧张情绪，使其尽快适应工作环境。

5. 让新员工体会到归属感。

6. 使新员工加强与同事之间的联系。

7. 提高新员工解决问题的能力并告知新员工寻求帮助的方法。

二、新员工入职培训程序

一般来说，新员工入职培训程序如下图所示。

（续）

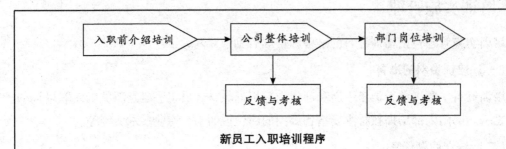

新员工入职培训程序

三、新员工入职培训内容

新员工入职培训内容一览表

项目（负责人）	时间	培训内容
入职前培训 （部门经理）	入职前	1. 致新员工欢迎词（人力资源部负责） 2. 为新员工安排好办公场所，并准备办公用品 3. 准备好给新员工培训的部门内训资料 4. 指定一名资深员工作为新员工的带训人 5. 准备好布置给新员工的第一项工作任务
公司整体培训 （人力资源部）	入职后第____天	1. 公司历史与愿景、公司相关组织结构、主要业务 2. 公司政策与福利、公司相关办事流程 3. 公司各部门职能介绍、公司培训计划与程序 4. 公司整体培训资料的发放 5. 回答新员工提出的问题
部门岗位培训 （部门经理）	入职后第1天	1. 到人力资源部报到，进行新员工须知培训（人力资源部负责） 2. 到部门报到，部门经理代表全体部门员工欢迎新员工到来 3. 向本部门员工介绍新员工，带领新员工参观企业及周围环境 4. 向新员工讲解部门结构与功能以及部门内的特殊规定 5. 向新员工描述职责要求，并明确工作情况 6. 讨论新员工的第一项工作任务 7. 午餐时间由老员工带新员工到公司餐厅吃饭

（续）

（续表）

项目（负责人）	时间	培训内容
部门岗位培训 （部门经理）	入职后第 5 天	1. 一周内，部门经理与新员工进行非正式谈话，重申后者的工作职责，谈论一周工作中出现的问题，并回答新员工的提问 2. 对新员工一周的表现作出评估，并为其确定一些短期的绩效目标 3. 为其设定下次绩效考核的时间
	入职后第 30 天	部门经理与新员工面谈，讨论一个月来的表现，填写评价表
	入职后第＿＿天	人力资源部经理与部门经理一起讨论新员工（根据入职后的表现）是否能胜任目前的岗位，填写"试用期考核表"，并与新员工就试用期考核表现谈话，告知新员工公司绩效考核要求与体系

四、新员工入职培训教材

1. 公司整体培训教材

2. 各部门内训教材

3. 新员工入职培训须知

新员工入职培训须知如下所示。

新员工入职培训须知

各位学员：

欢迎您参加××公司第＿＿期入职培训课程！

为了加强您与公司之间的相互了解，促进您对我公司企业文化的认同，帮助您提高综合素质以适应新的环境和岗位，特组织您参加本次培训。我们真诚地希望这次培训能对您有所帮助。为使这次培训达到预期的效果，现将有关事宜说明如下，请您务必遵循！

一、本次培训为全封闭式，培训期间不得外出。

二、培训期间严禁吸烟、喝酒、赌博。累计违反两次者，取消培训资格。

三、认真遵守作息时间，上课不迟到、不早退，不随便出入教室。

四、上课时关掉通信工具或将其调至振动状态。

（续）

五、认真听讲并做好笔记，积极参与讨论、发表观点，以及参与各项活动。

六、讲文明、讲礼貌，服从安排，尊敬师长，爱护公物，维护公共卫生。

七、严格按照培训安排进行就餐、住宿。

××公司培训中心

_____年____月____日

五、入职培训费用估算

估算培训费用是培训计划中一项很重要的内容，其作用是控制培训成本和合理分配培训预算。本次入职培训费用估算表如下。

入职培训费用估算表

培训课程名称		培训日期		培训地点	
培训费用估算	培训费用项目		费用估算明细		
	教材开发费		___元/本 × ___本 = ___元		
	讲师劳务费（或奖金）		___元/时 × ___时 = ___元		
	讲师交通费		___元/日 × ___日 = ___元		
	讲师膳食费		___元/日 × ___日 = ___元		
	培训场地租金		___元		
	培训设备租金、教学工具租金		___元		
	其他费用		___元		
	合计		___元		
申请人（部门）		财务经理		总经理	

六、新员工入职培训项目实施方案

接下来按照下图所示的步骤实施新员工入职培训项目。

（续）

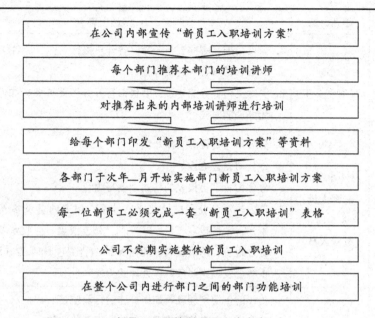

在公司内部宣传"新员工入职培训方案"

每个部门推荐本部门的培训讲师

对推荐出来的内部培训讲师进行培训

给每个部门印发"新员工入职培训方案"等资料

各部门于次年__月开始实施部门新员工入职培训方案

每一位新员工必须完成一套"新员工入职培训"表格

公司不定期实施整体新员工入职培训

在整个公司内进行部门之间的部门功能培训

新员工入职培训项目实施方案

七、新员工入职培训反馈与考核

新员工入职培训的反馈与考核可借助以下五种表格来实现。

1. 岗位培训反馈表（到职后一周内填完）

2. 公司整体培训当场评估表（新员工用）（培训当天填完）

3. 公司整体培训考核表（培训讲师用）（培训当天填完）

4. 新员工试用期内表现评估表（入职后 30 天内填完）

5. 新员工试用期绩效考核表（入职后____天内填完）

二、不同行业各部门新员工入职培训方案设计

（一）所有行业——财务部新员工入职培训方案

表4-2 是针对财务部新员工设计的入职培训方案，主要列出了财务部各岗位新员工的入职培训内容和负责人。

表4-2 财务部新员工入职培训方案

培训负责人	培训时间	培训内容
会计文员	2 小时 （所有新员工）	1. 总公司各部门主要职能及主要人员 2. 分公司财务部主要人员 3. 总公司财务部体系架构及各人员主要职能

（续表）

培训负责人	培训时间	培训内容
出纳	2 小时 （所有新员工）	1. 公司目前在哪些银行开户，各开户银行名称、户名、账号 2. 一般公司与客户的结算银行 3. 实时支付业务的知识：哪些银行开办了此业务，如何判断客户有无办理实时支付
商品进出会计	4 小时 （总部人员） 8 小时 （外派人员）	1. 分公司进货渠道、作业流程 2. 分公司销售流程 3. 分公司日销售报表的格式及填写内容 4. 总公司对分公司的监控报表体系；报表内容及各表间的勾稽关系，日销售报表、日库存报表、资金报表、应收账款报表、在途资金报表；达量返利、价格保护的含义、计算的方法及从报送、审核、发放到财务账务处理的流程
信用会计	4 小时 （总部人员） 8 小时 （外派人员）	1. 公司的信用管理政策如何具体运行及监控 2. 分公司财务在信用管理中具体执行哪些职能 3. 总公司财务在信用管理中具体执行哪些职能 4. 公司主要供应商及结算方式 5. 应收账款日报表的填报格式及要求 6. 新设分公司出货流程规定
税务会计	2 小时 （总部人员） 4 小时 （外派人员）	1. 公司目前在哪个税务局报税 2. 公司增值税发票六要素 3. 总公司给分公司开进货发票程序 4. 总公司客户销售发票开票程序 5. 公司一般税负率 6. 税控机的使用
费用会计	4 小时 （所有新员工）	1. 公司费用报销程序 2. 分公司的哪些费用需由总公司审核报销 3. 公司费用报销具体规定，报销程序、时间、单据粘贴规范、单据填写要求、其他特殊规定 4. 新设分公司费用报销流程及注意事项
主办会计	8 小时 （所有新员工）	1. 财务软件的操作 2. 公司财务报表体系、合并报表事项 3. 公司的资产及经营状况 4. 主要财务核算制度

（二）服务业——酒店管家部新员工入职培训方案

图 4-2 是酒店管家部新员工的入职培训流程，主要提供楼层部分的新员工从上岗第一天直至可独立主持楼层工作的培训内容和培训方式。

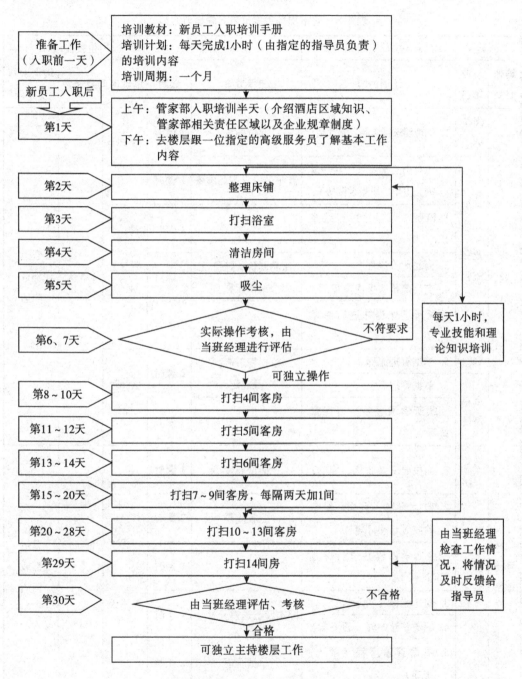

图 4-2　酒店管家部新员工入职培训流程（楼层部分）

（三）零售业——超市卖场基层员工入职培训方案

表4-3是针对超市卖场基层员工设置的入职培训方案，即按不同的操作岗位分别设置了特色培训内容。

表4-3　超市卖场基层员工入职培训方案

培训类别		卖场基层员工入职培训	培训方向		岗位技能培训	
培训对象	培训项目	培训内容	课程设置	课时	培训时间及天数	培训讲师资来源
营业员	岗位要求	1. 岗位要求（食品、非食品）	岗位职责	1课时	第三天上午	营运部或门店
	业务流程	2. 每日商品准备（上货、陈列、卫生、质量控制等）	营业员每日商品准备	2课时		
		回顾所学课程并进行课堂练习		1课时		
		3. 商品调价流程	商品调价、降价及报损流程	2课时	第三天上午	1.5天
		4. 商品降价、报损流程				
		回顾所学课程并进行课堂练习		2课时		
	规章制度	5. 单据管理流程	单据管理流程及规定	2课时	第四天上午	
		6. 单据管理规定				
		回顾所学课程并进行课堂练习		1课时		
收货及传单员	岗位要求	1. 岗位要求（收货、传单）	岗位职责	1课时	第三天上午	营运部或门店
	业务流程	2. 验收流程（直送、紧急验收、长期订单）	验收流程	2课时		
		回顾所学课程并进行课堂练习		1课时		1.5天
		3. 配送流程（暂不学）	配送及配送差异处理	1课时	第三天下午	
		4. 配送差异处理（暂不学）				
		5. 单据管理流程（录入、传递）	单据管理	2课时		

（续表）

培训对象	培训项目	培训内容	课程设置	课时	培训时间及天数		培训讲师资来源
收货及传单员	规章制度	6. 单据管理规定	单据管理	2课时	第三天上午	1.5天	营运部或门店
		回顾所学课程并进行课堂练习		2课时			
	实际操作	7. 条码、防盗标签的操作	条码、防盗标签的操作（结合实操讲解）	1课时	第四天上午		
		8. 相关设备使用	简单讲解，重在进场后操作培训	1课时			
		回顾所学课程并进行课堂练习		1课时			
生鲜营业员	岗位要求	1. 岗位要求（果蔬、水产、鲜肉、熟食、面包）	岗位职责	1课时	第三天上午	1.5天	营运部或门店
	业务流程	2. 每日生鲜商品准备（验收、上货、卫生、质量控制、订货、报损等）	生鲜每日商品准备	1课时			
		3. 生鲜自采流程	生鲜自采、订货流程	1课时			
		4. 生鲜订货流程					
		5. 生鲜验收流程	生鲜验收流程	1课时	第三天下午		
		6. 生鲜损耗控制	生鲜损耗控制	1课时			
		7. 生鲜退换货流程	退换货流程				
		8. 生鲜调价流程	生鲜调价流程	1课时			
		9. 生鲜调拨流程	生鲜调拨、报损流程	1课时			
		10. 生鲜报损流程					
		回顾所学课程并进行课堂练习		1课时			
		11. 生鲜报损流程	生鲜盘点流程	1课时	第四天上午		
		12. 色标管理要求	回顾单据管理（含色标管理）	1课时			
		13. 单据管理					
		回顾所学课程并进行课堂练习		1课时			

（续表）

培训对象	培训项目	培训内容	课程设置	课时	培训时间及天数		培训讲师资来源
生鲜营业员	实际操作	14. 生鲜设备的使用	进场后实操培训				
		15. 生鲜保鲜技巧	进场后实操培训				
防损员	岗位要求	1. 岗位要求	岗位职责	1课时	第三天上午		营运部或门店
		2. 防盗技术	防盗技术	2课时			
		3. 易盗商品知识	易盗商品知识	1课时			
		4. 与防损有关的法律知识（民法、刑法、消费者权益保护法、治安管理处罚条例）	与防损有关的法律知识	1课时	第三天下午		
	业务流程	5. 单据识别及稽核	单据识别及稽核	2课时		1.5天	
		回顾所学课程并进行课堂练习		1课时			
	规章制度	6. 与防损有关的制度	与防损有关的制度	1课时			
	实际操作	7. 防损设备	简单讲解，重在进场后实际操作培训	1课时	第四天上午		
		回顾所学课程并进行课堂练习		1课时			
收银员	岗位要求	1. 岗位要求	岗位职责	1课时	第四天上午	1.5天	营运部或门店
		2. POS机使用	收银设备使用及现金识别（模拟操作练习）	1课时			
		3. 计算器使用					
		4. 真假钞识别（包括点钞练习）					
		5. 银行卡使用	非现金收银项目（模拟操作练习）	1课时			
		6. 支票收取					

（续表）

培训对象	培训项目	培训内容	课程设置	课时	培训时间及天数		培训讲师资来源
收银员	业务流程	7. 顾客投诉处理流程	顾客投诉处理流程	1课时	第三天下午	1.5天	营运部或门店
		8. 团购流程	团购流程（含送货范围）	1课时			
		9. 顾客送货范围					
		10. 收银操作细则（如何避免收银差错）	收银操作细则	2课时			
		回顾所学课程并进行课堂练习		1课时			
	规章制度	11. 备用金管理规定	收银相关规定	2课时	第四天上午		营运部或门店或财务
		12. 营业款收缴管理规定					
		13. 长短款处理规定					
		14. 单机操作管理规定					
		15. 金库管理规定					
		16. 收银单据处理（营业缴款单、银行卡签购单等）					营运部或门店
		回顾所学课程并进行课堂练习		1课时			
所有基层员工（公共课）	规章制度及要求	1. 商品质量管理规定（全员）	商品质量管理规定	2课时	第四天下午	2.5天	营运部或门店
		2. 商品还原要求（全员）	商品还原要求	1课时			
		3. 仓库管理规定（营业员、生鲜员工、收货员掌握）	仓库管理规定	1课时			
		回顾前四节所学及课堂练习		1课时			
		4. 金库操作规定（收银员掌握；防损员了解）	金库操作规定	1课时			
		5. 销售技巧	销售技巧	1课时	第五天下午		
		回顾所学课程并进行课堂练习		1课时			

（续表）

培训对象	培训项目	培训内容	课程设置	课时	培训时间及天数		培训讲师资来源
所有基层员工（公共课）	业务流程	1. 消防、防盗、突发事件的处理（全员）	消防/防盗/突发事件的处理	2课时	第五天下午	2.5天	营运部或门店
		2. 商品验收流程（收货员、防损员掌握；营业员、生鲜员工了解）	商品验收流程	1课时			
		3. 进货退出流程，包括退货、退（返）配（营业员、生鲜员工、收货员掌握；防损员了解）	进货退出流程	1课时			
		回顾所学课程并进行课堂练习		1课时			
		4. 商品补货流程（营业员、收货员掌握）	商品补货流程	1课时			
		5. 商品报损流程（营业员、生鲜员工、防损员掌握）	商品削价报损流程	1课时	第六天上午		
		6. 商品削价流程（营业员、生鲜员工掌握；防损员了解）					
		7. 销售退回、换货流程（营业员、生鲜员工、收银员掌握）	销售退回、换货流程	1课时			
		回顾所学课程并进行课堂练习		1课时	第六天下午		
		对所有岗位技能课程进行回顾		4课时			

（续表）

培训对象	培训项目	培训内容	课程设置	课时	培训时间及天数	培训讲师资来源
所有基层员工（公共课）	实际操作	1. 强调手把手培训，实操与工作相结合 员工进场后，培训讲师（相关区域管理人员）每天利用晨会回顾所学课程，强调重点并要求在工作中加以运用，同时现场检查指导；下班例会时，培训讲师进行总结，对技能掌握较差的员工进行重点辅导 2. 培训讲师可安排技能掌握较为熟练的员工指导一般员工 3. 培训讲师根据教材并结合实际工作事先做好实操培训计划，上岗前对新员工所学全部内容至少实操一遍；上岗后一个月内，继续对新员工强化岗位技能培训 4. 培训讲师应采取灵活多样的培训方式（如技能竞赛、模拟演习等） 5. 人力资源部和营运部将统一制作标准教材，包括培训讲师教案和基层员工讲义			上岗后10天至1个月内	营运部及门店
		培训考核			1天	营运部及门店
	回炉培训	专业知识及业务流程			根据实际掌握情况安排课程及时间	营运部及门店

备注：

1. 每天安排8课时：50分钟1课时，两课时中间休息10分钟。

2. 每一个基层岗位设一名专职讲师，由相关岗位的管理人员担任。

（四）生产制造业——制造部新员工入职培训方案

图4-3从培训流程、培训内容、培训讲师、培训教材、培训负责人等多个方面，针对生产制造企业的制造部设计了新员工入职培训方案。

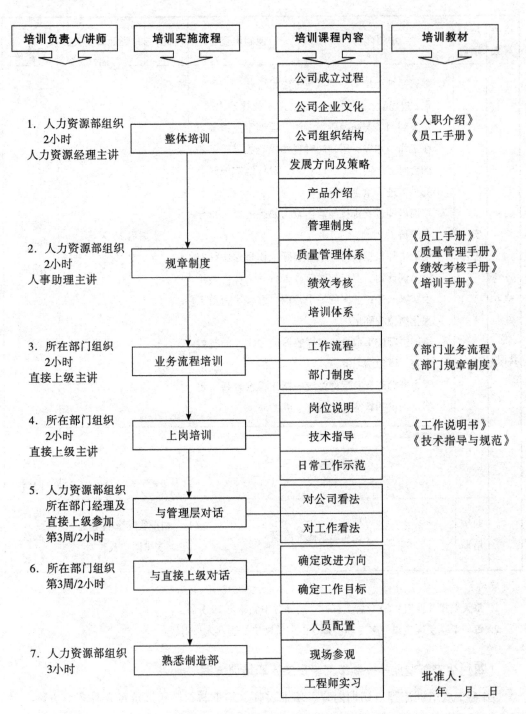

培训负责人/讲师	培训实施流程	培训课程内容	培训教材
1. 人力资源部组织 2小时 人力资源经理主讲	整体培训	公司成立过程 公司企业文化 公司组织结构 发展方向及策略 产品介绍	《入职介绍》 《员工手册》
2. 人力资源部组织 2小时 人事助理主讲	规章制度	管理制度 质量管理体系 绩效考核 培训体系	《员工手册》 《质量管理手册》 《绩效考核手册》 《培训手册》
3. 所在部门组织 2小时 直接上级主讲	业务流程培训	工作流程 部门制度	《部门业务流程》 《部门规章制度》
4. 所在部门组织 2小时 直接上级主讲	上岗培训	岗位说明 技术指导 日常工作示范	《工作说明书》 《技术指导与规范》
5. 人力资源部组织 所在部门经理及 直接上级参加 第3周/2小时	与管理层对话	对公司看法 对工作看法	
6. 所在部门组织 第3周/2小时	与直接上级对话	确定改进方向 确定工作目标	
7. 人力资源部组织 3小时	熟悉制造部	人员配置 现场参观 工程师实习	批准人： ____年__月__日

图4-3　制造部新员工入职培训方案

第四节 新员工入职培训评估

一、入职培训的评估内容

（一）新员工对培训内容的掌握程度

通过访谈或问卷的形式，了解新员工对入职培训内容的理解程度和掌握程度，以及入职培训安排得是否合理。一般的考核内容详见表4-4。

表4-4 新员工入职培训效果初步考核表

文件编号： 填表日期：＿＿＿＿年＿＿月＿＿日

姓名		专长		学历	
培训期间		培训项目		培训部门	
经培训，新员工对岗位工作的了解程度如何					
对新员工专门知识（包括技术）的考核					
新员工对各项规章制度的了解情况					
新员工提出的改善意见评核（以实例说明）					
分析新员工工作专长，判断其适合的工作是什么，并说明理由					
新员工辅导员评语：					
总经理签字：	部门经理签字：		评核者签字：		

（二）入职培训组织及教学工作的质量

入职培训的评估还包括对培训组织和教学工作的评估，其主要包括以下两个方面的内容。

1. 后勤工作

对后勤工作的评估，即主要评估培训场地的安排、培训通知工作、培训期间的食宿安排等组织工作是否做到位。

2. 课程的内容和质量

针对课程的内容和质量的评估工作，我们可以通过一些细化的指标来操作，如培训主题的清晰程度、培训内容的逻辑性、培训方法的运用、培训过程的生动性等。

二、入职培训的评估方法

总体来说，培训效果评估方法有两种：一种是定性分析法，包括观察法、小组讨论法、问卷调查评估法等；另一种是定量分析法，包括加权分析法、成本—收益分析法、投资—收益分析法等。

（一）定性分析法

正如上文所说，定性分析法有很多种。在这里，我们主要介绍问卷调查评估法的运用。

新员工入职培训一般持续的时间比较长，有的大企业甚至要求新员工必须接受为期3~6个月的入职培训。在不同的时期，要针对不同的培训内容进行调查和评估，所以在运用问卷调查评估法时，应针对不同的评估内容设计不同的问卷。

1. 入职培训即时调查表（培训当天）

入职培训即时调查表应设计完全不同的两份问卷，分别由受训新员工（如表4-5所示）和培训讲师（如表4-6所示）来填写。

表4-5　新员工入职培训调查（学员用表）

您好！为了掌握您对本课程教学效果的意见和建议，不断改进我们的教学工作，请您客观评价所学的课程，在最接近您看法的分值前的方框中划"√"，并客观回答一些问题。谢谢您的大力支持！

培训时间：_____年____月____日

受训新员工姓名		所属部门及职位	
新员工类型	□ 新进人员 □ 调岗 □ 升职 □ 复职 □ 其他		
培训课程名称		培训讲师	
需评估的项目	最低分特征	得分说明 　1 分表示"很差"；5 分表示"很好"；2、3、4 分表示"由差到好"的一个趋势	最高分特征
您对本课程教学的总体评价	讲师准备不充分，课堂讲述很差，很难接受，培训效果很差	□ 1　□ 2　□ 3　□ 4　□ 5	授课讲师准备充分，课堂讲述非常精彩，易于接受
您对教学内容的评价	内容与培训需求关联不大，与培训主题无关，缺乏层次性	□ 1　□ 2　□ 3　□ 4　□ 5	课程内容完全针对培训需求，紧扣培训主题，层次清晰

（续表）

您对课程准备的充分程度的评价	准备不充分，对课程不熟悉，讲述不系统，杂乱无章	□1 □2 □3 □4 □5	准备非常充分，对课程相当熟悉，讲述具有系统性，条理清晰
您对讲师仪表及精神面貌的评价	精神面貌很差，对参加培训的人员产生了负面影响	□1 □2 □3 □4 □5	仪表得体，精神面貌尚佳，对参加培训的人员产生了积极影响
您对讲师的语言表达能力的评价	口齿不清，语言表达能力差，且无辅助性肢体语言	□1 □2 □3 □4 □5	口齿清晰，语言流利，辅助丰富的肢体语言且有利于培训人员理解相关内容
您对课堂精彩程度的评价	课堂讲述乏善可陈，欠缺培训技巧，没有吸引力	□1 □2 □3 □4 □5	课堂讲述非常精彩，讲究培训技巧，具有很强的吸引力
您对教学幻灯片的评价	内容与主题有时缺少关联，且有些陈旧，文字太多、太小	□1 □2 □3 □4 □5	内容与主题关联性强，文字清晰、精练
您对培训课程可接受程度的评价	无收获，对课程不了解，需要再次培训该课程	□1 □2 □3 □4 □5	有收获，对课程清楚明了，很大程度上满足了培训需求
您对课程实用性的评价	对我的实际工作无指导作用	□1 □2 □3 □4 □5	对我的实际工作非常有帮助
您对培训时间安排与频度安排的评价	时间安排太紧凑、不利于消化所学的知识；培训太频繁	□1 □2 □3 □4 □5	时间安排、频度安排均合理
您对培训准备工作的评价	培训设备、资料准备不充分	□1 □2 □3 □4 □5	培训设备、资料准备充分
通过培训，您对以后工作的信心	一点信心都没有	□1 □2 □3 □4 □5	有很大的信心
学完本课程，您最大的收获			
您对企业培训的意见和建议			
您认为此类培训有哪些地方需要改进			

表4-6　新员工入职培训调查表（讲师用表）

您好！为了更好地了解学员受训情况和本次培训的组织情况，请您根据自己的真实感受做如下评价，在最接近您看法的答案前的方框内划"√"，并欢迎您对我们的工作提出意见和建议。谢谢您的大力支持！

评价等级说明：A——很好　　　B——较好　　　C——一般　　　D——较差　　　E——很差

培训课程：　　　　　　　　　　　　　　　培训时间：_____年___月___日

需评估的项目	评估选择
1. 时间安排	□ A　　□ B　　□ C　　□ D　　□ E
2. 培训通知安排	□ A　　□ B　　□ C　　□ D　　□ E
3. 培训流程管理	□ A　　□ B　　□ C　　□ D　　□ E
4. 培训纪律	□ A　　□ B　　□ C　　□ D　　□ E
5. 交通便利情况	□ A　　□ B　　□ C　　□ D　　□ E
6. 餐饮	□ A　　□ B　　□ C　　□ D　　□ E
7. 本次培训的环境	□ A　　□ B　　□ C　　□ D　　□ E
8. 参加本次培训的学员（学习态度、参与性、对知识的悟性）	□ A　　□ B　　□ C　　□ D　　□ E
9. 您对本次培训的总体评价	□ A　　□ B　　□ C　　□ D　　□ E
10. 您认为本次培训做得比较出色的地方	
11. 您认为本次培训最需要改善的方面	

2. 入职培训效果跟踪表（一周内）

在相关培训完成后一周内，人力资源经理、部门主管可对新员工在此期间的培训效果和工作表现做出考核与评估，以判断培训的效果。入职培训效果跟踪表详见表4-7和表4-8。

表4-7　入职培训效果跟踪表

本表由新员工直接主管根据与员工的面谈结果和平时对员工的考核及观察结果填写，副总办公室主任原则上应参与员工特训跟踪面谈评估；跟踪评估负责人为副总办公室主任和新员工直接主管。

姓名		公司/事业部		部门	
职务		到职日期		培训日期	
1. 新员工入职至今对企业文化的感悟，请用几个字概括					
2. 新员工参加培训以后的出勤状况和工作表现					

3. 新员工对各项规章制度的了解情况	
4. 新员工对本职工作的了解和掌握情况	
5. 新员工目前在工作中所表现出来的优势	
6. 新员工目前在工作中所表现出来的不足	
7. 新员工目前在工作中是否遇到困难，以及是否需要提供协助	
8. 新员工针对自身不足在以后的工作中采取的改进措施，如何落实这些改进措施	
9. 对新员工专业知识和专业技能进行评核，分析其工作专长，判断其适合何种工作，并说明理由	

直接主管		副总办公室主任		副总经理	

表 4-8　入职培训效果跟踪表

姓名		所属部门		职位	
岗位类别		入职时间		培训时间	

跟踪项目	主要培训内容	评价方式	评价标准	评价人
公司概况介绍	◇ 企业文化与经营理念 ◇ 组织机构与各部门职责 ◇ 办公管理制度	背诵或说明	□ 优，熟练掌握90%以上 □ 良，较好掌握80%以上 □ 较好，基本掌握70%以上 □ 一般，掌握60%以上 □ 差，尚未达到基本要求	
专业技能培训		实际操作或演练	□ 优，技术熟练度达90%以上 □ 良，技术熟练度达80%以上 □ 较好，技术熟练度达70%以上	

（续表）

跟踪项目	主要培训内容	评价方式	评价标准	评价人
专业技能培训		实际操作或演练	□ 一般，技术熟练度达 60% 以上 □ 差，尚未达到基本要求	
工作方法培训		操作或演练	□ 优，按操作标准优质完成 □ 良，按操作标准基本完成 □ 较好，操作中存在微小失误 □ 一般，操作中存在三处以下失误 □ 差，操作中存在很多失误	
总体评价（由考评人员进行评价）：				
部门经理签字：				

3. 入职培训效果反馈表（1~3 个月内）

新员工接受培训后，人力资源部应及时跟进其试用期期间的工作表现，并反馈给新员工本人及其部门负责人，以便制定出相应的措施。表 4-9 是常用的入职培训效果反馈表。

表 4-9　入职培训效果反馈表

以下为新员工自我评估用，请检查自己对以下项目的掌握程度，并于入职后一个月内将该表填完交至人力资源部。

姓名		职位			员工编号			
部门		直接上司			入职时间			
培训项目	培训内容	了解（掌握）程度						
		优	良	中	一般	差		
公司入职培训	公司历史及在行业中的位置							
	公司产品							
	公司的经营理念、愿景、价值观等							

培训项目	培训内容	了解（掌握）程度				
		优	良	中	一般	差
公司入职培训	公司组织架构、机构设置					
	考勤、作息时间、用餐安排等					
	公司要求遵守的行为规范					
	员工礼仪常识					
	员工绩效管理					
	员工奖惩条例					
	员工异动程序					
部门入职培训	认识部门经理、直属上司、同事					
	参观部门					
	部门规章制度					
	阅读并了解职位描述					
	卫生与安全					
	岗位技能培训					
员工签名：				日期：_____年___月___日		

表4-10 由人力资源部相关人员填写，主要用来挖掘新员工在工作中主动提出的或被他人发现的问题。

表 4-10　新员工在工作中提出的问题和存在的问题

跟进项目	培训中存在的问题	采取的措施
新员工提出的问题		
新员工工作中仍存在的问题		
人力资源助理：		日期：_____年___月___日

表4-11 由指定的部门带训人完成，主要评价新员工的表现。

表 4-11　新员工表现评价表

反馈项目	非常满意 （90～100分）	较满意 （70～89分）	一般 （60～69分）	差 （59分以下）
工作态度				
工作纪律				
仪容仪表				

（续表）

反馈项目	非常满意 （90~100分）	较满意 （70~89分）	一般 （60~69分）	差 （59分以下）
工作的质量				
工作的数量				
团队合作精神				
部门带训人签名：			日期：_____年___月___日	

部门经理签名：　　　　　　　　　　　人力资源经理签名：

（二）定量分析法

等级加权分析法是对培训效果进行定量分析的方法之一，具体做法如下：根据培训评估内容建立指标体系，确定各指标的权重并划分不同的等级，然后对结果进行统计分析。其内容详见表4-12。

表4-12　加权分析评价结果

指标（权重）	优（5分）	良（4分）	较好 （3分）	一般 （2分）	差（1分）	单项得分
企业概况的了解（0.3）	30%	20%	25%	15%	10%	3.45
专业技能的掌握（0.4）	10%	60%	20%	8%	2%	3.68
工作方法的运用（0.3）	40%	25%	20%	10%	5%	3.85

说明：表中，百分比值30%表示30%的评价人员认为该新员工对企业概况的掌握情况得分为5分，即为优；单项得分 = 权重 × ∑（分值 × 百分比值）；最终评价结果 = ∑（权重 × 单项得分）；最终评价结果 = 0.3 × 3.45 + 0.4 × 3.68 + 0.3 × 3.85 = 3.662。

三、撰写入职培训评估报告

（一）撰写入职培训评估报告的目的

撰写新员工入职培训评估报告的目的主要体现在以下五个方面。

（1）将入职培训的情况呈报给企业的领导，使其继续支持入职培训。

（2）将新员工受训表现反映给人力资源部经理，为新员工的转正提供决策依据。

（3）完善入职培训计划的内容，改进实施情况。

（4）找出新员工经培训后仍然存在的不足，为下一步的培训提供依据。

（5）将反馈信息提供给入职培训的实施者，以利于其进一步完善培训课程体系。

（二）撰写入职培训评估报告的步骤

入职培训评估报告的撰写过程就是统计分析调查结果的过程，具体包括以下四个步骤。

（1）统计归纳调查结果，制作出相关的统计表或统计图。

（2）分析相关数据的规律性。

（3）阐述目前的培训成效，并预测可能达到的长期成效。

（4）对入职培训工作提出问题和改进建议。

（三）确定入职培训评估报告的内容

所确定的入职培训评估报告的内容应有理有据、公正合理，主要包括对入职培训过程的叙述、对培训评估调查数据的分析说明、对培训评估结果的阐述和预测、对存在问题的分析和改进四大方面的内容。

表4-13是一份入职培训评估报告的样本，反映了入职培训评估报告的基本内容和结构，培训评估人员可根据实际情况和需要进行填写。

表4-13 新员工入职培训评估报告

撰写日期：_____年____月____日

入职培训需求说明		新员工类型	
		受训总人数	

项目	内容
新员工入职培训的目标分析	
培训实施过程说明	
入职培训—般性反馈信息	
培训效果的调查数据	（可附统计表或统计图）
数据统计分析	
评估的结果	
评估结果与预期目标的比较	
存在的问题分析	
培训建议	

第五节　新员工入职培训制度

一、新员工入职培训管理规范

制度名称	新员工入职培训管理规范		编　　号	
			受控状态	
执行部门		监督部门	考证部门	

第1章　总则

第1条　为了加强新员工入职培训的管理，使培训更科学、合理、高效，让新员工能尽快熟悉业务内容和工作流程，达到岗位要求，特制定本规范。

第2条　本规范适用于××公司各事业部新员工的入职培训。

第2章　各部门职责

第3条　人力资源培训部负责统一规划、指导各事业部新员工的入职培训工作，制定培训规范、流程，拟定相关表格；负责审查、考核各部门的培训计划及计划实施情况，并协助提供相关资源。

第4条　各事业部培训主管负责组织、推动新员工专业培训，指导协调"以师带徒"岗位培训。

第5条　各部门培训管理员负责本部门新员工入职后培训全过程的协调管理，并协助部门具体实施员工的"以师带徒"培训。

第6条　各部门负责人及时安排本部门新员工参加公司各级培训；确定岗位培训的指导人以及岗位培训内容、培训目标，并对岗位培训进行指导、评价。

第3章　新员工三级培训体系

第7条　新员工培训贯彻三级培训体系制度，即综合培训、专业培训及"以师带徒"岗位培训，具体如下图所示。

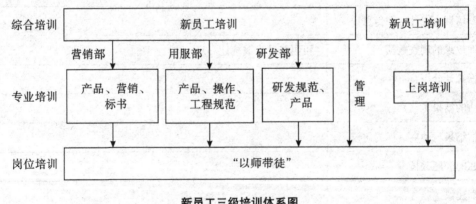

新员工三级培训体系图

（续）

第8条 综合培训。

1. 培训组织

人力资源培训部与驻外研究所培训主管分别负责××地区以及驻外研究所的新员工培训；根据所招聘员工的入职情况决定举办培训班的时间、地点，并联系授课讲师等。

2. 培训内容

培训内容包括公司的发展历史、企业文化与员工行为规范、管理制度、相关法律法规、公司重大发展战略、个人素质训练、团队协作精神以及产品基础知识介绍。

3. 培训时间

本次培训时间为七个工作日。

4. 培训组织流程

培训组织流程如下图所示。

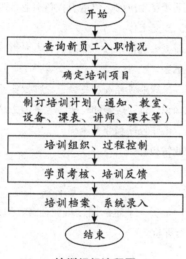

培训组织流程图

第9条 专业培训。

1. 培训组织

事业部培训主管负责组织二级培训（即专业培训），其流程参考综合培训流程。

2. 培训内容

不同部门实施的相关培训内容如下。

（1）研发、生产部门

研发、生产部门的培训内容包括专业基础知识及事业部产品技术介绍、公司产品及市场情况介绍、事业部规章制度介绍、研发规范内容培训、生产工序实习等。其中，研发规范内容可参考公司有关教材。

（2）营销部门

营销部门的培训内容包括专业基础知识及产品技术介绍、公司产品及市场情况介绍、事业部规

（续）

章制度介绍、产品业务培训、标书制作培训、商务培训、专业销售技巧培训、客户心理挖掘技巧、客户拜访技巧、宣讲技巧、综合实习、答辩等。

（3）用服部门

用服部门的培训内容包括专业基础知识及产品技术介绍、公司产品及市场情况介绍、事业部规章制度介绍、工程规范内容培训、工程现场实习、宣讲答辩、标书制作培训等。

3. 培训时间

各事业部根据具体专业要求安排一周至一个月的专业知识培训时间。

第10条 岗位培训。

岗位培训即针对个人具体岗位的"以师带徒"培训。

1. 岗位培训流程

（1）部门负责人为新员工安排工作岗位，并为其指定指导人，同时明确培训内容和培训目标。

（2）新员工在指导人的指导下接受相应的岗位培训，熟悉业务内容和工作流程。

（3）岗位培训结束时，新员工提交工作小结。

（4）指导人和部门负责人对新员工进行评价，部门负责人对指导人进行评价。

2. 岗位培训指导人必须具备的条件

（1）担任五级以上管理干部、二级业务经理、高级工程师及业务、技术骨干。

（2）具有较深厚的专业理论知识，以及较强的科研、业务能力。

（3）熟悉公司各项规章制度、工作程序和业务流程。

（4）具有较强的责任心和敬业精神。

（5）在本岗位工作一年以上。

3. 岗位培训指导人职责

岗位培训指导人接受来自部门负责人下达的岗位培训任务；对新员工实习项目进行指导、答疑；对新员工的岗位培训效果进行评价。

4. 岗位培训内容

岗位培训包括企业文化导入、业务培训、工作流程告知、简单工作任务的完成、相关制度的明确等内容。

5. 培训时间

岗位培训时间由部门负责人确定，一般为转正前1~3个月。

第11条 新员工培训。

1. 新员工分为生产线新员工和非生产线新员工。非生产线新员工培训纳入公司新员工培训，生产线新员工培训根据入职情况由培训部和各事业部组织实施。

2. 生产线新员工培训内容包括企业文化、公司发展史、办公礼仪及5S管理、焊接工艺、质量意识等。

第4章 培训 MIS 系统

第12条 培训 MIS 系统是新员工入职培训信息平台；培训主管根据 MIS 系统中的查询结果决定培训班设置情况，统计相关考核指标。

（续）

第13条 新员工进入公司后三级培训的成绩由各组织单位的培训主管录入到员工个人培训信息中。

第5章 考核评估办法

第14条 考核评估包括对培训组织工作的考核和对学员、对指导人的考核。

第15条 对培训组织工作的考核主要有三个指标，即"及时率""覆盖率"和"满意度"。

1. 及时率指标

新员工入职后部门要尽早安排其参加综合培训，"及时率"即入职新员工数减去超过三个月未培训人数之后与入职新员工数之比。

2. 覆盖率指标

培训"覆盖率"属于一个累计指标，即已培训总人数与入职总人数之比；半年考核一次，培训覆盖率应在90%以上。

3. 满意度指标

组织工作的"满意度"指标是员工对培训组织工作的评估。

第16条 对学员的考核。对学员的考核即三级培训的考核成绩，三级培训均合格是转正的必要条件。转正的相关表格依据《员工转正管理办法》编制。

第17条 对指导人的考核。对指导人的考核主要是将新员工"以师带徒"的岗位培训考核与指导人的工作绩效挂钩。此项考核由部门负责人实施。

第6章 附则

第18条 本规范自公布之日起实施，修订、解释权归人力资源中心培训部。

编制日期		审核日期		批准日期	
修改标记		修改处数		修改日期	

二、电商公司新员工培训管理制度

制度名称	电商公司新员工培训管理制度		编　号	
			受控状态	
执行部门		监督部门		考证部门	

第1章 总则

第1条 为规范电商公司新员工培训管理工作，使新员工快速熟悉新的岗位工作，尽快适应公司工作环境且符合岗位工作要求，特制定本制度。

第2条 本制度适用于公司新员工的培训管理。

第3条 管理职责。

培训部负责制订培训计划，并组织和实施公司层面的培训；员工所属部门负责组织和实施部门层面的培训。

（续）

第2章　培训组织管理

第4条　培训方式。

公司对新员工的培训采取线下培训和线上培训相结合的方式进行。线下培训包括课堂讲授、现场指导、案例分析讨论等；线上培训包括微信公众号发布的视频操作演示、微课讲解说明等。

第5条　培训内容。

公司对新员工的培训一般分为下表所示的五个阶段。

培训的内容

培训阶段	培训内容
第一阶段	第一天，全体新入职员工在培训室集合，主持人向其介绍公司经理及各部门负责人，期间由经理发表欢迎致辞，介绍公司成长经历及部门结构，然后由培训负责人带领新同事参观公司各部门，让大家先了解将来的工作环境
第二阶段	在公司电子商务部进行产品理论培训。培训完毕，新人到实体门店进行实际操作，了解公司代理的产品品牌、系列及产品所具有的特性
第三阶段	公司电子商务部对新员工进行服务技能培训
第四阶段	到物流部学习，实地了解商品进货、发货等流程
第五阶段	新人到岗后，由老员工指导其如何应对客户的各种疑难问题，引导客户购物

第6条　培训纪律。

1. 线下受训员工在培训期间不得请假，如有特殊原因须填写请假单，经所在部门经理审批后提交至培训部审批，审批通过后方可请假；线上受训员工在规定时间内完成培训任务即可。

2. 线上受训员工在进行培训时不得浏览与培训内容无关的网页，若自主进行学习培训内容应做好打卡记录。

第3章　培训考核及效果评估

第7条　培训考核。

1. 书面考核。线下考核试题由各位培训讲师提供，由培训部统一印制考卷；线上考核试题由相关培训讲师或培训部设计并上传，受训员工须在规定时间内完成试题并提交。

2. 应用考核。通过观察测试等手段考察受训员工对培训知识或技巧的应用能力、解决问题的能力、承担责任的能力等，由员工所在部门的领导、同事及培训部共同鉴定。

3. 书面考核和应用考核各占考核总成绩的____%。

第8条　培训效果评估。

培训部通过线上问卷调查法、座谈法、访谈法等了解员工培训效果的相关情况，并作为培训工作后续改进的参考依据，进一步提高岗前培训的成效。

第4章　附则

第9条　本制度由公司培训部负责制定、修改、解释，由财务部协助制定、审核。

第10条　本制度经总经理审批后生效，自发布之日起实施。

编制日期		审核日期		批准日期	
修改标记		修改处数		修改日期	

第五章

销售人员培训

销售人员是市场的开拓者和企业利润的直接实现者，其工作态度、知识水平和职业素质在很大程度上决定了企业的利润水平及市场竞争力。销售人员要想不断提升自己的销售业绩，就需要不断通过参加企业培训来提高自己的销售技能。企业为了实现销售目标和利润目标，应对销售人员进行心态、产品知识、销售技巧等方面的培训。

第一节　销售人员培训需求分析

一、销售人员培训需求分析内容

不同企业的产品不同，目标客户也不同，从而导致对销售人员的素质要求也不同。那么对企业来说，应该如何开展培训工作才能帮助销售人员提升业绩？对销售人员来说，究竟需要提升自己哪些方面的能力？为了弄清以上问题，就需要对销售人员进行培训需求分析。

对销售人员的培训需求进行分析，可从组织、工作岗位、个人能力和工作态度四个方面展开，具体如图5-1所示。

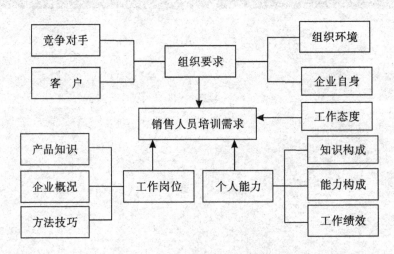

图5-1　销售人员培训需求分析

为了使培训更具有实际意义，一般企业在实施培训前都会进行培训需求调查，调查期间除了需要人力资源部门做好组织与协调工作外，还需要借助各种调查工具来收集相关的培训需求信息，如调查问卷、考核量表等。

（一）组织要求分析

1. 组织环境分析

组织环境分析主要是分析市场知识、合同知识、商业贸易条例、法律法规对销售人员培训需求的影响。

2. 客户分析

客户分析主要是分析客户的资料、定位和需求以及客户服务方面的知识等对销售人员培训需求的影响。

3. 企业自身分析

企业自身分析主要包括企业概况、企业文化、组织结构、企业对客户所负的责任、产品与服务、销售渠道、业务策略等对销售人员培训需求的影响。

4. 竞争对手分析

竞争对手分析主要分析竞争对手的行业地位、产品及市场销售情况等对销售人员培训需求的影响。

（二）工作岗位分析

销售人员的主要岗位职责是市场开发、完成企业销售目标及回款、维护良好的客户关系、收集市场信息等。销售人员的这些职责决定了销售人员的培训应该从以下四个方面进行。

（1）岗位任职资格分析。

（2）工作关系分析。

（3）工作任务和职责分析。

通过对销售人员工作任务和职责进行分析，可了解销售人员的工作表现或状态，找出两者之间的差距，确定培训需求和目标，具体示例详见表5-1。

表5-1　工作任务和职责培训需求分析一览表

目前的状态	培训希望达到的效果
从不同渠道收集相关信息	能较准确地判断出潜在客户
清晰、流利地向客户介绍产品知识	有效地掌握销售技巧并成功将产品销售出去
准确地回答客户提出的问题	与客户产生共鸣
完成本职工作	能有效地进行自我激励

（4）销售的方法和技巧。

（三）个人能力分析

1. 知识掌握程度分析

（1）产品知识，主要包括本企业产品的性能、价位、特点、使用技巧及注意事项、市场同类产品状况等。

（2）专业知识，即市场营销知识、消费心理学知识等。

（3）其他相关知识。

2. 能力分析

（1）市场分析能力，包括对市场信息的敏感度、对市场前景的预测能力等。

（2）人际沟通能力，包括与客户沟通的能力、谈判能力、谈话技巧等。

（3）灵活应变能力，即销售人员根据环境的变化和状况的改变作出适时调整的能力。

（4）团队合作能力，包括与上级、同事、客户等相关人员合作的能力。

（5）承压能力，包括每月需完成一定销售定额的承压能力、面对客户拒绝的承压能力、对客户投诉的巧妙处理能力等。

3. 个人工作绩效分析

个人工作绩效分析即主要通过销售人员目前的工作绩效与企业期望他完成的工作绩效进行对比分析，找出销售人员需要改进的地方。

（四）工作态度分析

销售人员要想取得好的销售业绩，除了具备一定的销售能力外，工作态度也是不可忽视的一个重要因素。表5-2设计的调查表可以用于收集分析销售人员工作态度方面的信息。

表5-2　员工工作态度评价表

姓　名		入职时间		填表日期	
评价项目			评　分		
遵守企业相关管理制度			□ 1　　□ 2　　□ 3　　□ 4　　□ 5		
出勤状况			□ 1　　□ 2　　□ 3　　□ 4　　□ 5		
工作责任心			□ 1　　□ 2　　□ 3　　□ 4　　□ 5		
信用度			□ 1　　□ 2　　□ 3　　□ 4　　□ 5		
无论客户的年龄、外貌、态度如何，都能积极主动接近，并保持良好的态度			□ 1　　□ 2　　□ 3　　□ 4　　□ 5		
即使在心情不好的时候，也能对客户笑脸相迎			□ 1　　□ 2　　□ 3　　□ 4　　□ 5		
从客户的角度想问题、开展工作			□ 1　　□ 2　　□ 3　　□ 4　　□ 5		
即使客户故意刁难，也不介意			□ 1　　□ 2　　□ 3　　□ 4　　□ 5		
认为为客户解决困难（即使不是工作范围内的），是件愉快的事			□ 1　　□ 2　　□ 3　　□ 4　　□ 5		
及时有效地帮助其他部门解决问题			□ 1　　□ 2　　□ 3　　□ 4　　□ 5		
具有良好的团队合作意识（包括与上级、同级、客户等）			□ 1　　□ 2　　□ 3　　□ 4　　□ 5		
填表说明：1—差　　2—一般　　3—好　　4—很好　　5—优秀					

二、销售人员培训需求分析报告

人力资源部以销售人员培训需求调查的信息和分析的结果为基础，参考企业销售人员培训管理制度、人力资源部绩效考核标准、曾经参加过的培训等方面的记录，明确培训需求和培训目标，并形成《销售人员培训需求分析报告》。

一般来说，《销售人员培训需求分析报告》应包括销售人员的总体学历状况、销售经验情况、目前岗位和职位、各培训需求点人数比例、课程设置建议等。下面是某公司销售人员培训需求分析报告，仅供读者参考。

销售人员培训需求分析报告

人力资源部对公司 536 名销售人员进行了培训需求问卷调查，收到有效问卷 530 份。现将问卷内容进行统计分析，以便为 2017 年开展销售培训提供参考和依据。

一、销售人员总体概况

1. 调查问卷统计情况

从学历上看，公司销售人员主要由大专和高中（包括职高）毕业的人员组成，这部分人员约占公司总销售人员的 77.4%；从男女比例上看，男女员工的比例为 56%：44%；在是否参加过系统的销售培训一栏内，有 71.3% 的人回答从未参加过；在"在本公司任职时间"一栏内，55% 的人未满一年，有 20% 的人仍在试用期，超过两年的有 30%，超过三年的有 27%，四年以上的有 23.5%；在"是否有销售经验"一栏内，32.3% 的人回答从未有过销售经验；在回答"是否对销售充满信心"时，63.8% 的人回答"没有足够的信心"；在回答"如何看待自己的销售业绩"时，47% 的人都回答"完成每月规定的销售任务有困难"，只有 21% 的人回答可以超额完成；在选择"你在销售中遇到的最主要的问题"时，有 77.9% 的人选择"不知道在销售中如何沟通"；在回答"你是否觉得系统的销售培训可以帮助你提高销售业绩"时，有 72% 的人选择"一定能"。

2. 调查问卷结论分析

从此次调查问卷中可以得出以下几个结论。

（1）公司销售人员的总体学历水平比较低，应该进行相关知识培训。

（2）大部分销售人员（71.3%）没有经过系统的培训。

（3）有一半以上的销售人员在公司工作还不满一年。

（4）有 1/5 的员工刚刚进入公司，非常需要进行业务指导和培训。

（5）有 1/3 的员工没有任何销售经验，这非常不利于销售业务的开展。

（6）有 2/3 的员工对销售没有足够的信心。

（7）有将近一半的员工无法完成当月的销售任务。

（8）绝大多数人认为参加销售培训可以提高业绩。

（续）

二、销售人员学历情况

从 530 份调查问卷中，可以看出目前公司销售人员的学历状况如下表所示。

销售人员学历状况

因素	博士	硕士	本科	专科	高中	职高	其他
人数	5	15	30	63	197	213	7
所占比例	1%	2.8%	5.6%	11.9%	37.2%	40.2%	1.3%

从上表可知，高中和职高毕业的人是公司销售队伍的主力军。这反映出公司销售队伍整体的学历水平比较低，非常有必要对他们进行系统的培训，以提高他们的知识水平和销售能力。

三、销售人员从事销售概况

调查问卷对销售人员是否从事过销售进行了调查。结果公司有 171 人从来没有从事过销售工作。这一数字占整个销售队伍人数的 32.3%，也就是有 1/3 的员工没有任何销售经验。这一数字也充分说明了为什么有 47% 的人都无法完成当月的销售任务。

对于这些从来都没有从事过销售工作的员工，公司应为其提供销售基础知识的培训，并指派专人分组进行指导。

四、销售人员职位情况

我们可将 530 名销售人员按照级别分为三类，具体内容如下表所示。

职位等级表

因素	经理级	主管级	业务员
人数	35	92	403
所占比例	6.6%	17.4%	76%

从上表可以看出，公司培训对象主要包括两部分人：一部分为管理者；另一部分为业务员，其中业务员培训是重点。

五、销售人员培训需求点概况

在设计调查问卷时，我们对销售人员的心态和销售技巧分别设计了相关问卷。在所设计的销售技巧相关问题中，以下七个问题比较突出。特别是"不知道销售中如何进行沟通"，有 77.9% 的员工都面临这样的问题。其他的问题依次是"不知道如何处理客户异议""不知道如何成交""不知道如何接近客户""不知道如何介绍产品""无法找到客户""不知道如何处理客户关系"，具体内容如下表所示。

（续）

销售人员需求点分析

因素	无法找到客户	不知道如何接近客户	不知道如何介绍产品	不知道如何处理客户异议	不知道如何成交	不知道如何处理客户关系	不知道在销售中如何进行沟通
人 数	205	315	284	348	337	190	413
所占比例	38.7%	59.4%	53.6%	65.7%	63.6%	35.8%	77.9%

六、销售人员培训课程设计建议

针对培训调查问卷的这些实际情况，建议公司对销售人员从两个层面、分两批进行培训。两个层面主要是指心态层面和销售技巧层面。分批是指将所有的销售人员分成两批：一批是管理人员，对他们主要进行销售队伍的建设和管理、如何管理下属、如何指导下属等方面的培训；另一批是销售人员，对他们有计划、有步骤、分阶段进行培训。针对销售人员，建议公司开发如下表所示的课程。

销售人员培训课程表

课程名称	主要内容
发现客户的 N 个地方	告诉销售人员怎么去寻找潜在的客户
如何接近客户	告诉销售人员应该如何去接近不同性格的客户
如何进行产品介绍和演示	告诉销售人员如何介绍产品、如何向客户演示产品
如何消除客户疑虑	列出客户疑虑的方面，并逐个给出解决办法
如何成交	告诉销售人员成交的时机和方法
与客户的 N 次沟通	举例说明如何与客户进行销售沟通
建立良好的客户关系	告诉销售人员如何通过售后服务建立良好的客户关系
销售目标管理	告诉销售人员如何进行目标管理
管理自己	告诉销售人员如何规划自己，如何进行时间管理

下表是销售人员的"培训需求确认表"，可作为《培训需求分析报告》的附件呈报。

销售人员培训需求确认表

评分项目	要求	自评	经理评	实际	差距	建议措施
回应内外部客户的要求、询问和问题	5	4	4	4	1	客户关系培训
具有企业内部相互服务的意识	5	5	3	3	2	内部服务培训

（续）

（续表）

评分项目	要求	自评	经理评	实际	差距	建议措施
从客户角度想问题及工作	5	4	4	4	1	客户关系培训
及时有效地帮助下属解决问题	5	3	3	2	2	如何指导下属
主动寻求对自己服务满意度的反馈	5	4	3	3	1	座谈会
有效组织销售团队，按月完成销售任务	5	3	3	3	1	团队建设培训
姓名	张××		部门	销售部	职位	销售主管

填写说明：

1. 以"回应外部和内部客户的要求、询问和问题"为例，5分表示"能够以紧迫和关切的意识回应客户的要求、询问和问题"，3分表示"能及时地、积极地回复客户的抱怨"，1分表示"对客户的要求、询问及问题回应得特别慢"。
2. 要标注销售人员目前的能力表现。
3. 标出那些最重要的能力差距。

第二节　销售人员培训课程设置

一、明确销售人员培训目标

（一）销售人员培训的总目标

销售人员培训的总目标是提高销售人员的整体素质和销售技能，激发销售人员的潜能，增强销售人员的自信心，从而提高销售人员的业绩和对企业的了解，进而提升企业的销售额和市场占有率，达成企业的市场目标，实现企业的经营业绩。企业通过有计划、有针对性的培训，可以逐步提高销售人员的水平。

（二）销售人员培训的基本目标

（1）掌握系统的销售理论和销售技巧。

（2）增加销售人员的产品知识、行业知识。

（3）提高销售人员的自信心，帮助他们树立积极心态。

（4）提高销售人员的社交能力、与人沟通的能力。

（5）增强销售人员目标管理和团队合作意识。

（6）提高销售人员与客户建立长久业务关系的意识和能力。

二、设置销售人员培训课程

销售人员所承受的工作压力比较大，所遭受的拒绝和挫折相对也比较多。因此，对销售人员除了进行一般的营销理念、销售理论、销售策略、市场开发策略和销售技巧的培训以外，还需要对其进行提高心理素质、树立积极心态、自我减压等方面的培训。

（一）销售人员培训课程设置的三个层面

（1）知识培训，包括企业知识、产品知识、行业知识、专业销售知识等。

（2）销售技巧培训，包括基本销售技巧、沟通技巧、专业服务技巧。

（3）心理素质和心态的培训。

（二）确定销售人员培训课程体系

某企业销售人员培训课程设置的具体内容详见表5-3。

表5-3　销售人员培训课程内容一览表

课程内容	培训对象		
	高层	中层	初层
现代市场营销与销售	√	√	√
销售基本概念和理论		√	√
销售与社会、企业及个人的关系	√	√	√
关于所销售的产品或服务的专业知识	√	√	√
客户类型及心理把握	√	√	√
销售渠道的开发与管理	√	√	
销售人员的素质、品德与态度要求	√	√	√
销售人员的仪表和礼仪技巧	√	√	
销售人员的自我目标和计划管理	√	√	
销售前的准备	√	√	
客户约见与心理距离的拉近	√	√	
销售谈判艺术	√	√	
观察、倾听和询问技巧	√	√	

（续表）

课程内容	培训对象		
	高层	中层	初层
销售人员的时间管理		√	√
促成销售的方法	√	√	
与客户道别的方法	√	√	
增加销售业绩的方法	√	√	
如何处理销售过程中的异议	√	√	
如何与客户建立长久的业务关系	√	√	
如何进行电话销售	√	√	
面对大客户的销售艺术	√	√	√
销售人员的团队共识	√	√	√
销售合同的起草与订立	√	√	
销售人员的潜能开发	√	√	√
销售人员心理素质训练			√
销售人员的心态			√

（三）销售人员培训课程设置与开发的步骤

销售人员培训课程的设置与开发一般遵循三个步骤：首先，按照课程的重要程度，建立培训课程体系；其次，进行课程大纲的编写；最后，按照课程大纲进行培训教材的开发与完善。

1. 按照课程的重要程度，建立培训课程体系

究竟要培训什么内容？哪些内容更重要？这些内容应是怎样的一个体系？要解决这些问题，就要对培训需求调查中的各个需求点进行分类整理，按照需求程度的高低，细化为各类课程。

有的培训需求调查结论中已经明确了各个问题和各类课程，根据调查结果，课程的重要程度自然就显现出来了；有的培训需求调查结论中，只明确了培训需求的大方向或内容，如销售基础理论、销售技巧、销售心态等，这就需要进一步细化，通过再次调查分析，具体明确到解决某一类问题的课程上。

2. 编写课程大纲

在确立了培训课程体系以后，就要编写各门课程的大纲，也就是确定各门课程的内容模块。在编写培训大纲的时候，最重要的一点就是保证大纲要适合本企业产品的特点和本企业营销的特点，只有这样才能编写出适合自己企业的个性化培训教材。

3. 培训教材的开发与完善

在对培训课程的大纲进行反复修改并定稿后，就要进行具体教材的编制与开发。整个教材的初稿完成后，要经过试讲和不断修改，直至最终定稿。

三、电商销售技能培训课程设计

方案名称	某公司电商销售技能培训课程设计方案	编　　号	

一、课程名称
电商销售技能培训。

二、课程目标
培训客服人员营销与成单技巧。

三、课程时间
课程总时长为 8 个小时。

四、课程内容
课程内容及其时间分配如下表所示。

课程内容及其时间分配一览表

课程单元		课程主要内容	课时分配
第一单元	良好的心态	1. 销售的定义 2. 销售人员的心态 3. 良好的销售态度 4. 设立目标	1 小时
第二单元	售前准备	1. 线上策划推广 2. 产品知识 3. 电商运营规则 4. 沟通技巧	2 小时
第三单元	销售的五个步骤	1. 接洽客户 2. 了解需要 3. 推介产品 4. 连带销售 5. 完成销售	3 小时

（续）

（续表）

课程单元		课程主要内容	课时分配
第四单元	完成销售	1. 处理异议 2. 识别客户的购买信号 3. 促成交易的方法	1 小时
第五单元	售后服务	1. 售后退换货培训 2. 建立客户档案	1 小时

四、微商销售技能培训课程设计

方案名称	某公司微商销售技能培训课程设计方案	编　　号	

一、课程名称

微商销售技能培训。

二、课程目标

帮助新代理迅速建立起微信营销的方法体系。

三、课程时间

课程总时长为 7 个小时。

四、课程内容

课程内容及其时间分配如下表所示。

课程内容及其时间分配一览表

课程单元		课程主要内容	课时分配
第一单元	前期准备	1. 亲自体验产品 2. 学习产品知识 3. 搭建营销平台 4. 自己拍产品图	1 小时
第二单元	营销策略	1. 如何激发客户的兴趣 2. 如何提升与微信好友的信任度 3. 推荐产品 4. 催单技巧 5. 强推技术	

118

（续）

（续表）

课程单元		课程主要内容	课时分配
第二单元	营销策略	6. 如何增加粉丝量 7. 广告形式多样性 8. 线上、线下活动相结合 9. 加强与微信好友的互动 10. 个人品牌的树立 11. 情感策略 12. 分享技术	3 小时
第三单元	注意事项	1. 切勿刷屏 2. 广告发布时段分析 3. 坚持并注意保持后续联系 4. 切勿只发广告、没有互动 5. 总结经验、教训	2 小时
第四单元		案例分享	1 小时

第三节 销售人员培训实施

一、确定培训时间、地点

（一）何时需要对销售人员进行培训

1. 有大批销售人员新加入企业时

对于新入职的员工，要集中进行培训。

2. 销售人员业绩整体下滑时

在企业销售业绩整体下滑时，可以考虑进行全员培训。

3. 新产品上市时

企业有新的产品上市时，一般要对销售人员进行产品知识、产品定位、销售对象分析等培训，以使销售人员了解新产品以及目标客户。

4. 市场竞争激烈时

同类产品在广告、价格、经销商策略、促销策略上做出调整时，为了应对这种竞争的变化，需要对销售人员进行培训，以提高销售人员应对竞争的能力。

5. 销售人员升职时

当业务人员升任为销售主管或者销售主管升任为销售经理或者区域经理时，因为角色发生了变化，职责也发生了变化，所以需要对他们进行培训。

另外，在培训时间的安排上，要考虑产品销售的淡旺季，尽量避开产品销售的旺季，以免影响销售活动的开展。

（二）选择培训地点

企业在选择销售人员培训地点时，要确保销售人员的培训实施过程不会被中断或受到干扰。根据培训方式的不同，所选择的培训地点也会有所不同。

（1）拓展性训练多在室外或者专门的拓展训练基地进行。

（2）理论性或者知识性培训多选在室内，一般在公司的会议室或者酒店宾馆进行。

（3）比较重要的中高层销售培训多选在郊区的酒店、度假村或异地进行，以最大限度减少干扰。

二、培训讲师的选择

选择销售人员的培训讲师时，资历和经验是首要考虑的因素，一般由学有专长、富有销售经验的专家学者，或由实践经验丰富的销售骨干、销售经理担任。

销售培训对培训讲师的实战经验要求比较高，那些没有从事过销售的培训讲师只能讲述一些理论或者心态方面的知识。对于销售实践和技巧类的课程，企业一定要聘请销售一线的骨干或销售经验丰富的人来讲授。

三、培训方式选择

销售人员的培训方式因培训内容、培训对象不同而不同。一般的销售企业针对基层销售人员举办的培训较多，基层销售人员常用的培训方式详见表5-4。

表5-4　基层销售人员常用的培训方式一览表

培训方式	简单介绍	培训内容
室内课堂教学	由销售专家或销售经验丰富的销售人员讲授相关知识	企业概况、产品知识、销售原理、心理素质培训
	最原始的方法，同时也是一种有效的方法	
	应用广泛，费用低，能增加受训人员的实用知识	
	仅为单向沟通，受训人员参加讨论的机会较少	
会议培训	讨论由主讲老师或销售专家组织	销售原理、心理素质、态度培训
	双向沟通，受训人员有机会提出意见，交流想法、经验	

（续表）

培训方式	简单介绍	培训内容
实例讨论研究	受训人员亲自参与的实战培训方法	销售方法、技巧、态度培训
	受训人员分析销售实例，并给出实例中问题的解决办法	
角色扮演	由讲师扮演客户，向受训人员（扮演销售人员）提出各种问题，以检查学员接受和处理问题的能力与技巧	方法、技能、技巧、反应能力培训
	接近于一种测验，能对受训人员的优缺点进行客观的评价	
情景模拟	模仿多种业务情景，让受训人员在一定时间内做出决定	方法、技能、技巧、适应能力培训
	观察受训人员面对新情况的适应能力	
参观学习	现场体验式学习	产品生产流程、现场销售
	销售人员观察、体会产品生产过程，了解质量保证措施	
	这些知识有利于应对客户的拒绝和投诉	
现场辅导	新入职的销售人员接受课堂培训后，由经验丰富的销售人员辅导，在工作岗位上练兵	销售业务流程、电话技巧、工作方法培训
	有利于受训人员较快地熟悉业务	
	技能传授的有效途径，促进了受训人员能力的提升	
E-Learning	在传统授课的基础上，E-Learning 培训是销售人员了解企业、熟悉产品和销售渠道的有效工具	企业概况、产品知识、销售原理、技能培训
	时间、地点选择灵活，既可同步学习也可异步学习	
	有利于培训效果的跟踪和反馈	

四、制订培训实施计划

培训实施计划表是培训实施的行动指南，表5-5 是某电池生产企业对新入职销售人员的培训实施计划表。

表5-5　新入职销售人员培训实施计划表

日期	培训时间	培训内容	培训讲师	培训方法
___月 ___日	8：00～9：00	企业规章制度	人力资源经理	课堂讲授
	9：30～11：00	企业产品（电池）说明书	产品部经理	课堂讲授、自学
	13：30～15：00	销售人员培训资料汇编		自学
	15：30～17：00	企业销售人员工作手册	销售主管或经理	课堂讲授

（续表）

日期	培训时间	培训内容	培训讲师	培训方法
___月 ___日	8：00~11：00	企业战略目标与现状、市场形势、产品（电池）目标市场与竞争状况、产品（电池）的销售渠道	营销总监	课堂讲授、配合多媒体教学
	13：30~17：00	营销与销售的区别、营销观念的演变、了解客户的方法和途径、如何与客户建立关系及维护关系、销售技巧	外聘讲师	课堂讲授配合多媒体、案例讨论
	晚上	学习心得总结	全体受训人员	
___月 ___日	8：00~11：00	参观生产车间，了解电池生产情况及其性能，熟悉生产工艺	生产车间主任	现场参观学习
	13：30~17：00	参观质检部门，了解产品质检及检测方法，以及客户投诉的主要问题及解决方法	质检部门经理	现场参观学习
	晚上	参观心得总结	全体受训人员	
___月 ___日	8：00~11：00	学习有关电池的专业知识	产品部经理	讲解、示范
	13：30~17：00	由销售骨干结合自身经历讲解销售技巧和注意事项	销售骨干	辅导、角色扮演
	晚上	学习心得总结	全体受训人员	
___月 ___日	8：00~11：00	ISO 质量管理体系介绍	产品部经理	讲解
		销售人员礼仪规范与注意事项	外聘讲师	讲解、情景模拟
	13：30~17：00	出差及财务报销规定、主要业务流程	办公室主任	讲解
	晚上	学习心得总结	全体受训人员	
___月 ___日	8：00~11：00	产品知识测试	办公室	
	下午	销售技巧测试	办公室	
___月 ___日	上午	人力资源部公布考试结果，举行培训结业仪式，颁发结业证书		

在培训期间，还可以穿插现场演示部分，如一分钟自我介绍、新产品一分钟介绍、老客户回访、处理客户投诉、客户退货等内容，以提高销售人员的实际销售技巧。

五、培训的实施与监控

对销售人员的培训，人力资源部除了要做好上述准备工作外，还需要准备好其他一些事项，包括培训辅助设备的准备、培训经费的预算、发布培训通知等。

人力资源部在对销售人员的培训实施过程中，除了按照计划表中的时间、地点等开展具体的培训工作以外，还需要注意对整个培训过程的监控，并做好相应的培训记录，以便培训完成后对培训工作进行评估。

第四节 销售人员培训评估

一、销售人员培训评估的内容

（一）对培训讲师及课程的评价

对培训讲师及课程的评价，即对讲师的培训技巧、教材的质量、培训课程设置的合理性、课程内容的实用性等项目进行评价。

（二）对培训组织工作的评价

对培训组织工作的评价，即主要对培训组织工作者的工作情况培训需求调查工作、培训场所选择工作、培训时间安排、培训食宿安排情况等进行评价。

（三）对受训人员培训效果的评估

对受训人员接受培训的效果评估主要包括以下三个方面的内容。

1. 受训销售人员对培训知识的掌握程度

2. 受训销售人员的服务意识

受训销售人员的服务意识，即评估其经过培训后，对客户及其他相关人员的服务水平是否有所提高。其中很重要的指标之一是客户投诉率。

3. 受训销售人员的业绩

受训销售人员的业绩，即考核销售人员的月、季及年销售任务是否按时完成；与未培训前相比，其工作业绩有何变化。

二、销售人员培训评估的方法

（一）测试法

对销售人员进行培训知识掌握程度（如企业规章制度、产品知识、行业知识）的评估，最直接的方法就是考试。测试法就是由培训讲师或培训组织人员编制试题，在培训结束的时候或结束后一定的时间内对销售人员进行测试的一种方法。

（二）观察法

对于销售技巧、态度的培训，培训实施部门可以运用观察法，通过观察销售人员的工作，并做好相应的观察记录。

（三）问卷调查法

问卷调查法的测试范围较广，涉及培训课程、培训讲师、培训组织、受训人员参与程度等多个方面的内容。

（四）成本—收益分析法

1. 销售人员培训成本

（1）直接费用，包括讲师酬劳、培训场地租金、培训器材费、教材费等一些培训支出。

（2）间接费用，主要涉及培训组织人员、受训员工、领导因支持培训工作所付出的时间成本。

2. 销售人员培训收益

销售人员培训收益可根据销售业绩提升的幅度、客户投诉率下降的比例等指标来衡量。

3. 计算投资收益率

投资收益率＝（培训收益/培训成本）×100%

三、销售人员培训评估报告

人力资源部将上述各种评估表格、评估信息进行分类、整理，就形成了培训评估报告。

员工培训评估报告的撰写应力求客观、公正。其内容主要是对培训实施的目的和性质、培训评估实施过程、评估的方法以及评估的结果等方面进行的说明。销售人员培训评估报告的范本详见表5-6。

表5-6　关于××培训评估报告

一、培训项目基本情况			
培训项目名称		培训对象	
培训讲师		培训机构	
主办单位		受训人数	
培训日期		培训地点	

（续）

培训项目实施背景	（略）

二、培训评估实施过程及方法（略）

三、培训评估结果分析

　　本次培训总评估的平均值为 3.3 分，介于"达到期望值"与"高于期望值"之间。具体到每项内容的总评估分数如下图所示。

　　1. 关于课程内容的评估：各项分数为 2.6~3.2 分（见下图）。

　　2. 关于培训讲师的评估：各项分数为 3.2~3.6 分。在"授课连续性"和"多媒体运用"这两个指标上得分最高，为 3.6 分。

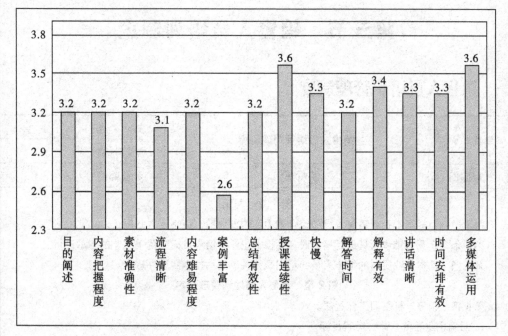

　　3. 收集的部分学员意见

	认为培训中有需要改进的地方	培训中的亮点有哪些
意见 1	内容较多，可设专题	对工作有实际帮助
意见 2	增加案例，改变提问的方式	清晰、敏捷、易懂

（续）

（续表）

	认为培训中有需要改进的地方	培训中的亮点有哪些
意见3	多增加案例，提前发放培训材料	重点突出，内容全面
意见4	多加入案例，讲义可以再生动一些	
意见5	讲师互动少，案例少	
意见6	用实例讲解，容易理解	

4. 关于受训员工的评估

（1）培训结束后，通过测试，发现学员对培训内容的掌握比较到位（附成绩统计表格）。

（2）培训结束后一个月，某些学员的销售业绩提高了（附销售数据简单的比较）。

第五节　销售人员培训制度

一、销售人员培训管理制度

制度名称	销售人员培训管理制度		编　号	
			受控状态	
执行部门		监督部门	考证部门	

第1章　总则

第1条　为提高本企业销售人员的综合能力和销售业绩，特制定本制度。

第2条　企业对销售人员进行培训时，要根据企业的销售目标和营销总监的指示进行。

第3条　凡本企业所属的销售人员的培训及相关事项均按本制度办理。

第2章　销售人员培训管理规定

第4条　销售人员培训工作程序。

1. 明确企业经营方针与经营目标

2. 了解销售人员现状及需要解决的问题

3. 分析以上问题并将问题分类

4. 分析关键要素

5. 制订销售人员培训计划

6. 设计销售人员培训课程

7. 确定销售人员培训方式

（续）

8. 按计划实施销售人员培训

9. 评估销售人员培训效果（培训成效、遗留的问题）

第5条 销售人员培训计划的内容包括培训目标、培训时间、培训地点、培训方式、培训讲师师资、培训内容等。

第6条 培训计划的制订应考虑到新入职销售人员培训、销售人员提升培训、销售主管培训等不同人员培训的差异。

第7条 确定销售人员培训的目标——提高销售人员的综合素质。

1. 挖掘销售人员的潜能

2. 增加销售人员对企业的信任和归属感

3. 训练销售人员工作的方法

4. 改善销售人员工作的态度

5. 终极目标——提高利润水平

第8条 确定销售人员培训时间。

企业需要根据实际情况来确定销售人员的培训时间，主要应考虑下列五个方面的因素。

1. 产品属性

产品属性越复杂，培训时间越长。

2. 市场状况

市场竞争越激烈、越复杂，培训时间越长；应该避免培训时间与销售旺季发生冲突。

3. 销售人员素质

销售人员素质越高，所需的培训时间越短。

4. 销售技巧复杂程度

若要求的销售技巧越复杂，需要的培训时间就越长。

5. 组织管理要求

管理要求越严，培训时间就越长。

第9条 确定培训内容。

培训内容因工作需要及销售人员素质而异。总的来说，培训内容包括以下七大方面。

1. 企业概况

企业概况包括企业的发展历史、经营目标、组织结构、财务状况、主要设施及主要管理人员等信息。

2. 产品知识

产品知识包括主要产品和销量、产品生产过程、产品生产技术、产品的功能用途、企业专为每种产品制定的销售要点及销售说明等信息。

3. 目标客户信息

目标客户信息包括目标客户的类型、购买动机、购买习惯和行为等信息。

4. 竞争对手信息

竞争对手信息包括竞争对手的产品、市场策略、销售政策等信息。

5. 销售知识和技巧

销售知识和技巧包括市场营销基础知识、销售活动分析、公关知识、广告与促销、产品定价、现场销售的程序和责任、谈判策略与技巧、与客户沟通的技巧等。

6. 相关法律知识

相关法律知识包括合同法、产品质量法、客户赊销与信用风险管理等知识。

7. 财务知识

财务知识包括销售费用、票据结算知识等。

第 10 条　选择培训地点。

培训地点的选择取决于培训方式。

（1）拓展性训练多在室外或者专门的拓展训练基地进行。

（2）理论性或者知识性培训多选在室内，一般在公司的会议室或者酒店宾馆进行。

（3）比较重要的中高层销售培训多选在郊区的酒店、度假村或异地进行，以最大限度地减少干扰。

第 11 条　选择培训讲师。

培训讲师应由具备专长和富有销售经验的专家学者或经验丰富的高级销售人员、销售经理担任。培训讲师应具备以下五个条件。

1. 透彻了解所授的课程

2. 对担任讲师有浓厚的兴趣

3. 灵活运用培训方法。

4. 能够补充和修正所用的教材

5. 具备乐于训练和教导的精神

第 12 条　选择培训方法

常用的培训方法有课堂教学法、会议培训法、模拟培训法、实地培训法。

1. 课堂教学法

课堂教学法是一种比较正规、应用比较广泛的培训方法，它由销售专家或有丰富销售经验的销售人员采用讲授的形式将知识传授给受训人员。

2. 会议培训法

会议培训法即组织销售人员就某一专门议题进行讨论，一般由培训讲师或销售专家组织会议。销售人员有机会表达自己的意见、交流想法和经验。

3. 模拟培训法

模拟培训法是由受训人员亲自参与并具有一定实战意义的培训方法，其具体做法又可分为实例研究法、角色扮演法、销售情景模拟法。

4. 实地培训法

实地培训法适用于对新入职人员的销售培训，具体可让有经验的销售人员指导一段时间后，再由新人独立工作，从而使新人能够较快地熟悉业务，达到很好的效果。

（续）

第3章 销售骨干培训管理规定

第13条 参加此类培训的销售人员必须是参加工作两年以上，且一线销售业绩突出，有一些下属并有组织管理经验的非管理人员。

第14条 销售骨干培训计划。

销售骨干培训计划的具体内容详见下表。

销售骨干培训计划表

	第一天	第二天	第三天
上午	10:00 集合（10~15人左右）	8:30 各组发表探讨结果，交流意见	8:30 如何提高管理水平的讲座
	10:30 销售经理致辞	10:30 角色扮演训练	
下午	13:00 销售骨干正确的工作态度	13:00 继续学习训练优秀销售人员的现场训练方法（在职培训技巧）	13:00 关于管理技巧的案例分析
	15:00 个人发表看法、小组讨论		
	17:00 归纳总结		15:30 分公司总经理致辞
晚上	18:00 学习训练新入职销售人员的现场训练方法（在职培训技巧）	18:00 如何进一步提高个人业绩	
	20:00 探讨如何在工作中训练销售人员	20:30 分享个人业绩提高技巧	

第15条 销售骨干培训实施重点。

1. 确定培训方式

本次培训采用三天两晚、集体住宿的方式，参加人数控制在10~15人为宜，其中包括销售经理1名。

2. 选择培训方法

本次培训采用授课、分组讨论、角色扮演等方法。

3. 拟订行动计划书

4. 培训评估准备

事先设计好用于培训课程评估的调查问卷，培训结束后需要写出受训报告。

第16条 培养制订销售计划的能力。

该部分的具体课程内容包括达到销售目标的重要性阐述、培养制定销售目标的能力、学习商业谈判策略技巧、制订达成目标的有效的行动计划。

第17条　培训结束后，需要评价销售骨干培训实施的效果，填写"培训效果评价表"或"培训效果调查问卷"。

第18条　销售骨干培训实施时应注意的事项。

1. 参训人员的态度

实施培训前要使参训者明确意识到自己就是解决问题的执行者。

2. 参训人员的层次

参加此类培训的销售人员须知晓企业的各种活动，有较强的沟通、协调能力。

第19条　与销售骨干培训相关的其他事项可参照《销售人员培训管理规定》执行。

第4章　销售经理培训管理规定

第20条　本次培训的目标是改进销售经理的工作态度，通过现场训练技巧的学习培训高级销售人才。

第21条　销售经理培训要确保企业销售计划的贯彻落实，以达到改进销售经理工作态度的目的。

第22条　销售经理培训的方法。

1. 会议式授课法

在会议上，探讨分析具有良好业绩的下属的能力特征（参照下表），并分析采用何种方法可培养这种能力。

良好业绩下属的能力特征表

能力发展阶段	能力特征	记录能力的表现
第一阶段	日常工作的执行程度	（销售经理记录下属的表现）
第二阶段	对客户的协助及订货的执行程度	（销售经理记录下属的表现）
第三阶段	与客户维持信赖关系、解答销售咨询之外，积极开展销售行动，达到销售目标的执行程度	（销售经理记录下属的表现）

2. 现场培训法

通过现场培训使销售经理掌握现场培训法的基本形式及举措详见下表。

现场培训的基本形式及举措

形式	类型	具体举措
指导销售人员的工作	教师型	正确地指导下属的工作；观察下属的工作，并提出方法和技能的改善技巧
用工作锻炼下属	工作负荷型	发掘下属的潜能；分配工作，充分授权；指定下属应完成的目标和应达到的标准；评价成果；让下属参与制订销售计划

（续）

（续表）

形式	类型	具体举措
整顿工作环境	环境关系型	开展有助于培养下属的工作；加强有关人员之间的沟通管理
关注人	对人关注型	使用体贴性话语；信赖下属；激励下属；对下属的努力给予适当的奖励

第 23 条　与销售经理培训相关的其他事项可参照《销售人员培训管理规定》执行。

第 5 章　附则

第 24 条　受训销售骨干和销售经理有责任承担培训销售人员的任务，将所学知识传授给销售人员，发扬团队精神，实现企业的销售目标和市场目标。

第 25 条　销售人员培训所花的费用由培训项目负责人申请，报财务经理和总经理审核；在培训结束后凭各种正规票据报销。

第 26 条　本制度提交总经理审批后颁布实施。

第 27 条　本制度未尽事宜，可随时增补，并提交总经理审批后生效。

第 28 条　本制度由人力资源部监督执行，最终解释权归人力资源部。

编制日期		审核日期		批准日期	
修改标记		修改处数		修改日期	

二、销售人员礼仪培训守则

制度名称	销售人员礼仪培训守则		编　号	
			受控状态	
执行部门		监督部门	考证部门	

第 1 条　公司要求销售人员必须仪表端庄、整洁，具体要求包括以下五个细节。

1. 头发应该经常清洗，保持清洁；男性员工头发不宜太长。

2. 指甲不能太长，应经常洗剪。女性员工只能使用淡色指甲油。

3. 男性员工胡子不能太长，应经常修剪。

4. 保持口腔清洁，无异味。上班前不能喝酒或吃有异味的食品。

5. 女性员工不宜浓妆艳抹，不宜用香味浓烈的香水。

第 2 条　着工装的具体要求如下。

1. 无论是什么颜色的衬衫，其领子与袖口不得有污秽。

2. 男性员工在外出前或出现在公众场合时，应系领带；并注意领带与西装、衬衫的颜色相配。所系领带不得有污物、破损或歪斜松弛。

（续）

3. 皮鞋鞋面应保持清洁，如有破损，应及时修补，不得穿带钉子的鞋。女性员工的凉鞋不宜露脚趾，尤其是去拜访客户的时候。

4. 女性员工要保持服装淡雅得体，搭配得当，不宜过分华丽。

5. 工作时不宜穿太长或过分臃肿的服装。

第3条　在工作中，员工应保持优雅的姿势和动作，具体要求如下。

1. 站立时，脚跟着地，脚尖离开约45度，腰背挺直，自然挺胸，颈脖伸直，目光平视，两臂自然下垂，不耸肩，身体重心在两脚中间。

2. 会见客户或出席仪式时，不得将手交叉放在胸前。

3. 坐下后，应尽量坐端正，双腿平行放好，不得向前伸或向后伸，或俯视前方。

4. 公司内与同事相遇，应点头致意。

5. 握手时用普通站姿，并目视对方眼睛，背要挺直，不弯腰低头，要大方热情，不卑不亢。

6. 出入其他办公室的礼节：进入房间之前，要先轻轻敲门，听到回应再进；进入后，回手关门，不能用力过大；如果对方正在谈话，要稍等静候，不要中途插话，实在有急事要打断对方谈话，也应看准机会，先说："对不起，打断您（你们）的谈话。"

7. 递送物件礼节：递送文件，要将正面、文字对着对方递过去；递送钢笔，要将笔尖朝向自己，使对方容易接着；递送刀子、剪刀等利器，应将刀尖向着自己。

8. 在办公区域走动时要放轻脚步；在走廊里不能一边走一边大声说话，更不得唱歌或吹口哨。

9. 在通道、走廊里遇到上司或客户要礼让，不能抢行。

第4条　正确使用公司的礼品及设备，提高使用效率，节约成本。

1. 公司的礼品不能挪为私用，礼品、设备要轻拿轻放。

2. 及时清理、整理账簿和文件，墨水瓶、印章盒等使用后要及时盖上。

3. 借用他人或公司的东西，要及时送还或归还。

4. 工作台上不能摆放与工作无关的物品。

5. 未经同意不得随意翻看他人的文件和资料。

第5条　正确、迅速、谨慎地接打电话。

1. 来电话时，听到铃响，至少在第三声铃响前取下话筒。接起电话后要先问候"您好！××公司"；对方讲述时要留心听，并记下要点；未听清时，应及时告诉对方，请对方重复。结束时礼貌道别，等对方切断电话，自己再放话筒。

2. 对未指名的电话，若自己不能处理时，可坦白告诉对方，并立即将电话转给能够处理的人；在转交前，应将电话的内容简明扼要地告诉接收人。

3. 通话简单扼要，不得在电话中聊天。

4. 工作时间不得打私人电话。

第6条　接待客户的要求。

1. 客户未到前应待在自己的工位上，不随意走动。

2. 当客户来访时，马上起来迎接，并让座。

3. 来宾多时，依顺序进行，不能先接待熟悉的客户。

（续）

4. 应记住常合作客户的简单情况。

5. 接待客户时应主动、热情、大方，并微笑服务。

第7条 介绍和被介绍的方式方法。

1. 直接会面介绍的场合下，应先将职务低者介绍给职务高者。若难以判断，可将年轻的介绍给年长的。

2. 将一个人介绍给很多人时，应先介绍其中职务最高的或视情况而定。

3. 男女间的介绍，应先将男性介绍给女性，男女地位、年龄有很大差别时，若女性年轻，可先将女性介绍给男性。

第8条 名片的接受和保管礼仪。

1. 名片应先递给长辈或上级。

2. 将自己的名片递出时，应将文字朝向对方，双手拿出，一边递交一边清楚地说出自己的姓名。

3. 接对方名片时，应双手去接，拿到后，要马上看，正确记住对方姓名后将名片收起。如果名片上有难认的文字，应马上询问。

4. 对收到的名片要妥善保管。

编制日期		审核日期		批准日期	
修改标记		修改处数		修改日期	

三、网店客服销售培训管理制度

制度名称	网店客服销售培训管理制度		编　号	
			受控状态	
执行部门		监督部门		考证部门	

第1章 总则

第1条 为了提高网店客服的销售技能，完善培训管理体系，特制定本制度。

第2条 本制度适用于网店客服的销售技能培训工作。

第3条 职责分工。

1. 人力资源部经理负责培训的审批工作。

2. 培训主管负责整个培训流程的实施和把控工作。

3. 客服主管负责配合培训主管做好网店客服的销售培训工作。

4. 培训讲师负责培训课程的讲授。

5. 客服人员则需按照制度相关要求，准时参加培训。

第2章 明确培训需求

第4条 培训主管于每季度的前五个工作日内，向客服主管发放客服销售培训需求调查问卷

（见附表）。

第5条　客服主管组织客服填写客服销售培训需求调查问卷并收回，于五个工作日内交给培训主管。

第6条　培训主管根据客服销售技能培训需求调查结果，明确培训需求。

第3章　制定培训方案

第7条　培训主管根据培训需求，确定培训内容、方式、时间和地点，选择培训讲师，编写客服销售技能培训方案，并于每季度的前15个工作日内报人力资源部经理审批。

第8条　培训主管根据年度培训计划及培训需求，确定具体培训时间。网店新进客服人员的销售培训时间为入职的五天内，网店客服人员常规销售培训时间为新产品上架销售的前三天之内，以及每季度的第一个月内。

第9条　培训主管根据培训方式，选择合适的培训场所。线下培训在会议室进行，线上培训在客服各自工作岗位上通过互联网及公司线上学习平台进行。

第10条　培训内容分为基础培训和方法技巧培训两种，具体内容详见下表。

培训类型及具体内容

培训类型	培训内容	受训人员
知识培训	产品知识、物流及付款知识、交易规则、后台流程	新入职客服
技巧培训	销售话术技巧、售后客服技巧	所有客服
素养培训	工作态度、工作品质等	新入职客服

第4章　实施培训方案

第11条　培训主管按照客服销售技能培训方案负责全部事宜的准备工作，于培训开展前一周内完成，主要包括以下几点。

1. 线下培训须安排布置培训场地；线上培训须调试平台及网络。

2. 准备培训教材、辅助资料及培训设备。

3. 提前三天通知培训讲师及受训客服。

第12条　培训讲师应于培训开始前一周将讲义原稿送交培训主管，由培训主管安排印刷，以便培训时学员使用。

第13条　培训主管应提前三天制作出培训满意度调查问卷，用于培训结束后进行培训效果评估。

第14条　受训客服应准时到达培训现场并签到，或保持在线状态准时接受线上培训，遵守培训会场纪律和相关规定。无特殊情况，不得缺席培训，否则按缺勤处理；有特殊情况，应及时向客服主管请假。

第15条　培训主管负责及时处理当天培训过程中出现的突发事件，确保培训顺利完成，最终达成培训效果。

（续）

第5章 评估培训效果

第16条 培训主管在培训结束后，通过调查培训满意度，收集客服主管反馈建议和客服绩效改善数据等进行培训评估，具体详见下表。

培训评估说明表

评估依据	信息提交者	评估时间
培训满意度调查	受训客服	培训结束后即进行
反馈建议	客服主管	培训结束后五个工作日内
客服绩效数据	客服主管	培训结束三个月后

第17条 培训主管收集和整理评估所需的信息、数据，进行培训效果评估，撰写培训评估报告，于培训效果评估完成后的五个工作日内提交给人力资源部经理审批。

第18条 培训主管收集相关人员的改进意见后，对培训工作进行改进，在培训评估完成后一个月内编写培训改进报告并归档。

第6章 附则

第19条 本制度自公布之日起实施。

第20条 本制度的修订、解释权归人力资源中心培训部。

第7章 所需表单

附表 客服销售培训需求调查问卷

日期： 年 月 日

为了解您的工作情况和对培训的需求，我们需要您花费几分钟的时间填写这份问卷，填写问卷时请注意以下两点。

1. 为了更好地切合您的培训需求，对您的工作起到一定的帮助，请务必填写您的真实情况。

2. 请注意所有的选择题均为单选题目，请在相应的选项后划对号。

下面请作答。

1. 你觉得有必要组织培训吗？

A. 没必要　　　　B. 一般　　　　C. 很有必要

2. 你对电脑使用的熟练程度如何？

A. 不熟练　　　　B. 一般　　　　C. 较好　　　　D. 很好

3. 你是否能够熟练运用线上交易沟通工具？

A. 熟悉　　　　B. 还好　　　　C. 一般

4. 你是否了解交易规则？

A. 了解　　　　B. 一般　　　　C. 不了解

（续）

（续表）

5. 你是否清楚后台流程？

A. 清楚　　　　B. 一般　　　C. 不清楚

6. 客户向你咨询某产品后，其购买该产品的可能性大概是多少？

A. 20% ~ 30%　　B. 50% ~ 60%　　　　C. 80% ~ 90%

7. 一般你和客户进行电话沟通后，问题是否能够顺利解决？

A. 解决不了　　B. 少数可以解决　　　C. 多数可以解决

8. 你喜欢哪种培训方式？

A. PPT 演讲　　B. 案例讨论　C. 情景模拟

9. 你愿意在什么时间参加培训？

A. 上午　　　　B. 下午　　　C. 晚上

10. 你觉得培训时间多长为宜？

A. 1 ~ 2 小时　　B. 半天时间　C. 一天时间

11. 面对与客户交流中出现的一些不愉快的事情，你一般会怎么处理？

编制日期		审核日期		批准日期	
修改标记		修改处数		修改日期	

第六章

技术人员培训

科学技术的快速发展要求技术人员必须不断加强学习、及时更新知识，只有这样才能跟上科技的发展。培训技术人员的重要作用主要体现在以下四个方面。

1. 培养归属感

提高技术人员的技术水平，端正工作态度，培养他们对企业的归属感。

2. 提高工作效率

通过专业技术培训、流程再造、团队合作意识的增强，提高工作效率。

3. 技术创新

技术人员是企业技术创新的主要力量，对其进行培训，有利于技术创新。

4. 提高竞争力

对技术人员开展技术、产品和相应的市场培训，有利于技术人员开发适合市场需求的产品，增强企业的技术优势，提高企业的竞争力。

第一节　技术人员培训需求分析

一、技术人员培训需求分析内容

对技术人员的培训，同样需要从培训需求分析开始，参与分析的人员包括技术人员、技术主管、技术经理、技术总监、人力资源经理及外聘的咨询顾问等。

图6-1描述了分析技术人员培训需求的简单流程，供读者参考。

（一）组织要求分析

1. 企业战略分析

根据企业的长远发展战略和年度发展重点，确定企业对技术人员素质的要求。对比技术人员现状与企业对技术人员的要求，找出差距，从而明确技术人员的真实培训需求。

2. 企业资源分析

资源分析包括对企业的人力、物力、财力等各种要素的分析。例如，企业所能提供的培训经费的多少、所能安排的培训时间的长短等，都会在一定程度上影响培训效果。

（二）技术岗位分析

对技术岗位进行分析，至少可以从两种渠道展开，即岗位说明书和绩效考核资料。

1. 岗位说明书

我们可参考《技术部门职能说明书》《××技术人员岗位说明书》等企业内部文件，以了解技术人员的主要工作职责、需要了解和掌握的知识、技术、技能等内容，从

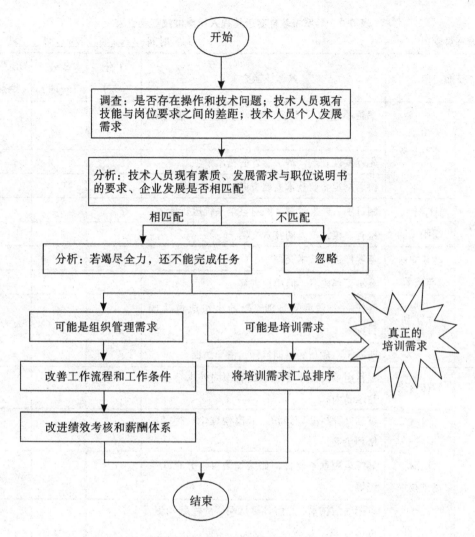

图 6-1 技术人员培训需求分析流程

而明确技术人员岗位的培训需求。同时可以采用问卷调查表的方式分析技术人员现有水平与应具备水平之间的差距，从而确定培训需求。

表 6-1 是针对计算机高级编程人员设计的岗位技能调查表，该表可以根据企业的需要和《计算机软件编程人员岗位说明书》等内容结合使用，以确定准确的培训需求。

表6-1　计算机软件高级编程人员岗位技能调查表

调查对象：　　　　　　　　　　　　　　　　调查时间：＿＿＿＿年＿＿月＿＿日

技能方向		具体技能要求	1分 （差）	3分 （一般）	5分 （娴熟）
业务 要求	基本业务	率领小组成员完成业务的责任心、信心和恒心			
		先行发现难点，解决意外的技术事项			
		协助制定企业技术发展方向			
	制订计划、编制文档	制订项目开发计划，并对整个系统进行评估			
		检查、校正他人的技术文档			
	技术交涉与演示	与客户进行技术交涉			
		演示工作内容，向用户讲解			
	领导力	胜任一个项目的管理，领导小组成员达成目标			
		明确小组成员的培训目标，指导培训			
专业 知识 要求	整体技术	项目组中的技术专家掌握着国内外本行业的技术动向			
	计算机基础技术	掌握计算机基础知识，如模糊理论、神经网络理论等			
		熟练运用基本软件，如编程语言、分布式系统等			
		掌握通信技术，了解计算机网络的基础知识，可构造 PC、LAN			
	计算机系统技术	掌握系统开发技术，如掌握项目管理、系统开发的基础知识、系统构造方法			
		掌握软件开发技术，如掌握软件工程理论、最新研究成果、抽象描述方法			
		进行质量把关，提出质量改善建议并实施			
	其他相关技术	掌握窗口、编程技术，多媒体基础及应用技术，GUI 设计方法			
		掌握并可使用一些工具软件，如 AutoCAD、软硬件集成化方法			
英语水平要求		英语六级、听说读写流利			

2. 绩效考核资料

表6-2就技术人员的工作态度、专业知识、专业技能等六个方面设计了一份绩效考核表，其具体内容可根据需要进行补充。

表6-2 技术人员工作绩效考核表

考核对象姓名： 职位：

方向	评分标准	满分	第1次	第2次	得分
工作态度	很少迟到、早退、缺席，工作态度认真	10			
	细心、快速地完成任务	10			
	遵守企业规章制度	5			
	不倦怠，及时、适时地向主管报告	5			
专业知识	熟悉本专业的知识、岗位工作要求和程序	5			
	熟悉对本行业工作领域会产生影响的政策	5			
	掌握与本专业相关的1~2门知识	10			
	掌握与本专业相关的1~2门知识并能灵活地应用到工作中	10			
专业技能	技术精通，具有处理相关事务的能力	5			
	掌握技术要点	5			
	正确掌握主管的指示，并正确地转达给同事	5			
	在既定的时间内完成工作	5			
责任心	责任心强，保质保量按时完成交付的工作	5			
	勇于面对有难度的工作（自信心）	5			
	用心处理所有事情，避免过错的发生	5			
	预测过错的可能性并做出相应的预防策略	10			
团队协作	做事冷静，绝不感情用事	5			
	重视与其他部门人的协调	5			
	在工作上乐于帮助同事	10			
	服从与自己意见相左的决定	5			
自我学习	热衷于学习新技术、新知识	10			
	积极地参与各种创新、改革	5			
	即使是分外的事，也能提出方案	5			
评价分数合计（总分）		150			

通过绩效考核表，分析技术人员行为和绩效之间存在的差距与原因，讨论缩小这些差距需要掌握的知识和技能，并分析技术人员绩效不好的关键原因，进而区分出哪些问题是培训能解决的、哪些问题是培训不能解决的，具体分析如图6-2所示。

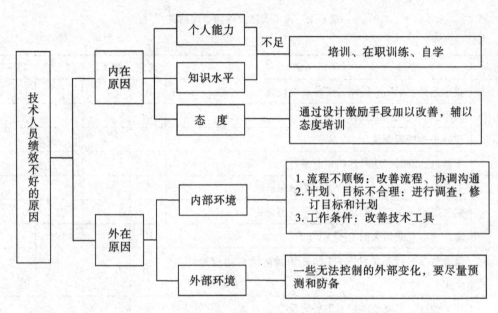

图6-2　技术人员绩效差距分析

（三）技术人员个人分析

1. 个人能力分析

根据岗位说明书的要求，技术人员应具备较为扎实的专业技术知识、一定的创新能力、较强的分析思维能力等，表6-3调查汇总的结果是培训需求信息的重要来源。

表6-3　技术人员能力评估等级表

能力	能力级别及定义	员工自我评估等级	直接上级评估等级
专业技术能力	1. 勉强能完成任务，技术能力一般		
	2. 正确掌握专业技术		
	3. 熟练掌握专业技术		
	4. 有良好的专业技术素质		
	5. 专业技术高超		

（续表）

能力	能力级别及定义	员工自我评估等级	直接上级评估等级
实际应用能力	1. 只有在他人的指导和协助下，才能解决一般性的问题		
	2. 有效解决企业中出现的一般性技术问题		
	3. 有效解决企业中出现的较为复杂的技术问题		
	4. 能解决企业中出现的新问题及很棘手的技术问题		
分析思维能力	1. 对出现的新问题、新状况，几乎没有自己的想法和思路		
	2. 分清问题的基本关系，将问题进行简单的分解		
	3. 对较为复杂的问题，能迅速发现线索并找出问题产生的原因		
	4. 能够运用多种技术和方法，对面临的较为复杂的问题进行分析并找出解决的对策		
创新开拓能力	1. 一般，偶尔提出较有新意的想法		
	2. 较好，经常能提出比较有创意的想法		
	3. 较强，在他人成果的基础上进行改造，取得成功		
	4. 很强，具有一定的自主研发能力且研发成果获得了国家专利		
信息敏感能力	1. 对本专业的前沿知识了解不多		
	2. 通过各种媒介，对本专业的发展趋势有一个基本的把握		
	3. 通过各种媒体和其他调研方式对本专业及其相关知识的发展趋势做出正确、及时的判断，并能写出翔实的分析报告		
	4. 快速获取最新信息并能较快地运用到实际工作中		
团队合作能力	1. 服从上级工作安排，但表现出不满意		
	2. 服从上级安排并积极协调其他成员工作		
	3. 团队合作意识强，主动与其他成员进行工作上的协调		
	4. 能引导他人协调一致地开展工作		

2. 知识水平

技术人员的知识水平主要体现在知识的广度和专业知识的深度两个方面，具体级别分析详见表6-4。

表6-4　技术人员知识水平级别表

级别	知识水平标准	所属级别
一	1. 广博的知识面，深厚的专业理论基础 2. 全面了解所属行业工艺、设备技术 3. 全面掌握最新技术发展	
二	1. 广博的知识面，良好的专业理论基础 2. 全面了解所属行业工艺、设备技术 3. 掌握技术领域的最新发展	
三	1. 良好的专业理论基础 2. 广泛了解所属行业工艺、设备技术 3. 了解技术领域有关方面的最新发展；能将市场信息转化为技术决策	（请确认技术人员的知识水平所属的级别）
四	1. 良好的专业理论基础 2. 掌握所属行业工艺、设备技术原理 3. 掌握开发的全过程 4. 能把握项目整体，解决项目开发中的关键技术问题 5. 能根据实际情况做出针对性技术调整方案	

3. 个人发展需求分析

调查技术人员个人发展需求，除了可以查阅人力资源部相关资料的记载外，还可以通过座谈法来获取部分信息。

在开座谈会之前，需要准备好座谈表，以便控制座谈进度和记录座谈内容，同时注意座谈会氛围的掌控。

表6-5是一张座谈会表格的范本，用于挖掘初级编程技术员的个人发展需求的信息。

表6-5　初级编程技术员个人发展需求座谈表

会议主题		探讨技术员个人发展需求、确定其培训需求
参会人员	技术人员、技术主管、技术副总、培训负责人、咨询顾问	
会前准备	通知技术主管准备讲述自己的职业经历	
	通知技术员拟写自己的发展需求	

（续表）

议题	具体进行项目	记录内容
1. 技术主管、技术副总谈自己的经历	技术主管、副总讲述职业经历	
	分享刚做技术人员时的困惑	
	培训负责人挖掘成功经验	
	总结技术人员成长的阶段性特点	
2. 技术人员谈个人发展目标和需求		
3. 调查技术人员的培训需求	做好本职工作必须接受的基本技能培训（可列出 3～4 种）	
	需要接受的专业理论培训（可列出 3～4 种）	
	需要接受的专业技能培训（可列出 3～4 种）	
4. 调查技术人员对企业的要求和建议		
5. 讨论、总结，确定培训需求和培训目标		

二、技术人员培训需求分析报告

以上面的调查信息和分析结果为基础，参考技术人员相关管理制度、人力资源部绩效考核标准、历史培训等各方面的记录，可确定培训需求和培训目标，之后可将这些内容形成书面的《技术人员培训需求分析报告》。该报告的主要内容应包括目前技术人员的技术差距、需要掌握的新技术、企业对技术的新要求、建议培训课程等。

第二节　技术人员培训课程设置

一、明确技术人员培训目标

（一）技术人员培训的总目标

1. 提高现有技术人员的技术水平和职业素质。

2. 培养具有创造性的技术人才。

3. 使企业在相应领域内拥有一流的技术水平。

（二）技术人员培训的基本目标

1. 促使技术人员了解传统产品、新产品方面的知识及技术改进方面的基础知识。

2. 提高技术人员的技术水平和工作效率。

3. 提高技术人员的职业素质。

4. 培养技术人员的创新意识和能力，不断开发出适合市场需求的产品。

5. 培养技术人员对企业的归属感，为企业战略目标的达成凝聚力量。

6. 培养技术骨干指导技术人员的能力，提高团队合作效率。

二、设置技术人员培训课程

（一）技术人员培训课程设置重点

1. 合理的知识结构。技术人员知识结构包括企业知识、产品知识、行业动态、专业知识、管理知识等。

2. 专业的技术技能培训。

3. 技术人员的职业素养的培训。

（二）确定技术人员培训课程体系

按照上述要求，根据技术人员培训需求调查，确定技术人员培训课程体系，具体内容详见表6-6。

表6-6 技术人员培训课程内容一览表

课程内容	培训对象		
	高 层	中 层	基 层
企业品牌形象建设	√	√	
现代市场客户需求研究	√	√	
竞争性产品研究与新产品策略	√	√	
产品开发	√	√	√
设备操作与保养		√	√
新技术研究与学习	√	√	√
工程、工艺流程改善与管理	√	√	√
品质管理	√	√	√
目标管理	√	√	

课程内容	培训对象		
	高 层	中 层	基 层
项目管理	√	√	
团队管理	√	√	
质量管理	√	√	√
技术安全管理	√	√	√
生产安全管理	√	√	√
技术人员职业操守、操作规范	√	√	√

第三节　技术人员培训实施

技术人员培训工作的组织和实施大体可以分为四个步骤，即制订培训计划、发布培训通知、培训的实施及培训的评估与反馈，具体内容如下。

一、制订培训计划

（一）培训费用预算

培训工作的开展离不开经费的支持，作为培训部门，既要考虑培训的效果也要考虑培训的成本。在培训项目开始实施的时候，估算培训费用有利于控制培训成本和合理地分配培训各项工作的预算。表6-7列出了技术人员培训过程中可能会发生的培训费用。

表6-7　技术人员培训费用估算表

培训费用项目	费用估算明细
教材费用	＿＿＿元/本 × ＿＿＿本 = ＿＿＿元
讲师劳务费（或奖金）	＿＿＿元/时 × ＿＿＿时 = ＿＿＿元
讲师交通费	＿＿＿元/日 × ＿＿＿日 = ＿＿＿元
讲师膳食费	＿＿＿元/日 × ＿＿＿日 = ＿＿＿元
培训场地租金	＿＿＿元
培训设备租金、教学工具租金	＿＿＿元
技术设备使用费	＿＿＿元
其他费用	＿＿＿元
合计	＿＿＿元

员工培训管理实务手册 第4版

（二）确定培训时间

人力资源部在确定技术人员培训时间的时候，需要考虑以下几个因素。

1. 上新设备、新产品线或新项目时。

2. 技术革新或者技术有重大突破时。

3. 技术标准发生变化时。

4. 需要技术认证时。

5. 新的技术人员入厂时。

6. 企业自我技术创新时。

（三）确定培训地点

根据培训内容和培训方法的不同，所选择的培训地点也应不同。

1. 若采用普通授课、研讨、多媒体及录像教学，培训地点可以选在企业内部培训室，也可以选在酒店、宾馆等外部培训场所进行。

2. 若采用现场工作指导，就要去工厂或技术研究室，此时需要事先进行一些准备工作。

3. 若采用认证培训的方式，则可以去外部专业的培训机构进行培训。

（四）确定培训对象

不同级别的技术人员应该参加不同的培训。企业应该有计划地培训不同级别的技术人员，以便为企业储备技术人才。因此，在开展不同级别的技术培训时，应有针对性地要求骨干技术人员参加，以全面提高骨干人员的技术水平。

（五）确定培训讲师

1. 根据培训课程的内容来选择

如果是专业技术或新技术的培训，经验丰富的技术人员、技术总监、相应领域的技术专家是培训讲师的首要人选。

如果是公共课和技术普及类课程，人力资源部经理、培训机构的专职培训讲师则是合适的讲师人选。

2. 根据培训讲师的资历来选择

培训讲师的资历也很重要，拥有丰富的教学经验并熟练掌握一种或多种专业技术的讲师，是技术培训讲师的首选。一般来说，技术培训的讲师都是在某个领域拥有一定技术经验的专家或教授。

（六）选择培训方法

一般来说，技术人员常用的培训方法主要包括普通授课、工作指导、安全研讨、录像和多媒体教学、认证培训等，其具体操作和运用详见表6-8。

表6-8　常用有关技术人员的培训方法

培训方法	操作介绍	适用范围
普通授课	1. 由技术专家或经验丰富的技术人员讲解相关知识 2. 应用广泛，费用低，能增加受训人员的实用知识 3. 单向沟通，受训人员参加讨论的机会较少	企业及产品知识、技术原理、心态及职业素养培训
工作指导	1. 由人力资源部经理指定指导专员对受训人员进行一对一指导 2. 受训人员在工作过程中学习技术、运用技术	操作流程、专业技术技能培训
安全研讨	1. 由生产安全、信息安全管理者主持、受训人员参与讨论 2. 双向沟通，有利于掌握"安全"的重要性和相关规定	安全生产、操作标准培训
录像和多媒体教学	1. 将生产过程录下来，供受训人员学习和研究 2. 间接的现场式教学，节省了指导专员的时间	操作标准及工艺流程培训
认证培训	1. 业余进修方式，参加函授班的学习 2. 培训结束后参加考试，合格者会获得证书 3. 避免步入误区——仅仅为了获得证书而参加培训	专业技能培训

（七）设置培训课程（略）

二、发布培训通知

发布培训通知，一方面应确保接受培训的技术人员都得知该信息，并让他们明确培训的时间、地点及培训的基本内容，以便事先做好准备；另一方面，应让受训人员提前交接好手头的工作，保证其培训期间不影响企业整体经营的进行。

三、培训实施

（一）制定培训实施计划表

培训是一项系统的工作，在培训正式实施前需要制定一份计划表，以作为培训组织人员和培训讲师的行动指南。该计划表主要包括培训课程进度安排、培训地点的选择、培训工具的准备等内容。

表6-9是某企业技术人员培训实施计划表，仅供读者参考。

表6-9 某企业技术人员培训实施计划表

事项 \ 时间		第一天	第二天	第三天
1. 培训进度安排	上午	9：00 集合（全体技术人员） 9：30 技术总监致辞	8：30 昨日感想汇报 9：00 安全生产与管理规范、生产车间消防安全	8：30 昨日感想汇报 9：00 生产操作流程与规范（录像教学）
	下午	13：30 技术人员职业道德修养 15：30 各抒己见，发表看法	13：30 生产管理系统、企业生产流水线组织	13：30 个人计划制订与目标管理 15：30 时间管理
	晚上	当天培训小结或感想	参观生产车间或项目组，实地学习和总结	当天培训总结 人力资源经理致辞，结束培训
2. 拟定紧急情况应对方案（略）				

（二）培训实施过程的控制

在培训实施的过程中，培训组织部门应做好以下三方面的工作。

1. 协助培训讲师

培训组织部门应做好相关的保障性措施，如明确培训纪律，规范参加培训的技术人员在受训期间的行为，做好培训工具、器材的维护与保管，协调受训学员与讲师的沟通等。

2. 培训记录

在培训过程中，企业对受训员工的培训情况应该有所了解，因此培训组织部门应对员工培训的相关情况进行记录，如填写"员工培训考勤记录表"及"学习成绩记录"等。企业员工培训考勤记录表的范本详见表6-10。

表6-10 员工培训考勤记录表

培训课程：　　　　培训讲师：　　　　日期：_____年___月___日

所属部门	受训员工姓名	签到时间	签退时间
出勤：　　人	应参加人数：	缺席：	出勤率：
迟到时间：	姓名：		

（续表）

早退时间：	姓名：
签字：	记录者：
备注：	

3. 其他事项

其他事项包括受训人员及讲师的食宿安排、突发事件的处理等。

四、培训的评估与反馈

培训是人力资源开发的重要手段之一，其重要性毋庸置疑。但培训实施的效果如何，培训过程中还有哪些需要改进和完善的地方等一系列问题就涉及培训的评估工作，它是培训工作流程中最后一个环节。

第四节　技术人员培训评估

一、确定技术人员培训评估内容

（一）对培训讲师及课程的评估

对培训讲师及课程的评估主要是对讲师的授课技巧、教材的质量、培训课程设置等项目进行评估。

（二）对培训组织工作的评估

对培训组织工作的评估包括对培训需求调查、培训场所、培训时间、培训食宿等各项工作的安排进行评估。

（三）对受训人员培训效果的评估

1. 评估受训技术人员的知识水平

评估受训技术人员的知识水平，即主要评估技术人员对培训课程的掌握程度及技术水平提高的程度。

2. 评估受训技术人员的工作态度

评估受训技术人员的工作态度，即对技术人员在培训后的工作激情、热情、态度等方面进行评估。

3. 评估受训技术人员的工作绩效

评估受训技术人员的工作绩效，即考核其月度、季度及年度生产任务是否按时完成，技术水平是否比培训前有所提高。

二、选择技术人员培训评估方法

（一）测试法

测试法主要是对受训学员就培训知识掌握状况进行评估的一种方法。

（二）观察法

对于生产流程和操作规范之类的培训效果评估，可以采取观察的方式进行。观察记录表的内容与样式详见表6-11。

表6-11 培训效果观察记录表

培训课程	生产流程和操作规范培训		培训日期	_____年____月____日
观察对象	受训技术人员回到岗位后的全部工作过程		观察记录员	
项目	具体内容			
观察到的现象	培训前	1.		
		2.		
		3.		
	培训后	1.		
		2.		
		3.		
结论	1.			
	2.			
其他特殊情况				

（三）问卷调查法

表6-12是一份内容比较全面的问卷，评估人员可以根据需要选择其中的部分内容来制作问卷。

表6-12 技术人员培训效果调查表

调查对象	具体调查内容	1分	2分	3分	4分	5分
培训组织	1. 请谈一下您对此次技术培训的总体评价					
	2. 您认为本次技术培训的主题如何					
	3. 本次技术培训的组织安排工作做得是否到位					

（续）

调查对象	具体调查内容	1分	2分	3分	4分	5分
培训课程	4. 课程内容是否合理					
	5. 您认为培训教材的技术含量如何					
	6. 培训内容能否解决您在工作中遇到的技术难题					
	7. 您觉得这种边生产边操作的培训方式是否可行					
	8. 您认为受训人员参与程度如何					
	9. 您认为在技术方面还应组织哪些方面的培训					
培训讲师	10. 讲师的专业性及经验					
	11. 讲师的技术水平					
	12. 讲师的实际操作水平					
	13. 讲师的语言运用技巧					
	14. 讲师授课的重点是否突出					
	15. 讲师对于问题解答的准确性					
	16. 讲师讲授内容的实用性					

（四）成本—收益分析法

本部分内容同第五章第四节销售人员培训相关内容。

三、撰写技术人员培训评估报告

　　人力资源部将上述各种评估表格、评估信息进行分类、整理，就形成了培训评估报告。需要说明的是，技术培训所取得的效果不可能立即显现，因为技术的改进需要一个过程，新技术的运用也需要有一个周期，技术人员培训效果一般都要经过一个季度或者半年后才能显现出来，所以对技术人员培训效果的评估也不可操之过急。

第五节　技术人员培训制度

一、技术人员培训管理制度

制度名称	技术人员培训管理制度		编　号	
			受控状态	
执行部门		监督部门	考证部门	

　　第1条　为提高本企业技术人员的技术水平和综合素质，使技术人员掌握前沿技术，特制定本制度。

（续）

第2条　凡本企业所属的技术人员的培训及相关事项均按本制度办理。

第3条　技术人员培训工作程序。

1. 调查企业现阶段的技术水平及行业技术水平。

2. 调查技术人员技术现状及需要解决的问题。

3. 分析以上问题并将问题分类。

4. 分析关键技术要素和问题。

5. 制订技术人员培训计划。

6. 设计技术人员培训课程。

7. 确定技术人员培训方式。

8. 按计划实施技术人员培训。

9. 评估技术人员培训效果（培训成效、遗留的问题）。

第4条　技术人员培训计划的内容。

技术人员培训计划的内容包括培训目标、培训时间、培训地点、培训方式、培训讲师资、培训课程内容等。

第5条　培训计划的制订。

培训计划的制订应考虑到新入职技术人员培训、技术提升培训、技术主管培训等不同人员培训之间的差异。

第6条　技术人员培训目标的确定。

一般来说，技术人员培训的基本目标是提高技术人员的技术水平和综合素质，具体体现在以下四个方面。

1. 培养技术人员对企业的信任和归属感。

2. 明确技术人员工作的方法。

3. 改善技术人员工作的态度。

4. 终极目标——提高技术水平、打造行业领先地位。

第7条　培训时间的确定。

企业需要根据实际情况来确定培训时间，主要考虑下列四个方面的因素。

1. 企业技术复杂情况

技术越复杂，培训时间越长。

2. 所属行业技术水平

行业技术水平越高，本企业技术水平与之差距越大，所需培训时间越长。

3. 技术人员技术水平

技术人员技术水平及素质越高，所需的培训时间越短；反之则越长。

4. 企业的管理要求

企业的管理要求越严，培训时间就越长；反之则越短。

（续）

第 8 条　培训内容的确定。

培训内容因工作需要及技术人员素质而异。总的来说，培训内容包括以下四个方面。

1. 企业技术概况

企业技术概况包括企业的发展历史、组织结构、技术状况、技术管理、现有技术与行业水平的差距、新技术等。

2. 技术知识

技术知识主要包括技巧与操作方法、新技术研究与学习、新产品的研发技术、竞争性产品技术研究、产品生产技术等。

3. 相关法律知识

相关法律知识包括知识产权保护、专利使用、技术保密等相关的法律常识。

4. 技术创新意识

技术创新意识包括新技术的学习、开拓新技术领域的意识等。

第 9 条　培训方法的选择。

1. 普通授课

2. 工作指导

3. 安全研讨

4. 录像、多媒体教学

5. 认证式培训

第 10 条　培训地点的选择。

1. 内部培训地点

采用普通授课、研讨、多媒体及录像教学，培训地点可以选在企业内部会议室，也可以选在离企业较近的培训场所进行；若采用工作指导，培训地点即为技术人员的工作岗位。

2. 外部培训地点

若采用认证培训的方式，培训地点则为专业培训机构的培训教室。

第 11 条　培训讲师的选择。

1. 根据培训内容来选择

（1）专业技术或新技术的培训，需由经验丰富的技术人员、技术总监、相应领域的技术专家来担任培训讲师。

（2）公共课和普通励志类培训，可由人力资源部经理、培训机构的专职培训讲师来担任。

2. 根据培训讲师素质来选择

（1）培训讲师应是相关领域的技术专家或企业的技术总监。

（2）培训讲师的资历也很重要，他必须熟悉所讲的技术内容且拥有丰富的教学经验，只有这样才能更好地传授技术。

第 12 条　技术人员培训的评估（略）。

第 13 条　技术人员培训所花的费用由培训项目负责人申请，报财务经理和总经理审核；在培训结束后凭各种财务凭证报销。

（续）

第 14 条　本制度提交总经理审批后颁布实施。

第 15 条　本制度未尽事宜，可随时增补，并提交总经理审批后生效。

第 16 条　本制度由人力资源部监督执行，最终解释权归人力资源部。

编制日期		审核日期		批准日期	
修改标记		修改处数		修改日期	

二、技术人员培训合同

文本名称	技术人员培训合同	编　号	

合同编号：

甲方（企业）：

乙方（受训人员）：

根据工作需要，乙方在甲方工作期间，甲方给乙方提供相关方面的培训，乙方承诺遵守甲方的相关规定，并就此与甲方达成一致意见，共同签订本合同。

第一条　为了提高乙方的工作知识与技能，甲方将在_____年____月____日至_____年____月____日向乙方提供以下培训项目，具体详见下表。

培训计划表

培训时间	培训内容	培训费用

第二条　乙方本次培训所花费用全部由甲方承担。

第三条　甲方若将培训项目减少，则培训费用按实际支出计算。

第四条　甲方保证至少完成培训计划的 80% 及以上或同等培训内容，否则视为甲方违约，乙方不承担任何责任。

第五条　乙方在培训期间应认真学习，每次培训后交给甲方一份学习心得，由甲方审核、存档。

第六条　乙方在培训结束后，应将培训的内容积极用于工作，并有向未参加培训的人员讲解培训内容的义务。

第七条　乙方经甲方培训后应全心全意在甲方工作，培训结束后的____个月内不得在同行业中兼职或做技术指导等，否则视为乙方违约，除赔付全部培训费用外，另付违约金____元。

第八条　乙方承诺经甲方培训后至少在甲方工作____年。

（续）

第九条 乙方在承诺服务期限内，若因辞职与甲方解除劳动关系，乙方需向甲方赔偿违约金，赔付费用如下。

1. 乙方接受甲方三个月以内的培训时，若乙方在一年内辞职，需赔付培训费用的____%；乙方在两年内辞职，需赔付培训费用的____%；乙方在三年内辞职，需赔付培训费用的____%。

2. 乙方接受甲方三个月以上、六个月以下的培训时，若乙方在一年内辞职，需赔付培训费用的____%；乙方在两年内辞职，需赔付培训费用的____%；乙方在三年内辞职，需赔付培训费用的____%。

第十条 甲乙双方在履行本合同的过程中出现纠纷时，由甲乙双方协商解决，若协商不成，可向甲方所在地的仲裁机关申请仲裁。

此合同一式两份，甲乙双方各执一份，双方盖章签字后生效。

甲方：　　　　　　　　　　　乙方：

签章：　　　　　　　　　　　签章：

日期：　年　月　日　　　　　日期：　年　月　日

三、技术人员保密协议

文本名称	技术人员保密协议	编　号	

文件编号：

甲方（企业）：××××××××××××××

乙方（受训技术人员）：×××

鉴于乙方正在进行_____技术（商业秘密）的培训；甲方希望乙方对本次培训中涉及的保密信息予以有效保护。

一、关于商业秘密

本协议提及的商业秘密，包括但不限于技术方案、工程设计、电路设计、制造方法、配方、工艺流程、技术指标、计算机软件、数据库、研究开发记录、技术报告、检测报告、实验数据、试验结果、图纸、样品、样机、模型、模具、操作手册、技术文档、相关函电。

本协议提及的其他商业秘密，包括但不限于客户名单、商业计划、采购资料、定价政策、财务资料、进货渠道。

二、关于秘密来源

在培训中，乙方获得的任何商业、营销、技术、运营数据或其他性质的资料，无论以何种形式或载于何种载体，无论在披露时是否以口头、图像或以书面方式表明其具有保密性；且都应视作商业秘密，且都适用于本保密协议。

（续）

三、关于保密义务

参训技术人员在此同意以下内容。

1. 严守机密，并采取所有保密措施和制度保护该秘密。

2. 不泄露任何商业秘密给任何第三方。

3. 除用于履行与对方的合同之外，任何时候不得利用该秘密。

4. 不复制或通过反向工程使用该秘密。

四、例外约定

商业秘密拥有方同意上述条款但不适用于以下四种情形。

1. 该商业秘密已经或正在变成普通大众可以获取的资料。

2. 能书面证明接受方从拥有方收到技术资料之前已经熟知该资料。

3. 由第三方合法提供的资料。

4. 未使用拥有方的技术资料，由接受方独立开发出来的技术。

五、返还信息

培训结束后，若工作中不再需要运用商业秘密，参训技术人员应立即归还全部商业秘密资料和文件，包含该商业秘密资料的媒体及其任何或全部复印件、摘要。如果该技术资料属于不能归还的形式或已经复制或转录到其他资料或载体中，则应删除。

六、保密期限

本协议有效期五年。

七、争议解决

本协议受中国法律管辖并按照中国的法律进行解释。由于本协议的履行或解释而产生的或与之有关的任何争议，如果双方无法协商解决，应提交____市仲裁委员会最终裁决。裁决为终局裁决，对双方均有约束力。除仲裁裁决另有裁定外，仲裁费用由败诉方承担。

八、其他约定

如果本协议的任何部分、条款或规定是不合法的或者是不可执行的，协议其他部分的有效性和可执行性仍不受影响。

未经企业同意，受训人员不得转让其在本协议项下的全部或任何部分权利。事先未经双方书面达成一致意见，本协议不得以任何其他理由进行更改，除非本协议的任何意思表示或保证具有欺诈性。本协议已经包含了双方对合约事项的全部理解，它可取代此前的所有相关意思表示、书面材料、谈判或谅解。

本协议一式两份，自双方签字之日起生效，甲乙双方各持一份，具有同等法律效力。

甲方：   乙方：

签章：   签章：

时间：　年　月　日   时间：　年　月　日

第七章

企业生产人员培训

企业的生产人员构成企业运营的基石。生产人员素质的高低、技能的好坏、态度的认真与否直接决定了企业所提供产品的质量，而产品质量又是企业生存的命脉与发展的基础，因此企业应该着重加强对生产人员的培训，力保通过培训使得生产人员的态度、技能及素质均获得全面提升，以促进企业的发展。

第一节　生产人员培训需求分析

一、生产人员培训需求分析内容

（一）生产人员培训需求分析的三个层面

1. 组织分析

（1）组织目标分析。明确、清晰的组织目标既对组织的发展起决定性作用，又对培训规划的设计与执行起决定性作用，所以组织目标决定培训目标。例如，如果一个组织的目标是提高产品的质量，那么培训活动就必须与这一目标相一致。当组织目标模糊不清时，培训规划的设计与执行就显得很困难。

（2）组织资源分析。如果没有确定可以利用的人力、物力和财力资源，就难以实现培训目标。

（3）组织特质与环境分析。组织特质与环境对培训的成功与否也起着重要的影响作用。组织特质与环境分析主要是指对组织的系统结构、文化、信息传播情况进行全面的了解。

2. 职务分析

职务分析即按照企业职务工作标准、担当职务所需要的能力标准（职能标准），对生产人员各职务工作（岗位）状况，特别是对员工的工作能力、工作态度和工作成绩等进行比较分析，进而确定企业教育培训的需求结构。

3. 生产人员个人分析

生产人员个人分析，即主要分析个体现有状况与应有状况之间的差距。例如，培训需求分析人员可对生产人员的绩效考核表进行分析，找出生产人员在绩效考核中不合格的项目，并分析不合格项目是否需要培训，通过培训能否达到要求，以此作为生产人员培训需求的依据之一。

（二）生产人员培训需求分析用到的方法及工具

由于生产人员工作的特殊性，我们对其进行培训需求分析时以问卷调查法、访谈法、观察法为主。问卷调查的模板详见表7-1。

表 7-1　生产操作人员培训需求调查问卷

姓名		部门		职位	
任职时间		工作地点		学历	
培训经历	培训时间	培训地点	培训方式	培训内容	

一、调查内容

1. 简单描述您对公司的企业文化的理解

2. 您认为您在工作中需要哪些知识？目前还欠缺哪些方面的知识

3. 您认为要干好您的本职工作需要哪些技能

4. 简单描述您所负责的工作应达到的工作标准

5. 简单描述您对您岗位工作安全的看法

6. 您认为您目前急需提高的技能是什么（按由主要到次要的顺序排列）

7. 您的职业生涯规划

短期目标：

中期目标：

长期目标：

二、对培训的建议

1. 您最喜欢、最有效、最理想的培训方式是	□ 课堂讲授　　□ 小组讨论式　　□ 角色扮演式　　□ 演示法 □ 户外拓展训练　　□ 游戏训练　　□ 其他　请说明：＿＿
2. 最能接受的培训时间是	□ 上班时间　　□ 休息日　　□ 下班后　　□ 无所谓
3. 合适的培训频率是	□ 每月一次　□ 每两月一次　□ 每季度一次　□ 每半年一次
4. 其他需说明的内容	

借助访谈法进一步对收集到的信息进行确认。访谈法的实施工具详见表7-2。

表7-2　访谈记录表

访谈对象		访谈地点	
访谈时间		记录人	
访谈问题		记录内容	
描述一下您的工作流程			
您需要掌握哪些知识才能胜任本岗位工作			
您需要掌握哪些技术才能胜任本岗位工作			
您认为您的工作存在哪些不足			
您认为您目前迫切需要提高哪些方面的能力			
您认为比较有效的培训方式是什么			
生产设备如何保养（如有）			
……			

生产人员的部分工作是按照生产流程进行的，因此还可以通过观察验证问卷调查与访谈法所得到的信息的作用，确保信息的真实、可靠。另外，通过观察还可以获取更多的培训需求信息。观察记录表样例详见表7-3。

表7-3　观察记录表

观察对象			职务		
观察地点			观察时间		
观察内容（概括）					
工作流程					
内容	优秀	良好	好	一般	差
遵守生产纪律					
按工作流程工作					
工作中使用了工作技巧					
处理工作中出现的突发事件					
整理工作现场					
工作中的时间管理					
工作过程中具有安全意识					

内容	优秀	良好	好	一般	差
工作过程中具有成本意识					
工作成果符合质量要求					
团队合作					
工作中的沟通					
整体工作状态					
需要改善的内容： 1. 2. …					

二、生产人员培训需求分析报告

人力资源部以上述分析过程与结果为基础，参考企业相关的生产管理制度与企业培训记录等资料，分析生产人员培训的必要性，得出培训目标与培训的相关课程，形成培训需求分析报告。培训需求分析报告包括培训需求调查结论及分析、生产人员素质现状、员工培训内容需求、企业目前培训现状及对策、培训管理体系等方面的内容。

下面是一则样例，供企业培训管理人员参考。

文本名称	某公司一线生产人员培训需求调研分析报告	编　号	

一、基本情况介绍

为提升一线生产人员的整体素质，配合公司的长远发展规划，切实保障将一线生产人员培训与开发工作落到实处，2016 年 11 月 1 日，公司人力资源部准备对一线生产人员进行培训需求调查分析，设计了"培训需求调查问卷"，并进行了实地调查。

现将问卷内容进行统计分析，为 2016 年度开展生产培训工作提供参考和依据。

公司现有一线人员 212 人，参与调查的人员 204 人，共发放调查问卷 204 份，收回有效问卷 195 份，问卷回收率为 95.6%。

二、员工状况分析

1. 年龄结构分析

通过调查分析可知，一线生产人员的年龄结构如下表所示。

(续)

员工年龄结构调查分析结果表

年龄层次	18 岁以下	18~25 岁	25~35 岁	35~45 岁	45 岁以上
占总人数比例	20%	45%	15%	15%	5%

2. 工作年限情况

本公司一线生产人员的工作年限分布情况,具体如下表所示。

员工年龄结构调查分析结果表

工作年限	1 年以下	1~2 年	2~3 年	3~4 年	4 年以上
占总人数比例	10%	40%	25%	20%	5%

3. 男女比例情况

一线生产人员的男女比例为 53:47。

三、培训需求分析

1. 培训方式选择

经调查可知,有 70% 的一线生产人员选择在职培训,20% 的一线生产人员更倾向于在职社会培训,另外有 10% 的一线生产人员选择脱产培训。

2. 师资需求选择

对于师资需求选择的调查结果如下表所示。

师资需求调查分析结果表

师资	内部老师	内部领导	培训讲师	优秀生产人员
占总人数比例	15%	20%	25%	40%

3. 培训课时数

对每次培训课时进行了调查,调查结果显示,有 70% 的一线生产人员认为每次 1 小时的培训为最佳课时,18% 的生产一线人员选择 1.5 个小时,而有 10% 的一线生产人员选择 2 个小时,剩余的一线生产人员选择无所谓。

4. 培训频率

一线生产人员对培训频率的选择结果如下表所示。

培训频率调查分析结果表

培训频率	每周	每半个月	每月	每季度	每半年	每年	其他
占总人数比例	10%	12%	15%	22%	25%	13%	3%

（续）

5. 授课方式

根据调查结果显示，一线生产人员对授课方式的选择：有30%的人员选择讲授的方式；25%的人员选择经验交流的方式，而有45%的人员则选择实地操作的方式。

6. 培训内容

对培训内容的调查结果分析情况如下表所示。

培训内容调查结果分析表

培训类型	培训内容	选择人数占总人数比例
专业知识和操作技能类	设备操作培训	20%
	工装使用培训	17%
	工艺流程的疑难点培训	21%
	产品质量控制培训	14%
	物料与产品控制培训	10%
个人发展类	时间管理技巧	5%
	压力与情绪管理	10%
	沟通技巧	3%

四、培训建议

1. 培训方式

公司70%的一线生产人员倾向于在职培训，所以公司的培训形式以在职培训的方式进行。

2. 培训频率和时间

一线生产人员多倾向于选择每季度或每半年进行一次培训，且培训时间要安排在生产淡季的下班时间和周末进行，并要对一线生产人员进行培训提供一定的补贴。

3. 培训讲师资

对一线生产人员的培训，讲师团队一般由生产部负责人及技术骨干组成。

4. 培训内容与课程设计

根据一线生产人员的培训内容的需求选择调查结果可知，一线生产人员对生产专业知识和操作技能类的所有培训内容，以及个人发展类中的压力与情绪管理课程比较感兴趣，因此，公司可以在培训内容和培训课程的选择上多倾向于此类内容。

第二节　生产人员培训课程设置

一、明确生产人员培训目标

生产人员培训的总目标是通过培训提高生产人员的素质、技能与态度，使生产人员融入企业文化的氛围，保证企业的生产质量、进度与生产安全，减少企业在生产中的浪费，为实现企业的战略目标在生产方面做出贡献。其具体内容体现在：使生产人员了解企业在行业中的地位与自身的重要性，激发其归属感；使生产人员了解、掌握企业在生产方面的各项规章制度（如质量手册、现场管理制度、设备保养制度、安全生产制度等）；提高生产人员在生产领域的专业知识；加强生产人员的成本意识与安全意识；提高生产人员的工作技能；加强生产人员的自我管理等。

二、设置生产人员培训课程

（一）明确生产人员培训课程的重点

（1）生产人员在相关生产知识领域的培训。

（2）生产人员在生产过程中的技巧与能力培训。

（3）生产人员的态度培训。

（二）确定生产人员培训课程体系

生产人员培训课程体系设计应根据企业发展战略，并结合生产人员的培训目标与课程设置重点进行设置。

第三节　生产人员培训实施

一、制订培训计划

（一）确定培训预算

设计合理有效的培训预算是实现成功培训的前提和保证。企业可根据不同职别、不同级别培训内容，以及不同的培训方式，确定各个培训项目的规划安排，并进行费用预算。培训费用中一般包含讲师培训费、场地费、进修费、资料费、奖励费、管理费等。

不同的培训项目，上述费用的结构是不同的。

（二）确定培训内容

企业应根据自身的情况与实际需要选择、确定生产人员的培训课程。生产人员的培训课程因培训对象而异。

（三）选择培训时间

企业在对生产人员进行培训时应慎重选择培训时间，否则会造成培训效果降低与资金浪费的现象。以下几种时机比较适合对生产人员进行培训。

（1）生产淡季。

（2）大批新生产人员上岗时。

（3）竞争加剧，产品质量下降时。

（4）引进新的生产流水线或新的技术时。

（5）企业生产的产品及技术的标准发生变更时。

（6）其他情况。

（四）培训讲师的选择

企业进行生产培训时可以选择内部培训讲师也可以选择外部培训讲师，具体可根据企业的实际情况及培训内容等因素而定。以下是对培训讲师选择的一些建议。

1. 企业文化、企业规章制度等方面的培训可由人力资源部经理、培训主管等担任培训讲师。

2. 对一线生产人员的培训可由生产部门相关人员等担任培训讲师。

3. 对生产人员进行团队意识教育、管理能力提升、质量意识教育等方面的培训时可以有选择性地聘请外部培训讲师。

（五）选择培训方法

一般来说，对生产人员进行培训的方法主要包括讲授法、演示法、工作指导、录像与多媒体教学等，其具体的操作介绍和适用范围详见表7-4。

表7-4　生产人员常用培训方法介绍

培训方法	操作介绍	适用范围
讲授法	1. 由生产专家或者一线生产技术能手讲解生产中的相关知识 2. 费用低，生产人员可接受大量、实用的知识 3. 单向交流，生产人员与培训讲师的沟通比较少	生产方面的技术原理、知识、标准、质量要求培训，生产过程中的技巧培训，生产人员的心态培训及职业素养培训

（续表）

培训方法	操作介绍	适用范围
演示法	1. 由具有丰富生产经验的培训讲师或生产部门人员在车间边讲解、边演示 2. 耗时长，生产人员可增强培训感受，提高技能	生产过程中具体的技巧与操作规范的展示
工作指导	由岗位技术能手或车间主管对生产人员进行一对一的指导	一般在员工刚上岗时
录像与多媒体教学	1. 将生产过程录制下来，供受训人员学习、讨论 2. 可播放同行标准的生产过程，供受训人员找出差距 3. 适用范围广，可节省培训时间	操作标准培训、工艺流程培训、质量管理培训、安全教育培训等

二、实施培训计划

（一）制定培训实施计划表

企业在实施培训计划时需要制定一张培训实施计划表，以确保培训计划有条不紊地实施。培训实施计划表主要包括培训课程的时间、进度安排，培训地点及培训讲师的选择等。表7-5是生产人员培训实施计划表的样例，可供企业参考。

表7-5　生产人员培训实施计划表

时间　事项安排		时间	地点	事项	主讲人	使用设施、设备
第一天	上午	8：30 ~ 9：50	二楼会议室	受训人员集合 生产总监致辞 企业文化讲解	生产总监 人力资源部经理	多媒体
	下午	1：30 ~ 3：50	二楼会议室	行业标准、要求讲解 质量管理讲解	技术部经理	教材、录像
第二天	上午	8：30 ~ 9：50	第一车间	现场管理讲解 操作标准与技巧讲解	车间主任	教材、录像
	下午	1：30 ~ 3：50	第一车间	设备管理方法讲解 生产中常见问题的解决办法讲解	技术部副经理 技术总监	录像、多媒体

（续表）

事项安排 时间		时间	地点	事项	主讲人	使用设施、设备
第三天	上午	8：30 ~ 9：50	二楼会议室	安全生产讲解 时间管理讲解	技术部经理 培训主管	录像、 多媒体
	下午	1：30 ~ 3：50	二楼会议室	团队协作讲解 人事经理致结束词	培训主管 人力资源部经理	教材

（二）发布培训通知

企业在制定完生产人员培训实施计划表后，应在培训开始前一至两天发布培训通知单，以方便参加培训的生产人员进行培训前的准备。

（三）培训组织管理

在整个培训实施过程中，培训组织部门需做好以下两个方面的服务工作，以确保培训效果。

1. 协助培训讲师开展工作

企业的培训组织部门应确保在培训过程中不受干扰，并确保培训用到的设施设备完好，同时协助培训讲师规范受训员工的行为。

2. 做好培训记录

培训组织部门应对受训员工的培训状态进行记录，如受训员工的出勤情况、受训员工的学习状况等，以便培训后对培训进行评估、反馈。

三、培训信息反馈

培训结束后组织部门应及时与培训讲师、受训员工进行沟通，以对培训效果进行初步的评估与反馈。

生产人员的培训效果需要经过一段时间才可以得到验证。培训组织部门可在一定时期后（一般至少一个月）与受训员工的主管领导联系，获取生产人员培训后的反馈信息、验证培训效果，以此作为下次培训的改进依据。生产人员培训信息反馈单详见表7-6。

表7-6 生产人员培训信息反馈单

各部门经理：

贵部门员工××、××、××参加了由人力资源部组织的关于××的培训，培训的主要内容有以下几个方面：

    1.

    2.

    3.

    …

    为检验培训效果并进行改进，请您在以后两个月的工作中仔细观察受训后员工的工作表现并填写培训效果。

谢谢合作！

人力资源部

_____年___月___日

员工姓名		培训项目	
培训内容		培训后的工作表现	
1. 2. 3.			
员工姓名		培训项目	
培训内容		培训后的工作表现	
1. 2. 3.			
主管意见			
1. 2. 3.			

第四节　生产人员培训评估

一、生产人员培训评估的内容

对生产人员培训的评估主要从以下三个方面展开。

（一）对培训讲师及培训课程进行评估

对培训讲师及培训课程进行评估主要是对培训讲师的培训技巧及培训课程安排、培训内容能够解决生产中遇到的问题等方面进行评估。

（二）对培训组织工作进行评估

对培训组织工作进行评估主要是对培训时间、地点、培训工作的组织情况等进行评估。

（三）对受训的生产人员的培训效果进行评估

对受训的生产人员的培训效果进行评估主要从以下三个方面展开。

1. 对受训人员掌握的生产相关知识情况进行评估，如评估对质量管理知识、产品标准知识等的掌握情况。

2. 对受训人员掌握工作技能的情况进行评估，如评估生产中的工作流程、工作技巧的掌握情况以及突发事件的处理能力等。

3. 对受训人员在生产中的工作态度进行评估，如对出勤率、主动学习的能力等进行考查。

二、生产人员培训评估的方法

（一）测试法

测试法是指采用笔试的形式将有关生产的知识设计成填空题、判断题、选择题、问答题等，以检验受训人员培训效果的一种方法。下面是某公司对生产人员进行品质管理培训后所设计的测试题。

某公司关于品质管理的测试题

　　本次考试的题目主要是根据《品质管理手册》与品质管理培训课程的内容设计的，考题涉及品质管理各个方面的内容。考试时间为60分钟，满分为100分。

（续）

一、填空题（每空 1 分，共 26 分）

1. 生产品质决策管理的内容包括 _____ 、 _____ 、 _____ 。

2. 品质管理标准包括 _____ 、 _____ 、 _____ 。

3. 品质管理的三个层次是指 _____ 、 _____ 、 _____ 。

4. 品质所包含的四类品质是指 _____ 、 _____ 、 _____ 、 _____ 。

5. 现代品质管理体系由 _____ 、 _____ 、 _____ 组成。

6. QC 的 七 大 工 具 是 指 _____ 、 _____ 、 _____ 、 _____ 、 _____ 、 _____ 。

7. 品质管理的三大类看板是指 _____ 、 _____ 、 _____ 。

二、问答题（共 8 题，74 分）

8. 简述良好品质的七个要求。（8 分）

9. 简述 ISO9001：2000 体系的要求。（10 分）

10. 简述样品检验的流程及方法。（9 分）

11. 简述进料检验的流程与方法。（9 分）

12. 简述工序品质控制的流程与关键点。（9 分）

13. 简述品质成本管理体系的控制流程。（8 分）

14. 论述防止品质不良的六大措施。（10 分）

15. 论述常见的品质事故及处理办法。（11 分）

（二）观察法

培训部门可组织人员对受训后的生产人员就某一项工作或流程的完成情况进行观察并记录，以此作为评估培训效果的依据之一。观察记录表的样例详见表 7-7。

表 7-7　培训效果观察记录表

被观察人员		观察时间	
培训时间		培训课程内容	
项目		**具体内容**	
观察到的内容 比较	培训前	1.	
		2.	
		3.	
	培训后	1.	
		2.	
		3.	

（续表）

结论	1.
	2.
被观察对象主管的意见	

（三）问卷调查法

问卷调查法因其成本低、简单易行而成为进行培训评估时普遍使用的一种方法。其示例详见表7-8。

表7-8　企业生产人员培训效果调查表

调查对象	具体调查内容	优	良	中	差	很差
培训讲师	培训讲师的技术水平如何					
	培训讲师的授课水平如何					
	培训讲师所讲的内容是否贴合实际					
	培训讲师回答的问题是否准确					
培训课程	培训课程的设置是否合理					
	培训内容是否能够解决生产中的问题					
	经过培训对您有多大的帮助					
	培训中受训人员的参与度如何					
	培训课程内容贴合实际的情况					
培训组织（开放式问题）	您认为此次生产培训的组织情况如何					
	您认为此次生产培训的课程重点安排是否合理，若不合理，请详细说明理由					
	您认为此次培训总体效果如何					

三、车间操作人员培训评估工作报告

报告名称	车间操作人员培训评估工作报告	执行部门	
		监督部门	

通过今年年初的培训需求调查和分析，人力资源部根据车间操作人员的工作绩效和行为表现，发现在实际的工作中不少员工常常出现一些工作方向模糊、岗位环境混乱、技术参差不齐、工序流

（续）

程不畅等问题。

针对这些问题，为了进一步提高员工技术水平和工作效率，人力资源部与培训专家一起进行了有效的分析，并结合年度培训计划提出了此次培训方案。同时于××月××日在公司报告厅举行了车间技术能力培训，各车间操作人员共××人参加了此次培训。

此次培训的实施在员工中取得了较强烈的反响。以下为此次培训的反馈。

一、反应层评估

反应层的评估主要采用的是问卷调查的方法。人力资源部在培训期间共下发培训效果调查问卷××份，培训结束之后，回收××份有效评估问卷，问卷结果统计分析情况如下。

1. 问卷统计分析结果

（1）针对课程是否符合工作需要的评价（如下表所示）。

课程对工作需要符合程度的评价结果

满意层次	优秀	良好	尚可	较差	极差
所占比例	59%	37%	4%	0%	0%

从上表可以看出，受训人员中有96%的人认为课程较符合工作需要。

（2）针对此次课程内容是否清晰和是否易于理解的评价（如下表所示）。

课程内容清晰程度和易于理解程度的评价结果

满意层次	优秀	良好	尚可	较差	极差
所占比例	28%	59%	13%	0%	0%

从上表可以看出，87%的受训人员对课程内容的评价达到"良好"以上。

（3）针对讲师是否准备充分的评价（如下表所示）。

讲师准备充分程度的评价结果

满意层次	优秀	良好	尚可	较差	极差
所占比例	38%	47%	15%	0%	0%

从上表可以看出，85%的受训人员认为培训讲师准备较为充分。

（4）针对此次培训能接触到新观点、新理念和新方法的评价（如下表所示）。

新观点、新理念和新方法接触程度的评价结果

满意层次	优秀	良好	尚可	较差	极差
所占比例	38%	50%	12%	0%	0%

（续）

从上表可以看出，88%的受训人员认为此次培训带来了新观点、新理念和新方法。

（5）针对此次培训有助于梳理工作思路和工作流程的评价（如下表所示）。

对梳理工作思路和工作流程帮助程度的评价结果

满意层次	有很大帮助	有一些帮助	仅有一点帮助	说不清楚	一点也没有
所占比例	35%	50%	10%	5%	0%

从上表可以看出，85%的受训人员认为本次培训对于梳理工作思路和工作流程均有一些帮助。

（6）针对本次培训内容在工作中运用的机会的评价（如下表所示）。

培训内容在工作中运用机会的评价结果

满意层次	有很多机会	有机会	说不清楚	一点也没有
所占比例	30%	63%	7%	0%

从上表可以看出，93%的受训人员认为培训内容在工作中都有机会加以运用。

2. 小结

本次评估调查的基本满意度达到85%及以上，85%以上的受训人员均对此次培训给予了良好的评价。培训内容与受训人员的工作密切结合成为本次培训的亮点。

二、学习层评估

学习层的评估内容主要是学员掌握了多少知识和技能，记住了多少课堂讲授内容。因此，人力资源部根据课程内容设计了笔试和实践操作两种考核方式，并对考试进行了认真的评判工作，考核成绩如下表所示。

车间操作人员培训成绩表

考试成绩	0～60分	60～70分	70～80分	80～90分	90～100分
所占比例	2%	14%	22%	57%	5%

在此次考试中，98%的学员都达到及格水平，其中有62%的学员达到良好（80分以上）水平。只有2%的学员没有达到60分的及格标准，根据培训制度，没有及格的员工在一周后重新进行了学习和补考，并且全部得以通过考试。

三、行为层评估

对于生产流程和操作规范的培训效果评估，人力资源部采取观察的方式进行。下表是本次培训的观察记录表。

（续）

培训效果观察记录表

培训课程	提高个人技术水平和工作效率	培训日期	××年××月××日
观察对象	受训人员的全部工作过程	观察记录员	××
项目	**具体内容**		
观察到的现象	培训前	1. 工作岗位环境差，地面丢弃物和成品不分，有个别烟头出现	
		2. 操作工具乱丢乱弃，经常无绪摆放	
		3. 工作流程无序，前后衔接不流畅，许多工作有头无尾	
	培训后	1. 工作岗位环境得到改善，地面丢弃物和成品摆放到位，无烟头出现	
		2. 操作工具合理归位，摆放符合培训内容要求	
		3. 工作流程基本理顺，工作衔接流畅到位，操作程序完整有序	
结 论	1. 工作环境和工作面貌得到改善和加强，工作效率有了很大提高		
	2. 应当继续开展一系列的技术培训，以巩固这种工作状态		

四、效益层评估

效益层评估在培训后两个月进行，主要利用车间操作人员受训后劳动效率和生产质量的提高来间接说明培训所产生的经济效益。以下是本次培训成本和收益的分析对比说明。

1. 成本分析

本次培训所产生的成本如下表所示。

培训成本分析表

成本构成	具体名目	金额（单位：元）
直接费用	培训讲师费用（包括授课费、交通、食宿等费用）	3 000
	培训资料购买费用（打印复印、教材购买）	500
	培训场地、设备器材租金（企业内进行）	0
	其他费用（矿泉水、水费、电费）	600
间接成本	培训组织人员的时间成本（小时工资水平×所耗时间）	1 000
	受训车间人员的时间成本（小时工资水平×所耗时间）	5 000
	领导给予支持的时间成本（小时工资水平×所耗时间）	2 000
总成本		12 100

（续）

2. 收益分析

该企业生产车间的日产量为 1 000 个。培训前，生产过程中经常出现以下两个问题：一是每天生产的 8% 的电子因性能不符要求而报废，二是工人怠工、迟到、早退现象比较严重。而经过培训，车间人员迟到、早退现象好转，日产量增加了 100 个；工作态度明显好转，废品率下降了 2%。

下表简单分析了此项培训的收益。

车间人员培训收益分析表

生产成果	衡量指标	培训前	培训后	改善成绩	年收益（按250 个生产日，电子单价为 6 元）
产量	生产率（日产量）	1 000 个	1 100 个	每天多生产产品 100 个	$100 \times 250 \times 6$ $= 150\ 000$（元）
质量	废品率（日废品量）	1 000 × 8%（即 80 个/天）	1 100 ×（8% − 2%）（即 66 个/天）	每天少生产废品 12 个	$12 \times 250 \times 6$ $= 18\ 000$（元）

3. 投资收益率计算

在不考虑间接收益和培训效益发挥年限的情况下，来计算其投资收益率，即为（150 000 + 18 000）÷ 12 100 = 13.88，可得出此次培训的投入产出比为 1：13.88。

此次培训是非常有针对性的训练，对提高车间操作人员的工作技能和工作绩效有很大的促进作用。通过分析，我们应注意如下事项。

1. 比较好的方面

（1）课程内容

课程内容针对性比较强，与工作的结合度较高，难度适中。多数知识点需要学员结合实际工作的具体情景才能更好地理解和运用，所以培训后的回顾和应用对培训的效果有直接的影响。

（2）学员反应

学员反响比较好，大部分表示此次学习对自己更好地开展工作有较大的帮助，提高了个人的技术水平和工作效率。

（3）工作环境和面貌

车间的工作环境和工作面貌得到极大的改善，工作有条不紊地进行。

（4）经济效益改善

培训后的经济效益改善比较明显。车间的生产效率不但得到提高，而且生产质量也有了大幅度的提升，产生的预期收益将有效保证企业年度计划的完成。

（续）

2. 需要改进的地方
（1）加强对应参训却未参训人员的管理
有一部分员工因为各种原因没有参加此次培训，根据公司的相关规定及要求，人力资源部将对这部分员工的受训记录进行调查，并对未达到受训要求的员工进行相应的处罚。同时，要求这些员工与此次培训不合格的学员一起参加下次的培训。
（2）提高员工参与集体活动的积极性
员工参与集体活动的积极性有待进一步提高，许多员工在培训中的表现并不十分积极。
报告人： 报告时间：

第五节　生产人员培训制度

一、生产人员培训管理制度

制度名称	生产人员培训管理制度		编　号	
			受控状态	
执行部门		监督部门	考证部门	

第1章　总则

第1条　为了提高本企业生产人员的职业素养与知识技能，确保企业产出品的质量，规范企业的培训活动，特制定本制度。

第2条　本企业中凡涉及生产人员的培训及与之相关的事项，皆按本制度办理。

第2章　生产人员培训管理规定

第3条　生产人员培训计划的内容。

生产人员培训计划的内容包括培训目的、培训对象、培训课程、培训方法、培训时间、培训地点、培训讲师等。

第4条　培训时间的确定。

对于生产人员的培训，一般考虑在以下时间安排，特殊情况除外。

1. 生产淡季。

2. 大批新生产人员上岗时。

3. 竞争加剧，产品质量下降时。

（续）

4. 引进新的生产流水线或新的技术时。

5. 企业生产的产品及技术的标准发生变更时。

6. 企业的现实状况与企业战略目标差距过大，需要进行生产调整时。

第5条　对生产人员的培训一般选择在公司内部场地进行，特殊情况需到公司外培训的必须报生产副总批准。

第6条　培训的内容。

生产人员培训的内容分为以下五个方面。

1. 企业概况、生产概况、企业文化等。

2. 生产相关的知识。

3. 生产相关的标准、技能。

4. 管理技能。

5. 工作态度。

第7条　培训讲师的选择。

企业生产人员的培训讲师一般由内部人员担任，需聘请外部人员时必须报生产副总批准。

第3章　岗前培训规定

第8条　岗前培训的时间为新生产员工到岗一个月之内。

第9条　岗前培训的负责人。

1. 人力资源部负责对新生产人员进行企业概况、企业文化、员工手册、绩效考核等方面的培训。

2. 各新入职生产人员所在部门的经理负责对其进行有关质量标准、工作说明、技术指导与规范等方面的培训。

第10条　对因特殊原因未能参加岗位培训的新生产人员，人力资源部负责登记造册、统一安排，在其入职三个月之内完成岗前培训。

第4章　培训的评估与跟踪

第11条　评估人员。

对生产人员的培训评估由人力资源部全权负责，由生产副总、部门经理组成审核小组负责审核。

第12条　评估对象与范围。

培训评估对象包括培训讲师、培训内容、培训组织三个方面。评估范围包括所有涉及培训的各项工作事宜。

第13条　评估方法。

培训评估方法可选用测试法、观察法、问卷调查法与成本—收益分析法四种。

第14条　培训工作完成以后，由培训的组织部门负责培训效果的跟踪工作。

第5章　企业内部培训讲师的管理

第15条　企业的内部培训讲师队伍建设流程。

1. 建立评审小组。

（续）

2. 制定评审规则。

3. 初步选拔培训讲师。

4. 对培训讲师进行培训。

5. 安排培训讲师试讲。

6. 给培训讲师讲定级。

7. 建立培训讲师的奖惩制度。

8. 定期对培讲训师进行评估。

第16条　企业的培训讲师分为初级培训讲师、中级培训讲师、高级培训讲师三类，各类培训讲师的职级资格由评审小组确认并颁发等级资格证。

第17条　企业将为每位培训讲师设立档案，档案中记录培训讲师的背景资料、培训过的课程内容及次数等，以作为培训讲师晋级、加薪等事项的参考。

第18条　培训讲师的绩效考核参照本企业制定的《绩效考核手册》。

第19条　企业培训讲师的津贴。

企业培训讲师的授课津贴如下表所示。

企业培训讲师授课津贴表

授课时间	初级培训讲师	中级培训讲师	高级培训讲师
工作时间授课	＿＿＿元/课时	＿＿＿元/课时	＿＿＿元/课时
非工作时间授课	＿＿＿元/课时	＿＿＿元/课时	＿＿＿元/课时

第6章　培训的考核与奖惩

第20条　培训的绩效考核对象包括培训组织部门、培训讲师、受训人员、受训人员的部门负责人等。

第21条　具体的绩效考核标准参照《绩效考核手册》中的有关标准。

第22条　培训绩效考核的奖励措施如下。

1. 颁发奖金。

2. 职务晋升。

3. 进行表彰。

4. 提供外训机会。

5. 奖品。

第23条　培训绩效考核的惩罚措施如下。

1. 书面警告。

2. 扣发奖金。

3. 降职或降级。

4. 无薪停职参加培训。

（续）

第7章　附则		
第24条　此制度由人力资源部制定，其修改、解释权归人力资源部所有。		
第25条　本制度自总经理签发之日起实施。		

编制日期		审核日期		批准日期	
修改标记		修改处数		修改日期	

二、生产人员安全培训制度

制度名称	生产人员安全培训制度		编　　号	
			受控状态	
执行部门		监督部门	考证部门	

第1章　总则

第1条　为提高企业员工的安全生产意识，普及安全生产知识和安全生产操作技能，规范企业的安全生产培训活动，根据国家相关的规定并结合本企业的实际情况，特制定本制度。

第2条　各级领导和有关部门有责任向所属单位员工进行安全生产、文明施工的思想教育和安全生产技术知识教育，教育员工树立"安全第一，预防为主"的思想。

第2章　在职人员培训

第3条　本厂（公司）所有人员必须积极主动参加各种安全生产教育培训活动，不断提高自身安全生产的意识和素质。

第4条　本厂（公司）主要负责人和安全生产管理人员要按照政府主管部门和安全生产监督管理部门的要求，自觉参加有关安全生产知识的教育培训和考核。

第3章　新员工安全生产培训

第5条　新入职员工都必须接受三级安全教育，每次教育后都必须进行考核，考核不合格者均不得上岗作业。

第6条　三级安全教育制度。

公司对新招收的员工、新调人员工、来厂实习的人员或其他人员所进行的三级安全教育是指厂级安全生产教育、车间级安全教育、班组级安全教育。本公司的三级安全教育培训的相关内容如下表所示。

（续）

三级安全教育	培训内容
厂（公司）安全教育	（1）安全生产基本知识、法规，生产经营单位安全概况 （2）安全生产规章制度（如安全生产责任制、安全生产奖惩条例、厂区交通运输安全管理制度、防护用品管理制度以及防火制度等） （3）劳动纪律、作业场所和工作岗位存在的危险因素，防范措施及事故应急措施，事故案例等
车间安全教育	（1）车间概况，如车间生产的产品、工艺流程及其特点，车间人员结构、安全生产组织状况及活动情况，车间危险区域、有毒有害工种情况 （2）车间劳动保护方面的规章制度和对劳动保护用品的穿戴要求和注意事项，车间事故多发部位、原因、特殊规定及安全要求 （3）车间文明生产方面的具体做法和要求，安全技术基础知识、车间防火知识，安全生产文件和安全操作规程制度 （4）车间常见事故和典型事故案例
班组安全教育	岗位操作规程，生产设备、安全装置、劳动防护用品的性能及正确使用方法、事故案例分析等

第4章　企业三级安全教育的组织实施

第7条　厂（公司）级安全教育培训一般由人力资源部组织、安全技术管理部共同实施。车间级安全生产教育培训由车间负责人会同车间安全管理人员负责组织实施。班组级安全教育由班组长会同安全员及带班师傅组织实施。

第8条　本厂（公司）从业人员应服从本厂（公司）的统一安排，自觉参加本厂（公司）组织的经常性的安全生产教育培训。

第9条　从业人员调整工作岗位或离岗＿＿月以上重新上岗时，应进行相应的车间、班组及岗位安全生产教育培训。

第10条　凡实施新工艺、新技术或使用新设备、新材料时，厂（公司）或车间应对操作者进行有针对性的安全生产教育培训。

第11条　凡未经安全生产教育培训的从业人员或培训考核不合格者，均不得上岗作业。

第5章　附则

第12条　本制度自发布之日起实施。

编制日期		审核日期		批准日期	
修改标记		修改处数		修改日期	

第八章

企业管理人员培训

管理人员是对从事管理类工作的人员的总称。一般来说，在企业中从事管理工作的人可能有很多，按其所处的组织层次不同，我们可以将其划分为基层管理人员、中层管理人员及高层管理人员三个层次。

管理人员的培训不仅包括管理岗位所需要的知识、技能的培训，还包括管理者的自我管理、管理方法、管理思维的培训等多方面的内容。

同时，不同层次的管理人员，其培训侧重点是不同的，表8-1列出了不同层次管理人员的主要工作职责及其相应的培训重点。

表8-1 不同层次管理人员的主要工作职责及培训重点一览表

人员类别	主要工作职责	培训内容的重点
基层管理人员	直接指导和监督下属员工的现场作业活动，保证各项任务有效完成	业务知识、实际操作能力、一般管理能力
中层管理人员	贯彻执行高层管理人员所制定的重大决策，监督和协调基层管理人员的工作	沟通协调能力、发现及解决问题的能力
高层管理人员	制定组织的总目标、总战略，并评价整个组织的绩效	战略决策能力

表8-2是某生产企业对不同层次管理人员的整体培训课程安排计划，表中主要列出了各个层次的重点课程。

表8-2 生产企业各层次管理人员整体培训课程安排计划

课程类别	课程名称	课程目标	时间（小时）	培训方式	讲师
班组长、工段长等基层管理人员培训课程	团队合作与工作技巧	增进部门之间、部门内的相互沟通与协作，提高工作效率	12	内训	外聘
	时间管理	合理安排工作时间，提高工作效率	6	内训	外聘
	人际沟通技巧	提高沟通技巧和组织效率	6	内训	外聘
	基层监督人员培训	提高基层管理人员的现场管理能力	18	内训	外聘
	5S基本观念与执行实务	增强基层主管与骨干员工的现场管理技能与素质	6	内训	外聘
	颜色看板管理	了解工厂现场品质、工作管理与日常工作规划的基本方法	6	内训	外聘

（续表）

课程类别	课程名称	课程目标	时间（小时）	培训方式	讲师
车间主任、生产主管等中层管理人员培训课程	团队合作与工作技巧	增进部门之间、部门内的相互沟通与协作，提高工作效率	12	内训	外聘
	时间管理	合理安排工作时间，提高工作效率	6	内训	外聘
	人际沟通技巧	提高沟通技巧和组织效率	6	内训	外聘
	会议主持与简报技巧	提高部门主管在会议管理方面的组织与执行能力，增强表达能力与技巧	6	内训	外聘
	工作辅导与员工沟通	提高中层管理人员在人员管理方面的认知与技能	6	内训	内讲外训
	招聘与面谈技巧	提高中层管理人员在人员招聘中的技能，降低招聘风险与成本	8	内训	外聘
	目标管理与绩效考核	了解目标管理 MBO 与绩效管理的基本知识与方法	12	内训	外聘
	生产计划拟订与管理	提高生产部门中层管理人员拟订计划与管理计划的技能	6	外训	派外
	颜色与看板管理	了解工厂现场品质、工作管理与日常工作规划的基本方法	6	内训	外聘
生产经理、生产总监等高层管理人员培训课程	时间管理	合理安排工作时间，提高工作效率	6	内训	外聘
	人际沟通技巧	提高沟通技巧和组织效率	6	内训	外聘
	招聘与面谈技巧	提高高层管理人员在人员招聘中的技能，降低招聘风险与成本	8	内训	外聘
	目标管理与绩效考核	了解目标管理 MBO 与绩效管理的基本知识与方法	12	内训	外聘
	生产计划拟订与管理	提高高层管理人员拟订生产计划与管理计划的技能	6	外训	派外
	生产战略研究与管理	提高高层管理人员对生产战略的研究与管理能力	12	外训	派外

第一节 企业基层管理人员培训

基层管理人员是指在企业生产、销售、研发等生产经营活动第一线执行管理职能的管理者。基层管理人员的主要职责是协调和解决员工工作中遇到的具体问题。他们是整个管理系统的基础，与企业不同层次人员之间的工作关系如图8-1所示。

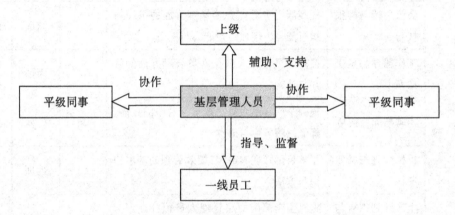

图8-1 基层管理人员与相关人员的工作关系示意图

一、基层管理人员培训需求分析

基层管理人员的培训需求分析重点是个人能力分析，表8-3从基层管理人员必备能力的角度评估其现有能力水平，从而分析其培训需求和培训重点。

表8-3 基层管理人员培训需求调查分析表

本调查表主要针对基层管理人员现有表现进行调查，由基层管理人员本人、上级、同级来打分，调查结果可作为开展培训的参考资料。

请根据××基层管理人员的实际情况圈出您认为合适的评分——"缺乏"表示"您（他）在这方面的技能比较缺乏，或不了解"；"改善"表示"您（他）对这方面的技能有所了解，但还没有完全掌握"；"有效"表示"您（他）已经掌握了这方面的技能，并能够基本应用"；"发展"表示"您（他）已经熟练地应用这部分技能，但应用时有点困惑，或还需要提高"；"优秀"表示"您（他）已经非常熟练地应用这部分技能，并很顺手，能运用自如"。

姓名		日期		_____年____月____日		
核心能力	行为表现	缺乏	改善	有效	发展	优秀
沟通技巧	1. 表达清晰，演说顺畅	□ 1	□ 2	□ 3	□ 4	□ 5

（续表）

核心能力	行为表现	缺乏	改善	有效	发展	优秀
沟通技巧	2. 仔细聆听，及时回应他人	□ 1	□ 2	□ 3	□ 4	□ 5
	3. 善于与人交流，推动沟通过程，传递有利于组织发展的信息	□ 1	□ 2	□ 3	□ 4	□ 5
	4. 使他人接受建议，并采取相应行动	□ 1	□ 2	□ 3	□ 4	□ 5
	5. 维护他人自尊，增强自信	□ 1	□ 2	□ 3	□ 4	□ 5
建立和维护团队合作关系	1. 积极寻求帮助，邀请并鼓励员工参与讨论	□ 1	□ 2	□ 3	□ 4	□ 5
	2. 言行一致，遵守承诺	□ 1	□ 2	□ 3	□ 4	□ 5
	3. 小组行动一致，使下属明确工作期望值	□ 1	□ 2	□ 3	□ 4	□ 5
	4. 互相学习，主动提出改善建议，促进团队目标的实现	□ 1	□ 2	□ 3	□ 4	□ 5
	5. 个人行动以团队利益和荣誉为主导	□ 1	□ 2	□ 3	□ 4	□ 5
个人影响力	1. 激发员工士气，引导他人自我调整	□ 1	□ 2	□ 3	□ 4	□ 5
	2. 主动发挥影响力，促使组织内工作的持续改善	□ 1	□ 2	□ 3	□ 4	□ 5
	3. 处理员工纠纷及失职时以事实为依据	□ 1	□ 2	□ 3	□ 4	□ 5
	4. 善于发现员工的问题，并及时提供相应的指导与帮助	□ 1	□ 2	□ 3	□ 4	□ 5
	5. 言行一致，赢得他人的尊敬与认可	□ 1	□ 2	□ 3	□ 4	□ 5
问题分析与解决能力	1. 收集反馈信息，集中分析，归纳问题关键点	□ 1	□ 2	□ 3	□ 4	□ 5
	2. 灵活运用资源，鼓励他人参与并找出多种建设性方案	□ 1	□ 2	□ 3	□ 4	□ 5
	3. 评估可行方案，择优选用，果断做出决策	□ 1	□ 2	□ 3	□ 4	□ 5
	4. 有效解决问题，根据具体情况灵活选定解决方法，并跟进方案	□ 1	□ 2	□ 3	□ 4	□ 5
	5. 总结回顾，预防问题再次发生	□ 1	□ 2	□ 3	□ 4	□ 5
组织感知能力	1. 对公司的企业文化及发展理念有深入的认识	□ 1	□ 2	□ 3	□ 4	□ 5
	2. 具备敏锐的观察能力，能发现员工工作中存在的隐患	□ 1	□ 2	□ 3	□ 4	□ 5
	3. 能辨认妨碍发挥团队绩效的不利因素	□ 1	□ 2	□ 3	□ 4	□ 5
	4. 明确当前组织开展的工作及目标	□ 1	□ 2	□ 3	□ 4	□ 5
	5. 了解公司发展的长期目标，并制订行动计划	□ 1	□ 2	□ 3	□ 4	□ 5

（续表）

核心能力	行为表现	缺乏	改善	有效	发展	优秀
领导潜能	1. 了解权力和影响力的区别与应用	□ 1	□ 2	□ 3	□ 4	□ 5
	2. 了解员工所处的状态与情境，形成合适的领导风格	□ 1	□ 2	□ 3	□ 4	□ 5
	3. 有效授权，发挥下属的主动性	□ 1	□ 2	□ 3	□ 4	□ 5
	4. 激励员工，对勇于承担的员工适当给予支持；辅导员工，加强其专业技能	□ 1	□ 2	□ 3	□ 4	□ 5
	5. 引导员工的发展，帮助其提高工作能力	□ 1	□ 2	□ 3	□ 4	□ 5
压力承受能力	1. 能意识到目前面临的压力	□ 1	□ 2	□ 3	□ 4	□ 5
	2. 坦然面对工作中的挑战和困难，并积极寻找解决方法	□ 1	□ 2	□ 3	□ 4	□ 5
	3. 明确个人职能及应承担的责任	□ 1	□ 2	□ 3	□ 4	□ 5
	4. 适时释放压力，进行自我放松和调整	□ 1	□ 2	□ 3	□ 4	□ 5
	5. 勇于面对因个人过失而带来的负面影响	□ 1	□ 2	□ 3	□ 4	□ 5
人才的培养与发展	1. 明确团队的合作与发展所需要的人才	□ 1	□ 2	□ 3	□ 4	□ 5
	2. 了解每个员工的能力与意愿，并根据情况安排适当的工作与职位	□ 1	□ 2	□ 3	□ 4	□ 5
	3. 了解每个员工的工作所要求的培训，并能保证给其提供相应的培训	□ 1	□ 2	□ 3	□ 4	□ 5
	4. 肯定下属为个人事业的进一步发展而积极参与培训的行为	□ 1	□ 2	□ 3	□ 4	□ 5
	5. 勇于面对因个人过失而带来的负面影响	□ 1	□ 2	□ 3	□ 4	□ 5

二、基层管理人员培训课程设置

基层管理人员在企业中扮演着生产参与者、计划执行者和组织者的多重角色，其需具备熟练的专业技能和一定的管理技能，因此对其培训的重点应放在提升其管理和领导能力及实际工作技能方面。

表8-4是对企业基层管理人员设立的通用培训课程项目。

表8-4　基层管理人员通用培训内容一览表

培训内容	培训课程
基层管理者的角色认知	管理者的角色、地位与责任
	基层管理人员的素质要求
管理技能培训	团队建设与管理
	计划与控制
	沟通与协调
	员工培训与激励
	员工绩效管理
	员工的安全管理
	人员工作调配
	如何改进员工的工作表现
管理实务培训	生产计划的编制与控制
	如何进行成本控制
	质量管理

基层管理人员包括的对象很广泛，如生产车间的车间主任、班组长、工段长、一线主管、领班、课长等。不同人员的工作性质不同，适合的培训内容也会不同，下面以班组长为例来设计培训课程。

从企业层面来看，班组长是直接管理一线生产操作人员的，是产品品质、生产成本等指标达成的最直接的责任者；同时，班组长自己也承担着一定的生产任务。

上述特点决定了班组长必须具有对生产现场的管理能力、沟通协调能力，以及对员工的培育和领导等方面的能力。表8-5是某企业针对车间班组长设计的培训内容。

表8-5　某企业车间班组长培训课程编排

培训内容	培训课程
班组长在现代企业中的职责与功能	班组长在企业中的角色定位
	班组长主要工作职责
	日常工作重点
生产管理知识	现代生产管理系统
	现代生产的操作标准化
	现代生产的物料控制
	现代生产的计划管理

（续表）

培训内容	培训课程
生产管理知识	现代生产的存货管理
	品质管理
	损耗控制
	生产安全管理
工作能力	业务决策能力的提升
	人员日常管理
	处理及运用信息的能力
	员工培训与激励
	与基层员工、上级主管的沟通技巧

三、基层管理人员培训评估

（一）基层管理人员反应层评估

基层管理人员反应层评估指的是收集基层管理人员对培训内容、培训讲师、教学方法、材料、设施、培训管理等各个方面的反应情况，并进行综合评价。评估中需要用到的工具有问卷调查表（具体如表8-6所示）、访谈提纲等。

表8-6　关于××培训效果调查表（学员用）

您好！为了掌握您对本课程教学效果的意见和建议，不断改进我们的教学工作，请您客观评价所学的课程，在最接近您的看法的分值上划"√"。得分情况：5分表示优、4分表示良、3分表示中、2分表示一般、1分表示不合格，并欢迎您对我们的工作提出意见和建议。谢谢您的大力支持！

培训课程名称		培训讲师	
受训人员姓名		所属部门	
评估对象	评估的项目	评估得分	
关于培训课程内容	1. 课程的目的和意义是否得到了清楚的阐释	□1　□2　□3　□4　□5	
	2. 课程内容的准确度如何	□1　□2　□3　□4　□5	
	3. 课程素材是否清晰和准确	□1　□2　□3　□4　□5	
	4. 课程流程是否清晰明了	□1　□2　□3　□4　□5	
	5. 课程的难易程度如何	□1　□2　□3　□4　□5	
	6. 教材中包含的实践案例的丰富程度如何	□1　□2　□3　□4　□5	
	7. 课程是否得到了有效的总结	□1　□2　□3　□4　□5	

评估对象	评估的项目	评估得分				
关于培训讲师	8. 讲师讲课是否顺畅	□ 1	□ 2	□ 3	□ 4	□ 5
	9. 讲课的进程是否合适	□ 1	□ 2	□ 3	□ 4	□ 5
	10. 讲师是否留有时间来解答学员的问题	□ 1	□ 2	□ 3	□ 4	□ 5
	11. 讲师是否有效地解释了问题	□ 1	□ 2	□ 3	□ 4	□ 5
	12. 讲师表达方式是否清晰明了	□ 1	□ 2	□ 3	□ 4	□ 5
	13. 讲师是否能有效地安排时间	□ 1	□ 2	□ 3	□ 4	□ 5
	14. 可视化教学工具使用的有效性	□ 1	□ 2	□ 3	□ 4	□ 5
关于培训场地	15. 培训会场及座位安排是否恰当	□ 1	□ 2	□ 3	□ 4	□ 5
	16. 视听器材（如投影仪等）的位置是否合适	□ 1	□ 2	□ 3	□ 4	□ 5
	17. 培训会场的噪声和温度状况是否合适	□ 1	□ 2	□ 3	□ 4	□ 5
18. 请写出本次培训的三大优点和三大缺点						
19. 针对本次培训，请列出您认为应该改进的地方						

（二）基层管理人员学习效果评估

学习效果评估主要评价基层员工通过培训学到哪些知识，以及掌握这些知识的程度，从而评估培训内容和方法对其是否合适、有效，进而衡量培训是否达到了目标要求等。

（三）基层管理人员行为改变评估

行为改变评估主要衡量培训是否给基层员工的行为带来了改变。具体看基层员工在接受培训后工作行为发生了哪些良性的、可观察到的变化，这种变化越大，说明培训效果越好。

（四）基层管理人员培训效果评估

培训效果评估主要判断培训对企业经营成果是否有具体而直接的贡献，通常可用一些指标来衡量，如生产效率、产品次品率、成本降低率等。

第二节　企业中层管理人员培训

中层管理者通常是指处于高层管理人员和基层管理人员之间的一个或若干个中间层次上的管理人员，是企业管理团队的中坚力量，起着承上启下的作用，对上下级之间的信息沟通负有重要的责任。

对中层管理人员进行培训的目的如下：使其明确企业的经营目标和经营方针，使企业的宗旨、使命、价值观和企业文化正确而顺利地传达；为其提供胜任未来工作所必需的经验、知识和技能；使其适应不断变化的环境并解决所面对的问题，提升企业的整体管理水平。

一、中层管理人员培训需求分析

（一）中层管理人员组织分析

中层管理人员组织分析主要从宏观角度出发，考虑企业的经营战略目标，保证中层管理人员的培训需求符合企业的整体目标与发展战略。

（二）中层管理人员工作分析

工作分析让人们了解有关职务的详细内容及岗位任职资格条件，其结果也是设计和编制培训课程的重要资料来源之一。

对工作任务和工作职责的分析是工作分析的一项重要内容，具体操作时可借助调查问卷的形式来收集培训需求信息（如表8-7所示）。

表8-7　××岗位培训需求调查表

姓名		所属部门	
职务		日期	
一、工作任务			
主要工作任务	重要程度	执行难度	工作绩效标准
二、岗位任职者个人能力状况			
岗位任职者个人所具备的知识和技能		岗位任职资格所要求的知识和技能	
备注：工作任务一栏：执行难度的评定依据，0——几乎没有任何困难；1——一般；2——可承受；3——较难			
重要程度的评定依据，0——一般；1——比较重要；2——重要；3——非常重要			

人力资源部也可以采取访谈的方式来收集相关信息。面谈表范本详见表8-8。

表8-8　面谈表

面谈对象姓名		部门及职位	
担任现职时间	_____年	面谈地点	
面谈人姓名		面谈人职位	
面谈日期	____年__月__日	面谈时间	小时
面谈内容		面谈记录	
请谈谈来公司后你所担任的职务			
简要谈谈这半年你的工作业绩			
你觉得这半年的日常工作中还有哪些地方需要改善			
请谈谈未能充分完成职务的情况并说明原因			
你觉得对你的成长及业绩有利的因素有哪些			
从现在开始的半年内，你期望达到的目标		（本职工作领域内）	
		（本职工作以外领域）	
你希望培训部在哪些方面增加一些有针对性的培训			

另外，由中层管理人员根据自己的工作情况和要求撰写的工作总结或述职报告，也是确定培训需求的信息来源之一。

（三）中层管理人员个人分析

从中层管理人员个人的角度分析其培训需求，可从以下三个方面着手分析。

1. 个体特征分析

个体特征分析可以从中层管理人员的性别结构、年龄结构、知识结构、专业结构、性格特征、管理风格等方面进行分析。

2. 个人能力分析

中高层管理人员应具备计划组织能力、协调控制能力、决策能力等方面的能力。对其能力方面的培训需求进行分析，一方面可以通过其工作表现来分析（较直观的信息来源是员工的绩效考核记录）；另一方面也可以以问卷调查表（详见表8-9）的方式来获取部分信息，以确定培训需求。

表8-9 中层管理人员培训需求调查表（部分）

请您根据自己的实际情况评分："5分"表示能力杰出，"4分"表示能力良好，"3分"表示达到工作要求的标准，"2分"表示工作较差需要改善，"1分"表示工作能力很差。

拟参训者姓名		填表日期		_____年___月___日			
计划能力		5分	4分	3分	2分	1分	特殊说明
制定明确的工作目标和方针							
及时掌握并运用新观点							
以科学有效的方式收集和整理信息							
分析资料、提出建议、拟定实施方案							
组织能力		5分	4分	3分	2分	1分	特殊说明
分解、实现工作目标							
分析并决定职务内容							
设置组织机构，制作组织图表							
甄选下属人员并授权							
辅导下属使其尽快进入工作角色							
协助下属制定工作标准							
训练及发展下属的能力，为企业培养后备人才							
口头指示及书面指示能力							
主持会议的能力							
公文写作的能力							
定时向上级报告工作进度							
与下属随时保持联系							
被同事所接受							
通过他人完成工作任务							
控制能力		5分	4分	3分	2分	1分	特殊说明
掌握业务的运作过程							
制定执行的客观标准和规范							
成本控制和管理							
全面质量管理（TQM）							
严格按照实施标准，及时向上级反馈执行情况							
其他说明							

3. 职业生涯规划分析

职业生涯规划分析主要通过分析中层管理人员对自身工作岗位的认识和对未来的个人发展要求，进而确定培训需求。其信息来源可以有多种渠道，如参阅人力资源部存档的员工个人资料以获取信息，或者采用访谈的形式获取信息。

二、中层管理人员培训内容

（一）培训内容的重点

在培训需求分析的基础上，对中层管理者的培训侧重点在于提高他们的管理能力和业务能力，并结合晋升目标来考虑。

基于上述培训目标，培训部在确定中层管理人员培训课程的内容时要注意以下两个侧重点。

第一，提高其管理能力和有效处理第一线日常工作中所出现问题的技巧。

第二，充分挖掘中层管理人员的潜能，这主要是考虑晋升的需要。

（二）课程体系设置

中层管理人员的培训内容既包括企业环境分析能力提升培训、业务管理能力培训，也包括领导力提升培训和自我管理培训，具体内容详见表8-10。

表8-10　中层管理人员的培训内容

培训内容	培训课程
企业环境分析能力提升	企业战略
	企业目标
	企业组织结构与决策流程
业务管理能力	专业技术知识
	如何纠正工作偏差
	目标管理
	项目管理
	时间管理
	会议管理
	组织管理
	冲突管理
	职业生涯规划

（续表）

培训内容	培训课程
领导力提升	沟通技巧
	如何有效授权
	如何激励下属
	如何指导和培养下属
	高效领导力
自我管理	学习型组织的建立
	定编定员管理
	团队合作与工作管理

三、中层管理人员培训方法

在员工培训方式的选择上，中层管理人员的培训形式不应局限于课堂教学，可灵活运用多种培训方式。

（一）短期培训

短期培训是提高中层管理人员理论水平的一种最常用的方法，它可以在相对较短的时间内传递大量的信息，针对性比较强。

这种培训大多采用短期学习班、专题讨论会等具体形式，时间都不是很长，主要学习管理的基本原理以及理论方面的一些新进展、新研究成果，或就一些问题在理论上加以探讨等。

为了尽可能地将理论与实际相联系，提高学员解决实际问题的能力，企业可以在学员学习理论的基础上，将一些管理实践中经常遇到的并需要及时处理的问题编写成若干有针对性的具体问题，放在一个抽取箱里，由学员自抽自答、自由讨论、互相启发和补充，从而提高其理论水平和解决实际问题的能力。

（二）工作轮换

工作轮换的具体操作方式是，将中层管理人员从一个岗位调到另一个岗位上，工作一段时间后再次调岗，以使其全面了解企业各个岗位的工作，获得不同的工作经验，为将来在较高层次上任职做准备。

（三）替补训练

替补训练即每一位中层管理人员都被指定为上级的替补训练者。这些中层管理人员除承担本岗位职责外，还要熟悉同部门内上级的职责，一旦上级离任，即可按预先准备接替其工作。替补训练有利于企业的永续经营管理。

（四）案例研究

案例研究是指培训讲师提供一些经典的案例，中层管理人员之间相互讨论案例中出现的问题，并给出自己的解决方案；培训讲师主持整个过程，对所有的解决方案给出评价并进行个别指导、改进的一种培训方法。通过案例学习，可培养中层管理人员发现问题并及时有效地解决问题的能力。

（五）角色扮演

角色扮演就是让一组受训人员集中在一起，从中随机选择两个人模仿某种带有普遍性的或者比较棘手的情景（如可模仿招聘场景：一个人扮演应聘者，另一个人扮演招聘主管）。

在规定一些情节之后，没有经过任何排练，两位扮演者进行即兴表演，其他成员则在一旁观摩。表演结束后，全体受训人员进行讨论，得出一些基本的结论。

角色扮演是中层管理人员培训的常用方法之一，可使受训人员直接获得某项工作的实际处理经验，掌握一些管理技巧和晦涩的管理理论；同时，还可以提高受训人员的语言表达能力。

四、中层管理人员培训评估工具

（一）工具1——调查评估表

表8-11可用于全程监控培训的所有过程，实时记录培训的进展及受训学员对培训的反馈结果。

表8-11 培训过程跟踪调查评估表

	培训项目名称		培训实施机构		培训对象	
实施前评价	培训目标					
	企业预期的培训效果					
	培训种类					
	满意度评分	□1（差） □2（一般） □3（较好） □4（好） □5（优）				
实施过程评价	培训方式	□ 在职培训 □ 脱产培训 □ 办公室 □ 企业外上课 □ 其他				
	学员对课程的接受程度	□ 低 □ 一般 □ 较好 □ 好				
	教材来源	□ 权威教材 □ 讲师自备PPT □ 企业内部教材 □ 其他				
	培训方法	□ 演讲法	主讲人			
			效果			
			所用的视听媒介			

（续表）

		整体满意度评分	□1（差）	□2（一般）	□3（较好）	□4（好）	□5（优）
实施过程评价	培训方法	□ 阅读工作总结或述职报告	主题				
			汇报人				
			报告时间				
		整体满意度评分	□1（差）	□2（一般）	□3（较好）	□4（好）	□5（优）
		□ 小组讨论	讨论主题				
			讨论结论				
		整体满意度评分	□1（差）	□2（一般）	□3（较好）	□4（好）	□5（优）
		□ 案例研究	案例来源				
			研讨重点				
		整体满意度评分	□1（差）	□2（一般）	□3（较好）	□4（好）	□5（优）
		□ 游戏法	参与者				
			游戏主题				
			结论				
		整体满意度评分	□1（差）	□2（一般）	□3（较好）	□4（好）	□5（优）
		□ 角色扮演	几种角色				
			主 题				
			持续时间				
		整体满意度评分	□1（差）	□2（一般）	□3（较好）	□4（好）	□5（优）
	演讲所使用的多媒体		□ 讲义　□ 挂图　□ 录像带　□ 投影仪　□ 幻灯片　□ 电影剪辑				
实施后评估	培训成果评估		（以培训考试成绩单为依据）				
	培训行为评估		（观察和间接调查受训人员在工作中的行为改变）				
	培训费用						
培训后的跟进及改进意见							

（二）工具2——培训成本—收益分析

进行培训成本—收益分析前，先要进行培训成本分析，表8-12列出了培训费用的明细清单。

表 8-12　培训成本分析表

项目	费用明细	费用分析情况
培训要素费用分配	培训场所及相应物品费用	$A_1 = \underline{\quad}$ 元
	培训设备费用	$A_2 = \underline{\quad}$ 元
	要素总分配费用（A）	$A_1 + A_2 = \underline{\quad}$ 元
培训需求分析费用	专家分析费	$B_1 = \underline{\quad}$ 元/小时 × $\underline{\quad}$ 工作小时数 = $\underline{\quad}$ 元
	助理分析费	$B_2 = \underline{\quad}$ 元/小时 × $\underline{\quad}$ 工作小时数 = $\underline{\quad}$ 元
	差旅费支出	$B_3 = \underline{\quad}$ 元
	咨询商议费用	$B_4 = \underline{\quad}$ 元
	其他开支	$B_5 = \underline{\quad}$ 元
	全部分析费用（B）	$B_1 + B_2 + B_3 + B_4 + B_5 = \underline{\quad}$ 元
培训实施成本分析	\multicolumn{2}{l}{1. 外部培训费用 = 应交培训费用 + 交通花费 + 在岗培训费用 其中：在岗培训费用（C）= 学员人数（N）× 培训天数 × 8 × 学员每小时平均工资}
	\multicolumn{2}{l}{2. 内部培训费用（D）= 在岗培训费用 + 教材费用 + 消耗费用 + 管理费用 + 教师报酬 + 证书费用 + 其他费用}
	\multicolumn{2}{l}{①在岗培训费用 = 学员人数（N）× 培训天数 × 8 × 学员每小时平均工资}
	\multicolumn{2}{l}{②教材费用 = 课程设计总费用/教材重复使用次数}
	\multicolumn{2}{l}{③消耗费用 = 材料消耗 + 教学设备消耗 + 教学设备折旧费}
	\multicolumn{2}{l}{④管理费用 = 设备维护费用 + 管理人员每小时工资 × 8 × 培训天数}
	\multicolumn{2}{l}{⑤教师报酬 = 教师每小时工资 × 8 × 培训天数 + 课程价值费}
	\multicolumn{2}{l}{⑥课程价值费分为技能培训价值费、管理培训价值费两部分，每部分有着不同的价值标准。技能培训价值费一般为 10 元/天·人；管理培训价值费可分为初、中、高三个级别：初级一般为 30 元/天·人，中级一般为 50 元/天·人，高级一般为 100 元/天·人}
培训评估费用	专家评估费用	$E_1 = \underline{\quad}$ 元/小时 × $\underline{\quad}$ 工作小时数 = $\underline{\quad}$ 元
	助理评估费用	$E_2 = \underline{\quad}$ 元/小时 × $\underline{\quad}$ 工作小时数 = $\underline{\quad}$ 元
	咨询协商费用	$E_3 = \underline{\quad}$ 元
	估计全部评估费用（E）	$E_1 + E_2 + E_3 = \underline{\quad}$ 元
费用汇总及分摊	估计全部费用（F）	$A + B + C$（或 D）$+ E = \underline{\quad}$ 元
	每个学员费用	$F \div N = \underline{\quad}$ 元

1. 培训收益的计算

培训收益 $= (S_2 - S_1) \times N \times T - C$

其中，S_1（S_2）表示培训前（后）每个学员的年效益，N 表示参加培训的总人数，T 表示培训效益可持续的年限，C 表示培训成本。

2. 投资回报率的计算

投资回报率（ROI）$=$（培训收益/培训成本）$\times 100\%$

五、销售部经理培训实施方案

（一）培训目标

本次培训旨在系统讲授销售部经理这一职位需要具备的各项基本管理技能，从理论、技能与经验三个维度全方位提升销售部经理的素质，使其在最短的时间内迅速理解、掌握实用的管理技能，提升工作绩效，转变观念进而改变行为，从而扩大产品市场份额、增强市场竞争力、提高企业整体运营能力。

（二）培训对象

本次培训的对象为各分公司销售部经理、储备销售部经理，共计20人。

（三）培训准备与实施

1. 培训需求分析调查

通过对销售部经理日常工作行为的观察结果、工作绩效文件、客户反馈信息、职位说明书等资料进行分析，同时结合与拟受训人员及企业高层的访谈结果，得出以下两项培训需求信息。

（1）强化销售管理技巧。

（2）全面提升企业销售业绩。

2. 制订培训实施计划

培训计划的内容要完整，叙述方式要简单明了，且要对培训过程中涉及的各项工作，如拟参加培训的人数、培训的内容、时间、地点、方式等做好详细的安排。

3. 培训费用预算

估算培训费用也是制订培训计划时的一个重要环节，其有利于有效地控制培训成本，合理分配企业的培训预算。表8-13列出了本次培训的部分费用。

表8-13 销售部经理培训费用申请表

申请日期：_____年____月____日

培训课程名称		培训日期		培训地点	
培训费用项目		费用估算明细			
教材开发费用		____元/本 × ____本 = ____元			
讲师讲课费		____元/时 × ____时 = ____元			
培训场地租金		____元/日 × ____日 = ____元			
培训设备租金、教学工具租金		____元			
其他费用		____元			
总费用		合计：____元			
预支培训费用		合计：____元			
参加培训人员名单（共计____人）					
姓名	部门	职位	其他说明	姓名	部门	职位	其他说明
申请人		财务经理审核		总经理审核	

填写说明：本表一式三联，企业、培训部、财务部各保留一份。

4. 准备培训所需的物品

在实施培训课程之前，培训组织人员要将可能需要的材料列成一份详细的清单。在准备或需要采购的时候，将清单上已有或已经买到的物品划去，准备好一件划掉一件，确保没有遗漏以避免重复购买。

5. 发布培训通知书

培训会占用受训人员的一部分工作时间，《培训通知书》的发布有利于受训人员事先安排好工作。培训通知书示例如下。

培训通知书

人力资源部：

我公司培训中心____年第____期中层经理人_____培训将于____月____日正式开始，计划于____月____日结束。拟安排以下部门经理参加培训，请将以下要求通知参训人员。

(续)

1. 参训人员名单

姓名	职位	部门	姓名	职位	部门

2. 培训时间：_____年____月___日至_____年____月___日（全封闭）。

3. 集合时间：_____年____月___日上午7：30至8：00。

4. 培训地点：_____。

5. 学员须带物品：身份证、换洗衣服、洗漱用品、备用药品、笔。

6. 如遇特殊情况，请联系会务负责人：_____　　联系电话：_____

××公司　培训中心

_____年___月___日

待上述事项都已准备妥善后，对销售部经理的培训便可以按照培训计划表来实施了。

（四）培训期间注意事项

在培训期间，所有受训的销售部经理均需遵守培训规章制度，尤其需要注意以下四点。

第一，培训课堂上将相关通信工具调成振动状态。

第二，遵守课堂纪律，不得在上课期间有抽烟、随便走动等行为。

第三，培训期间的考勤将会纳入年度绩效考核成绩中。

第四，培训期间若有任何事情，请与人力资源部培训工作组联系，联系电话：×××××××××。

（五）培训评估与反馈

培训实施结束后，人力资源部应对整个培训工作进行评估，主要评估培训效果、培训组织者、培训讲师等方面的内容，找出问题，以期改进。

评估时仍可采用问卷调查法、成本—收益分析法、观察法等常用方法。

第三节 企业高层管理者培训

高层管理者的决策对整个企业的发展都有着重大的影响。高层管理者既是一个决策者，也是一个监督者，在企业中充当着各种不同的角色，具体如图8-2所示。

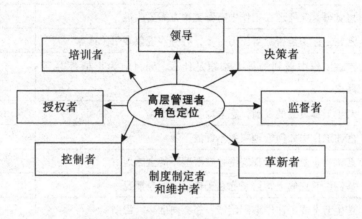

图8-2 企业高层管理者的组织角色分析图

对高层管理人员的培训有着独特的地方：在培训内容上，更应侧重于宏观的角度或整体战略方面；在培训方式上，不能单纯采用授课、小组讨论等方式，而应更灵活、更多样化；在培训时间安排上，应具有较大的弹性。

一、培训对象

企业高层管理人员培训主要针对企业现任高级管理人员以及有可能进入企业高层的有潜质的优秀管理人员。

二、高层管理人员培训需求分析

对高层管理人员进行培训需求分析，仍然可从组织、职务、个人三个层面进行。培训需求调查的方法主要有访谈法、讨论法、考察法、问卷调查法等。表8-14是高层管理人员访谈提纲的样表。

表8-14 高层管理人员培训需求访谈提纲表

访问对象	访问问题大纲	访谈记录
高层管理人员的领导	您对企业高层管理人员的总体评价是什么	
	从组织需求角度出发，您理想中的高层管理团队是什么样的	
	您认为或期望这些高层管理人员需提升哪些方面的能力	
高层管理人员同事	您与哪些同事经常有工作上的联系	
	您觉得××经理在工作中有哪些地方需要改进	
高层管理人员本人	您在工作中是否觉得压力过重，有哪些现象表明了这点	
	您在工作中遇到的最大难题是什么，到目前为止是否得到解决	
	对于下属员工的发展，您采取了哪些措施	
	您在工作中如何管理绩效不好的下属	
	您认为企业现有管理制度存在哪些不健全的地方	
高层管理人员下属	举例说明您的上司给予您在工作上的指导情况	
	若生活上或工作中遇到困难，您会向谁寻求帮助	

三、高层管理人员培训课程

（一）高层管理人员通用培训课程

高层管理人员具备广阔的视野，其职务决定了他们要从大局上把握整个企业所处的环境及企业发展方向。因此，对高层管理人员的培训内容的设置应从全局性的角度出发，侧重于领导知识、理念与管理技能的培训。

表8-15列出了高层管理人员的通用培训课程。

表8-15 高层管理人员通用培训课程设置一览表

培训模块	培训课程/内容
企业环境	（全球）国内经济和政治
	企业所处的经营环境分析
	企业所属行业发展研究
	相关法律、法规、各项政策
企业战略发展研究	企业面临的机遇与挑战
	企业核心竞争力研究
	如何制定企业的发展战略

（续表）

培训模块	培训课程/内容
企业现代管理技术	人力资源管理
	生产管理
	财务管理
	质量管理
	信息管理
领导艺术	团队管理
	目标管理
	员工激励
	如何有效地沟通
	冲突管理
	员工潜能的开发
创新意识培养	创新思维训练
	思维技巧
个人修养与魅力的提升	成功的管理者
	自信力
	商务礼仪

（二）高层管理人员的特殊能力培训课程

1. 高层管理人员管理技能提升培训课程

高层管理人员管理技能培训课程主要集中在战略、组织、流程等方面，具体详见表8-16。

表8-16　高层管理人员管理技能提升培训课程

培训模块	培训课程/内容
现代企业管理概述	现代企业的经济增长分析
	管理变革的动力
	各级管理者工作侧重管理
	"目标"与"任务"管理
现代企业管理的特性	企业管理的目标、市场导向
	企业管理的人性化导向
	企业管理的标准化、程序化、数字化导向

（续表）

培训模块	培训课程/内容
现代企业规范化管理系统	现代企业规范化管理系统内容概述
	战略目标、经营理念、组织结构、功能模块、程序流程、表格设计、部门岗位、权责价值、规章制度、纪律规范、管理控制、决策支持
	现代企业规范化管理系统内容侧重
企业战略管理	战略规划概述——什么是战略、战略的误区、战略管理元素
	企业战略分析——核心业务、核心竞争力、核心价值观、发展导向分析
	市场资源分析——有形资源价值分析、无形资源价值分析、市场机会分析、市场威胁分析、企业优势分析、企业劣势分析
企业组织结构管理	组织结构设计系统
	部门管理
	目标管理
	项目管理
企业工作流程管理	流程、表格设计系统
	部门职能与工作流程管理
	"推式"与"拉式"管理
	文件和资料控制流程管理
	关于工资计算、发放、核算流程，关于客户投诉流程等重要流程的管理
公关危机处理	什么是公关危机
	公关危机预防对策模式
	公关危机处理程序
成功领导者的领导艺术	领导者的素质
	领导行为与管理行为的辩证关系

2. 高层管理人员财务管理知识培训课程

财务是考核高层管理人员业绩的一个重要指标，有关高层管理人员财务管理知识培训课程设置详见表8-17。

表 8-17　高层管理人员财务管理知识培训课程

培训模块	培训课程/内容
财务管理概述	企业财务活动、财务关系概述
	企业财务管理原则概述
	企业财务管理的特点、目标、环境分析
财务会计报表体系	文字部分——相关文件，包括会计报表附注、财务情况说明书、注册会计师的审计报告
	数字部分——会计报表的主表和附表
会计报表分析与风险防范	如何分析资产负债表
	如何分析利润表
	如何分析现金流量表
	如何分析成本费用报表
财务管理的价值观念	时间价值、风险报酬、利息率
如何为企业筹资	选择筹资的渠道
	衡量筹资的成本
	做出筹资的决策

四、高层管理人员培训方法

（一）经理人训练营

高层管理人员在经理人训练营一般接受为期两个星期的培训，培训重点是培养其奋发向上的斗志以及身体力行的能力。经理人训练营的受训项目包含以下四点内容。

第一，在受训期间，每位学员都要穿上学生制服，身上挂着写有必须在两周内完成的 17 项任务的布条。当圆满完成一项任务时，就可摘去相应的布条。

第二，为了锻炼高层管理人员的耐力、培养他们团结协作的精神，训练学员通宵步行 40 千米，途中携带一根长竹竿，以备有学员因疲倦走不动时，由同伴通过竹竿拉着走。

第三，为了锻炼战胜困难的勇气，每位学员都被强迫做一件最难堪的事。

第四，整个训练课程快要结束的时候，每位学员都要讲述未来的计划、列举自己的缺点。

（二）T 小组训练

T 小组训练又称敏感性训练，是一种针对感情的训练，其主要目的是提高受训者对人的敏感度。

在改善人际关系方面，T小组训练也为受训者提供了冲突管理的模拟环境和处理办法。

T小组训练实施时需要注意以下五个细节。

第一，培训讲师最好是心理学专家。

第二，学员人数以10~15名最佳，不宜太多。

第三，培训地点最好是实验室或远离企业的地方。

第四，在培训过程中，受训人员没有任何任务负担。

第五，交谈、沟通的前提是相互坦诚，沟通的内容只限于受训人员之间当下所发生的事。

（三）其他常规方法

1. 工作轮换

工作轮换范围可以是各境内子公司、分支机构或总公司的高级管理职位，轮换目的是让高层管理人员熟悉境内各子公司、分支机构和总公司的运行管理机制与战略决策。

2. 接班替补训练

接班替补训练则是指高级管理人员除完成本职工作外，还要熟悉自己上级职位的工作，以便为将来企业提拔优秀管理人员做好准备。

3. 脱产培训

脱产培训一般有参加高级研修班、研讨会、报告会，以及接受MBA、EMBA教育等形式；另外，出国考察学习、业务进修等也属于脱产培训。

第四节　企业管理人员培训制度

一、企业基层管理人员能力提升培训管理制度

制度名称	企业基层管理人员能力提升培训管理制度		编　　号	
			受控状态	
执行部门		监督部门	考证部门	
第1章　总则				
第1条　为提高本企业基层管理人员的素质，提升其知识和能力水平，从根源上提高工作质量和改善工作绩效，特制定本制度。				
第2条　凡本企业所属的基层管理人员的培训及相关事项均按以下规定办理。				

（续）

第2章 基层管理人员能力提升培训计划的规定

第3条 培训部召集有关部门共同制定《基层管理人员培训规范》，为培训计划和培训实施提供依据。其内容主要包括三个方面。

1. 整个部门工作岗位的职责分类可参照人力资源部制定的《基层管理人员岗位说明书》。

2. 基层管理人员的培训需求、培训课程及培训时间。

3. 初步拟定的培训教材大纲。

第4条 各职能部门根据培训规范和实际需要，拟定"基层管理人员培训计划表"，送培训部审核。该表包括以下三个方面的内容。

1. 本部门基层管理人员培训需求调查说明，可附具体统计数据。

2. 本部门基层管理人员需要接受的培训项目及参训人数，并简单说明理由。

3. 建议培训内容、培训时间、培训方式。

第5条 培训部应将各部门提交的培训计划汇编成"年度计划汇总表"，呈报人力资源部备案。该表包括培训项目名称、培训内容、参训部门及人数、培训目的、培训时间安排、培训方式等方面的内容。

第6条 各部门组织职能变动或引进新技术时，应及时将针对性的培训计划提交培训部。培训部应立即配合实际需要修改培训规范、审议培训计划、拟定培训方案。

第7条 各培训项目主办人员应于规定日期内，制定"基层管理人员培训实施计划表"，报批审核修订后，通知参训部门及相关人员。

第8条 培训项目主要负责人应制定"培训责任分配表"，明确有关人员的任务和责任。对于企业内部兼职讲师应给予一定的奖励，以提高他们的积极性。

第9条 确定基层管理人员能力提升培训方式。

1. 现场个别指导培训（On the Job Training，缩写为OJT），可使基层管理人员通过工作实践，不断地自我提升，提高工作能力。

2. 集中培训，即所有参训人员集中在一起，由培训讲师统一授课进行培训。

第10条 参训的员工应交接好工作，不可因培训而耽误工作。企业根据劳动合同中有关规定支付受训期间的工资。

第11条 无论是内部培训讲师，还是外聘的培训讲师，都必须具备以下五个方面的素质。

1. 学识渊博、技能娴熟。

2. 组织能力、策划能力强，协调性好。

3. 语言表达能力强。

4. 有较强的自制能力。

5. 具备较强的逻辑思维能力。

第3章 基层管理人员能力提升培训实施的规定

第12条 培训项目主办人员按照"基层管理人员培训实施计划表"负责全部事宜的准备工作，如安排培训场地、准备培训教材及辅助资料、租借或购买培训设备及工具、通知培训讲师及受训人员等。

（续）

第 13 条　现场个别指导培训主要通过"现场指导记录表"来完成，具体包括以下八点内容。

1. 基层管理人员希望被指导培训的内容、理由。

2. 领导选用的指导培训的课题、理由、期望。

3. 基层管理人员及其上级领导协商后确定的指导培训的课题。

4. 协商过程中主要事项记录。

5. 指导培训的日程安排表，涉及的指导人员、受训人员名单。

6. 在指导过程中，受训人员所提的问题、所关心的内容。

7. 在指导过程中，受训人员面对批评及表扬的反应和态度。

8. 在指导过程中，受训人员解决问题的方法以及面对失败的态度。

第 14 条　集中培训的培训讲师应于培训开始前一周将讲义原稿送至培训部，由培训部统一安排印刷，以便学员使用。

第 15 条　为了及时检查学员的参训效果，培训讲师应提前制作出测试试题，于开课前送交培训部。

第 16 条　集中培训时，受训人员应准时到达培训现场并签到，遵守培训会场纪律和相关规定。无特殊情况，不得缺席培训。

第 17 条　集中培训过程要用录像记录以便保存。如果条件不允许，要指定专人负责记录。

第 4 章　基层管理人员能力提升培训评估的规定

第 18 条　每项培训结束时，应安排一次测验以检查学员的培训效果。培训部相关人员或讲师负责监考。

第 19 条　培训讲师于培训结束后一周内评定出学员的测试成绩，并登记在"基层管理人员培训测试成绩表"中。培训测试成绩作为员工年度考核及晋升的参考。

第 20 条　因故未能参加测验者，事后一律补考。否则，不列入晋升计划人选。补考仍未出席者，一律以零分计算。

第 21 条　每项培训结束时，培训部根据实际需要开展基层管理人员培训意见的调查，要求学员填写"基层管理人员培训课程调查表"，该表与测试试卷一并收回，作为培训效果评估的参考依据。

第 22 条　培训部应定期调查基层管理人员受训的效果，并分发调查表供各部门主管或相关人员填写后汇总。

第 23 条　结合生产效率、次品率、销售业绩的比较，评估基层管理人员受训的成效。

第 24 条　将以上评估的内容及结果形成书面的报告，呈报人力资源部经理和总经理，同时分发至相关部门及人员手中。

第 5 章　基层管理人员能力提升培训档案的规定

第 25 条　基层管理人员提升培训所花的费用由培训项目负责人申请，报财务经理和总经理审核；在培训结束后凭各种财务凭证报销。

第 26 条　关于基层管理人员能力提升培训档案的规定。

1. 人力资源部专员应将基层管理人员能力提升培训的受训人员情况、受训成绩，登记在"员工培训记录表"中，以充实、完善企业员工的培训档案。

（续）

2. 建立基层管理人员能力提升培训资料库，资料库中包括培训需求分析、培训计划方案、培训实施方案、培训评估、考核记录等各方面的内容。

3. 建立基层管理人员培训讲师档案，档案中主要包括培训讲师姓名、基本简历、培训经验、培训业绩、擅长的领域等各方面的内容。

第 27 条 基层管理人员能力提升培训的举办，应以尽量不影响工作为原则。

第 28 条 基层管理人员参加培训的经历及成绩，可作为人力资源部年度考核、晋升的参考。

第 6 章 附则

第 29 条 本制度呈报总经理审核批准后颁布实施。

第 30 条 本制度中未尽事宜，人力资源部可随时进行修改和增补，并呈报总经理审核批准后生效。

第 31 条 本制度由人力资源部监督执行，最终解释权归人力资源部。

编制日期		审核日期		批准日期	
修改标记		修改处数		修改日期	

二、企业中层管理人员培训管理制度

制度名称	企业中层管理人员培训管理制度		编　号	
			受控状态	
执行部门		监督部门	考证部门	

第 1 章 总则

第 1 条 为提高本企业中层管理人员的管理水平，提升其专业知识、管理知识、管理技巧与沟通协调能力，加强决策的执行力度，特制定本制度。

第 2 条 中层管理人员培训要根据企业长远发展目标和总经理的指示进行。

第 3 条 凡本企业所属的中层管理人员的培训及相关事项均按以下规定办理。

第 2 章 中层管理人员培训计划的制订

第 4 条 培训部及相关人员要配合培训实施机构，做好中层管理人员需求调查分析工作；中层管理人员要从实际工作出发，认真对待和填写"中层管理人员培训需求调查表"。

第 5 条 中层管理人员培训需要达到的目标包括以下四点。

1. 明确中层管理人员的角色认识，贯彻企业的经营方针，推动实现企业的经营目标。

2. 培养中层管理人员的领导能力和管理才能。

3. 丰富中层管理人员的知识，培养其沟通、协调能力。

4. 通过学员之间的相互交流，找到更有效的方式、方法去解决实际的管理问题。

第 6 条 中层管理人员要配合培训部制订好相应的年度培训计划，填写"中层管理人员培训计划表"，表中包括培训项目名称、培训内容、参训时间、培训方式等，并配合培训实施部门制订具体的培训实施计划。

（续）

第 7 条　安排中层管理人员培训内容时，侧重点在于培养其独立解决问题的能力和提高其沟通协调的能力，具体内容主要包括以下五大方面。

1. 管理学原理及基础知识。

2. 组织行为管理、组织管理原理。

3. 培训下属的方法和技巧。

4. 人际关系。

5. 领导能力。

第 8 条　选择中层管理人员培训方式和方法时，要与中层管理人员的阅历及工作中遇到的问题相联系；经常采用的方法有案例研讨、角色扮演、小组讨论、对话交流等。对于缺乏系统管理理论的中层管理人员，可以选择普通讲座的授课方式进行培训。

第 9 条　每次参加中层管理人员培训的人数以 12～15 人为宜，时间长短则视培训地点的远近而定。培训对象为中层管理人员（包括新任和现任的）及其候选人。

第 10 条　对于有特殊培训需求（如参加 MBA 培训班）的中层管理人员，需要填写"中层管理人员培训申请表"，交总经理和董事长审核批准后方可执行。相关事宜请参照《脱岗与外派培训相关管理制度》执行。

第 3 章　中层管理人员培训实施的规定

第 11 条　培训项目主办人员按照"中层管理人员培训实施计划表"负责全部事宜的准备工作，如安排培训场地、准备培训教材及辅助资料、租借或购买培训设备及工具、通知培训讲师及参训的中层管理人员等。

第 12 条　培训部相关人员按"培训实施所需物品清单"租借或购买相关物品，有需要制作的物品应即时办理。

第 13 条　培训实施过程需要注重训练中层管理人员以下四个方面的能力。

1. 制订计划的能力——明确工作目标和方针、掌握相关数据和事实、采用科学有效的调查方法、拟定计划实施方案。

2. 组织管理的能力——工作目标分析分解、职务内容分析及确定、组织机构设置、组织结构图表制作、下属的招聘和选拔。

3. 执行控制的能力——整理指示的内容、确定执行的标准和规范、严格遵守执行规范和程序、确保下属彻底理解指示、改进下属工作态度、提高工作积极性。

4. 训练下属员工的能力——以适当的方法指导下属把握现有能力、设定能力标准，掌握指导下属的四个步骤（培训学习动机、解释重点、让下属实地操作并纠正偏差、确认下属完全学会），以及与下属交谈的要点。

第 14 条　有关中层管理人员训练指导下属能力的培训可采用情景模拟的方式实施，在实施的过程中即可进行点评和改进。

第 15 条　所有参训的中层管理人员都要遵守培训会场的纪律，关闭所有通信工具，保证培训现场的秩序。

第 16 条　中层管理人员培训常采用脱岗、外派的形式。相关事宜请参照《脱岗与外派培训相

（续）

关管理制度》执行。

第 17 条　中层管理人员培训实施时必须注意以下三个细节。

1. 必须有高层领导或经营者的协助。

2. 确保中层管理人员积极参加。

3. 能在指定的时间内帮助中层管理人员解决相应的问题。

第 4 章　中层管理人员培训评估的规定

第 18 条　培训结束时，培训部根据实际需要调查中层管理人员对培训各个方面的想法和建议，并要求学员填写"中层管理人员培训课程调查表"，以此作为培训课程评估的参考依据。

第 19 条　对于提高中层管理人员专业知识和管理知识的培训，评估时可采用考试和应用两种方式进行。

第 20 条　培训测试的试题由培训讲师事先根据培训内容制定，由培训讲师或培训组织人员监考。

第 21 条　培训讲师应在培训结束后一周内评定出学员的成绩，登记在"中层管理人员培训测试成绩表"中。培训成绩作为年度考核和晋升的参考。

第 22 条　评估培训的应用效果要结合中层管理人员的工作情况来执行。通过访问中层管理人员的领导、下属，获得中层管理人员工作开展的情况，将这些情况与培训前的表现相比较，就可以评估培训效果了。

第 5 章　附则

第 23 条　中层管理人员受训后，要承担培训部门员工和其他人员的责任，将所学知识传授给企业员工。

第 24 条　中层管理人员培训所花的费用由培训项目负责人申请，报财务经理和总经理审核；在培训结束后凭各种财务凭证报销。

第 25 条　自费参加学历培训的中层管理人员，在学习开始时，可与企业签订《借款合同》，并协定借款金额、借款期限、借款利率及利息的计算方式。借款期限一般为 1 年，最长不超过学习期限。至于培训期间及培训后的相关工作事宜，可参照《脱岗与外派培训相关管理制度》执行。

第 26 条　关于培训档案管理的规定。

1. 人力资源部专员应将中层管理人员培训项目的参训人员情况、受训成绩登记在"员工培训记录表"中，以充实、完善企业中层管理人员的培训档案，为高层管理人员的选拔提供参考。

2. 将培训实施过程用录像记录存档，并将与培训相关的资料存档，建立培训工作档案。档案内容包括中层管理人员培训需求分析、培训计划、培训方案、培训实施过程、培训评估、考核记录等。

3. 建立中层管理人员培训讲师档案，以利于日后选择相关培训讲师。

第 27 条　本制度呈报总经理审批后颁布实施。

第 28 条　本制度中未尽事宜，可随时进行修改和增补，并呈报总经理审批后生效。

第 29 条　本制度由人力资源部监督执行，最终解释权归人力资源部。

编制日期		审核日期		批准日期	
修改标记		修改处数		修改日期	

三、企业高层管理人员培训管理制度

制度名称	企业高层管理人员培训管理制度		编　　号	
			受控状态	
执行部门		监督部门	考证部门	

第 1 条　为提高本企业高层管理人员的管理水平和决策能力，特制定本制度。

第 2 条　企业要根据长远的发展目标和经营者的指示对高层管理人员进行培训。

第 3 条　凡本企业所属的高层管理人员培训及相关事项均按本制度办理。

第 4 条　高层管理人员培训的目标包括以下三点。

1. 明确高层管理人员的角色及分工。

2. 学习运用有效的方式和科学的程序，制定工作目标，解决所发现的问题。

3. 通过参加培训，高层管理人员之间相互交流，丰富知识并扩展视野。

第 5 条　高层管理人员培训的内容包含以下四个方面。

1. 学习制定经营目标及其实施方案。

2. 明确高层管理人员的角色及日常事务。

3. 学习解决问题的程序。

4. 学习使用解决问题的讨论方法。

第 6 条　高层管理人员培训的实施主要采用会议讨论、头脑风暴、实地考察等方法；参训人数一般为 15 人，受训对象为企业高层管理人员及其候选人，培训时间一般为三天。

第 7 条　对于高层管理人员培训，应着重培养其创新和开拓的思想观念，具体要做到以下两点。

1. 鼓励高层管理人员从旧观念的羁绊中解脱出来，勇于创新。

2. 鼓励高层管理人员解除经验的束缚，接受新思想、新观念，富有创造性地开展工作。

第 8 条　对于高层管理人员培训应着重培养其以下四个方面的意识。

1. 引进新产品、新技术、新设备的意识，要敢于改良本企业的旧产品。

2. 掌握新的生产方法，了解企业经营的新技术。

3. 努力开拓新市场、新领域的意识。

4. 财务管理和成本控制意识。

第 9 条　对于高层管理人员培训应着重提高其素质，包括帮助其树立身为高层管理者的责任心和使命感，形成独立经营、严谨生活的态度，秉持诚实守信的经营方针，培养热忱服务的高尚品质。

第 10 条　对于高层管理人员培训应促使其养成良好的工作习惯——随时深入市场，进行市场调查和研究营销方案，以推进营销活动，不断提高企业的效益。

第 11 条　对于高层管理人员培训需训练其研究营销方案的能力和方法。研究营销方案有六个基本步骤。

1. 确定研究的主题，确立研究的目标。

（续）

2. 选择所需要的资料及资料来源。

3. 选择调查样本。

4. 实地收集资料。

5. 整理、分析所收集的资料。

6. 进行总结并写出报告。

第 12 条 对于高层管理人员培训应训练其指导下属的能力和方法。高层管理人员指导下属的四个基本步骤如下。

1. 说给下属听。

2. 让下属复述重点。

3. 做给下属看。

4. 让下属亲自操作实施。

第 13 条 高层管理人员受训后要承担培训中层管理人员或下属的责任，将所学知识传授给企业的员工，从而带动企业的发展。

第 14 条 高层管理人员培训所花的费用由培训项目负责人申请，报财务经理和董事长审批；在培训结束后凭各种财务凭证报销。

第 15 条 自费参加学历培训的高层管理人员，在学习开始时，可与企业签订《借款合同》，并协定借款金额、借款期限、借款利率及利息的计算方式。借款期限一般为 1 年，最长不超过学习期限。至于培训期间及培训后的相关工作事宜，可参照《脱岗与外派培训相关管理制度》执行。

第 16 条 本制度提交总经理审批后颁布实施。

第 17 条 本制度未尽事宜，可由人力资源部随时增补，并提交总经理审批后生效。

第 18 条 本制度由人力资源部监督执行，最终解释权归人力资源部。

编制日期		审核日期		批准日期	
修改标记		修改处数		修改日期	

第九章

脱岗培训与外派培训

　　相对于在职培训，脱岗培训和外派培训均属于离岗培训。顾名思义，离岗培训是指企业为了更好地发展和满足员工个人发展需求，允许在职员工离开工作岗位去接受培训。关于在职培训、脱岗培训与外派培训之间的区别详见表9-1。脱岗培训、外派培训的具体分类参见表9-2。脱岗培训与外派培训的工作流程如图9-1所示。

表9-1　脱岗培训、外派培训与在职培训的比较

具体项目	在职培训	离岗培训	
		脱岗培训	外派培训
培训产生的方式	需求调查，企业统一决策	需求调查，企业统一决策	个人申请或由部门推荐
参训员工	层面较广，参训人数可多可少	多为业务骨干或有特殊培训需求的人，范围较小	参训人员多为中层管理以上人员或重点技术人员，范围更小
培训内容	大多数是工作技能、操作流程方面的培训	专业技术、工作知识、技能、态度方面的培训，范围较广	知识、技能、业务拓展方面的培训
培训时间	时间短，不影响正常工作	时间可长可短，对正常工作有一定程度的影响	时间可长可短，对正常工作有一定影响
培训地点	工作现场、车间	不在工作现场	不在工作现场
培训讲师	OJT辅导员或内部讲师	专业培训讲师	专业培训讲师或专业场所
培训费用	耗费较少	耗费较多的培训经费和资源	
培训效果的转化	培训即刻产生效果	不能立即运用或产生效果，只有回到工作岗位上才能产生效果	不能立即产生效果，且培训过程很难监控，存在较大的培训风险

　　备注：若外派培训的具体形式是海外考察和海外留学，则其培训内容还应包括语言、环境适应性、异国文化及风俗礼仪等方面的培训。

表9-2　离岗培训具体分类

分类标准	按培训内容	按培训对象	按培训形式
脱岗培训	1. 专业技术和工作知识培训 2. 工作技能培训 3. 工作态度培训 4. 行为模式培训 ……	1. 新员工培训 2. 基层员工培训 3. 管理层培训 4. 技术人员培训 5. 销售人员培训 ……	1. 室内培训 2. 户外培训 ……
分类标准	按培训产生方式	按培训时间	按培训结果
外派培训	1. 个人申请培训 2. 企业或部门推荐培训	1. 外派短期培训 2. 外派长期进修 3. 国外留学 4. 外派实习考察	1. 认证培训 2. 更新知识、掌握新技能培训

图9-1　脱岗与外派培训的工作流程

第一节　脱岗与外派培训需求分析

人力资源部在接到员工参加脱岗（外派）培训的申请或推荐后，首先应着手分析此类培训的需求。

相对于在职培训，脱岗培训与外派培训所花费的时间较长、所花的费用和所消耗的资源也较多，所以企业应当更慎重、更科学地进行需求分析。

一、脱岗与外派培训需求分析内容

（一）企业要求分析

分析企业要求可采取重大事件分析法。

首先，分析本年度关键绩效领域发生的重大不良事件，挖掘企业经营管理方面存在的不足，从流程、制度、能力三方面分析事件发生的原因，确定解决途径，从而确定是否采取脱岗（外派）培训。

其次，分析企业经营战略对人员素质的要求。企业经营战略决定了脱岗与外派培训的方向和具体内容。若企业有开拓国际市场的战略规划，则需要派出高级管理人员学习国际经营理念、管理方法；若企业有引进国外先进技术的计划，则需要派出高级技术人员去国外考察技术的应用情况。

（二）职位要求分析

根据职位说明书及工作规范，分析受训人员所在岗位的工作职责及标准、职务内容、所需资格和能力要求等。我们可以采用问卷调查的形式展开分析，具体内容详见表9-3。

表9-3　拟离岗受训人员职位要求分析

姓名		隶属部门		所在岗位		
职务		直属上级		填表日期	＿＿＿年＿＿月＿＿日	
主要工作职责描述	1.					
	2.					
	3.					
教育背景		时间	学校名称	专业	学历	

（续表）

工作经验	时间	任职企业名称	职位描述	
工作技能	1.			
	2.			
工作目标分析	主要任务	关键性问题	任务完成情况	应达到的工作标准
绩效考核标准	1. 关键绩效考核指标达成情况			
	（1）			
	（2）			
	2. 其他考核内容及要求			
	（1）			
	（2）			

（三）个人发展要求分析

个人发展要求分析主要包括以下两个方面的内容。

1. 员工目前的能力水平

员工目前的能力水平分析，即主要分析拟受训人员目前的能力水平与岗位要求、企业发展要求是否相符。

2. 员工职业发展规划

员工职业发展规划分析，即主要是分析并找出拟受训人员的个人职业生涯规划与企业发展规划的有效结合点。我们可以采用访谈的方式来进行信息的收集，其形式主要有以下两种。

（1）一对一进行

一对一即培训相关负责人单独与拟离岗受训者面谈，了解拟离岗受训者的态度和要求。

（2）一对多进行

一对多即培训相关负责人将离岗受训者、领导以及相关的人员召集到一起，以小型座谈会的形式展开面谈。这种形式的面谈一方面有利于离岗受训者与领导的沟通，另一方面也有利于增加领导对培训工作的认可。

在进行访谈或座谈会前，应将调查过程中可能涉及的问题和项目制成访谈提纲，以便更好地控制访谈进度，提高访谈的效率和质量。

二、脱岗与外派培训需求分析报告

以上述调查的信息和分析的结果为基础，参考《脱岗与外派培训管理制度》、人力资源部绩效考核标准、历史培训等方面的记录，可确定此类培训的需求和目标。人力资源部将上述内容形成书面的《脱岗与外派培训需求分析报告》，并呈递给企业高层领导决策。

第二节　脱岗与外派培训的前期准备

一、脱岗培训的前期准备

实施脱岗培训前，需要做的准备工作包括如下内容。

（一）确定脱岗培训的目标

对员工进行集中培训，参训人员能够系统地掌握相关的知识和技能，并在最短时间内将其应用到实际工作中，以利于改善工作质量、提高工作效率。

（二）制订脱岗培训实施计划

相对于在职培训而言，脱岗培训是一项花费较大的项目，即占用时间较长，有可能还会占用工作时间，因此需要制定好详细的培训计划表（详见表9-4）。

表9-4　脱岗培训实施计划表

培训项目名称		培训对象		职位及部门	
培训时间安排	＿＿＿＿年＿＿月＿＿日至＿＿＿＿年＿＿月＿＿日				
培训目的					
培训内容					
希望获得的效果					
联系培训机构					
确定培训讲师					
对参训员工的要求					
受训期间工作安排					

（续表）

经费支出计划	交通费	___元
	餐费	___元
	住宿费	___元
	课程费用	___元
	合计	___元
其他注意事项		
上级领导意见	签字：_____ 日期：_____年___月___日	
人力资源部经理意见	签字：_____ 日期：_____年___月___日	
财务经理审核	签字：_____ 日期：_____年___月___日	
主管副总审批	签字：_____ 日期：_____年___月___日	

（三）确定脱岗培训的内容

脱岗培训的内容需要由专业人士根据培训需求与受训学员一同来确定。总的来说，脱岗培训的内容可包括以下三个方面。

第一，现任工作岗位所需要的技术、知识。

第二，现任工作岗位所需要的技能技巧，如沟通技巧、人际关系技巧等。

第三，工作态度提升，如工作积极性、职业素养提升等。

（四）联系培训机构，筛选培训讲师

脱岗培训的培训机构主要有高等院校、科研单位、专业培训机构、顾问公司等。企业可通过询价和比较培训方案的优越性，最终确定合适的培训机构和培训讲师。

一般来说，技术或业务类讲师可由技术或业务部门会同培训部门一起进行资格审查；管理类讲师由培训部门和人力资源部进行资格审查。审查的内容包括培训讲师的专业背景、目前所从事职业、教学内容、教学水平等。

（五）选择脱岗培训的方法

对于不同的培训内容，脱岗培训采用的方法有所不同，具体有以下三种情形。

1. 知识性培训

对于知识性培训，可采用普通授课、多媒体教学、电脑 PPT、游戏训练等传统方法。

2. 技术技能性培训

对于技术技能性培训，可采用普通授课、情景模拟、角色扮演、实地考察参观等多种方法相结合。

3. 态度培训

对于态度培训，可采用普通授课、角色扮演、游戏训练等方法。

二、外派培训的前期准备

外派培训的准备工作包括确定外派培训的目标、审核外派培训申请或推荐表、甄选外派培训候选人、确定培训内容、联系培训机构筛选培训讲师、选择培训方法等。其中，培训机构和培训讲师的筛选可参照脱岗培训的相关内容。

（一）确定外派培训的目标

根据培训计划、员工个人发展需求及企业的实际需要，将有发展空间的管理人员、业务精英、技术骨干外派，培养其在异文化环境下的适应能力，以便在将来的某个时间派其到海外子公司或分支机构任职时，能非常成功、有效地实现企业的海外发展战略，减少海外任职的失败率。

（二）外派培训的申请与推荐

1. 外派培训的个人申请

有外派培训需求的员工可以通过填写表9-5，将个人资料及所申请的培训项目向企业相关部门汇报，以便领导审批。

表9-5　外派培训的个人申请表

申请人		部门及职位		申请日期	
外派培训申请理由					
外派培训项目名称					
外派培训目标及要求					
外派培训起止时间	从_____至_____		总时长	___天	
外派培训地点			外派培训机构名称		
外派培训课程内容	课程名称	具体内容	安排的课时	培训讲师简介	
培训期间工作任务安排					

（续表）

经费支出计划	差旅费	＿＿＿元
	餐费	＿＿＿元
	住宿费	＿＿＿元
	课程费用	＿＿＿元
	合计	＿＿＿元
部门主管审核签字		日期：＿＿＿＿年＿＿月＿＿日
人力资源部经理 审核签字		日期：＿＿＿＿年＿＿月＿＿日
财务经理审核签字		日期：＿＿＿＿年＿＿月＿＿日
总经理审批签字		日期：＿＿＿＿年＿＿月＿＿日

2. 外派培训的推荐

企业在某项专业技能方面需要培养人才，部门经理可以推荐表现出色的员工参加合适的外派培训项目，并填写相关的资料，如外派培训人员推荐表（详见表9-6）。

表9-6 外派培训人员推荐表

推荐部门/推荐人		推荐人选		职位	
推荐人选简介	教育背景				
	工作经验				
	技术或业务水平				
	在职期间表现				
外派培训推荐理由					
外派培训项目名称					
外派培训目标					
外派培训时间	从＿＿＿至＿＿＿		总时长		＿＿＿天
外派培训地点			外派培训机构		
外派培训课程内容	课程名称	具体内容	安排的课时	培训讲师简介	

（续表）

培训期间工作任务		
部门主管审核签字		日期：_____年____月____日
人力资源部经理 审核签字		日期：_____年____月____日
财务经理审核签字		日期：_____年____月____日
总经理审核签字		日期：_____年____月____日

（三）外派培训候选人的甄选

外派培训候选人的甄选应结合企业的经营战略和人才需求，同时考虑以下五个方面的因素。

1. 个人资历

与企业订立____年及____年以上劳动合同的正式员工；在企业服务一年以上，无重大过错者；培训学习的课程内容与其本职工作相关或符合企业对其未来的培养发展方向。

2. 个人品质与动机

这一因素主要指外派人员对企业的忠诚度、责任心等。

3. 工作能力

这一因素主要指外派人员的人际交往能力、在新环境中取得他人信任的能力、行政管理能力、专业技术能力、熟悉东道国企业经营方式和经营理念等。

4. 语言能力

参加外派培训的人员应具备学习新语言的能力。

5. 环境适应能力

这一因素主要指参加外派的人员对人际关系、异国文化的敏感程度，以及对环境差异理解与接受的程度。

表9-7是企业常用于甄选外派培训候选人的标准参考表。

表9-7 企业常用甄选标准参考表

甄选项目	因素	标准	是	否
候选人个人资料	个人资历	相关资料是否真实可靠		
		服务是否满足规定的年限		
		有无重大过失、不良记录等		
	个人品质	是否有较强的工作责任心、对企业是否忠诚		
	语言能力	是否有较强的学习新语言、理解异国语言文化的能力		
	环境适应能力	对新的人际关系、异国文化是否敏感		
	特殊能力	是否有较强的人际交往能力		
		是否熟悉异国经营方式和经营理念		
企业人才需求		所申请的培训是否符合企业的培训原则		
		企业是否需要进一步开发此类人才		
培训项目	项目名称	与候选人的培训需求是否相符		
	培训内容	是否符合候选人自身条件		
		与候选人现有水平是否有很大的差距		
培训经费	实施此类培训所花费用之和	总培训费用是否在相应部门培训预算的范围内		

（四）确定外派培训的内容

针对外派国外培训的特殊性，需要先对外派人员开展以下三个方面的培训，以增强其文化适应能力。

1. 国情培训

国情培训，即让外派人员对东道国的文化、历史、政治、经济、社会、法律、商业、宗教、风俗和饮食习惯等方面有所了解。

2. 语言培训

语言培训，即对拟派人员进行专门、集中的培训，学习东道国国家的语言，培养其语言理解和交流能力。

3. 文化敏感性培训

文化敏感性培训，即让拟派人员认识所往东道国不同于本国的文化、价值观念和行为标准，更直接感受到东道国的文化环境，更真实地体会到东道国的文化背景与母国文化之间的差异。

出国之后，正式的培训内容如下。

企业在东道国的经营培训，如技术培训、法律培训等；异文化环境适应培训、海外任职培训等。

（五）选择外派培训的方法

1. 工作轮换

工作轮换，即让出任海外职位的母国高级管理人员到东道国进行工作轮换，熟悉东道国的文化和子公司的组织文化。

2. 脱岗培训

脱岗培训，即一般采用授课、录像、电影、阅读背景材料等方法向受训者提供有关东道国商务和文化的背景信息，以及企业运营的基本信息。

同时，采用跨文化经验学习、角色扮演、模拟、案例研究、语言培训等方法向受训者传授东道国文化知识，以减少两种文化的冲击，增强受训者的文化适应能力。

另外，还可以让受训者去东道国旅游，与当地管理人员进行座谈。

第三节　脱岗与外派培训监控与效果评估

一、脱岗与外派培训的监控

（一）签订《培训协议》

为了防止受训人才的流失，确保企业和员工双方的利益，人力资源部在培训实施前应安排员工与企业签订《培训协议》，协议中明确规定培训期间的费用负担和培训后的相关事宜。

（二）培训过程的管控

企业无法直接掌控参加脱岗或外派培训的员工在受训期间的表现，只能通过某些规定和方法来间接管控培训的过程，以保证培训的质量。一般来说，常采取的规定或方法主要有以下四种。

第一，要求受训员工在受训期间定期（每周、每月）提交《培训课堂笔记》和

《培训心得报告》。

第二，委托培训机构约束受训员工的受训纪律和对受训人员的学习效果进行考评。常用的约束及考评工具有"培训签到表"和"外派培训考评表"，分别详见表9-8和表9-9。

表9-8 培训签到表

培训内容			主办者及时间		
企业名称	签到（姓名）	时间	企业名称	签到（姓名）	时间

表9-9 外派培训考评表（由培训讲师填写）

培训项目名称			培训时间	_____年___月___日	
受训人员姓名			申请部门		
培训地点			培训课程		
培训目标					
培训内容及方式（详细说明）					
对受训学员的考评	受训学员是否迟到、早退、中途离场			□ 是	□ 否
	受训学员是否在课堂上接听电话			□ 是	□ 否
	受训学员是否认真听讲、积极参与讨论			□ 是	□ 否
	受训学员培训笔记抽查情况				
	总体评价				
	签字：_____ 时间：_____ 联系电话：_____				

第三，培训结束后，根据培训内容与企业的实际需要，受训员工需要配合人力资源部编制企业内部培训讲义。

第四，学习结束后，受训员工应在15个工作日内向人力资源部交验《学历证书》（复印件）《培训手册》《培训总结报告》《工作改善计划》等相关文件。未获《学历证书》者的学费，企业不予报销；而《培训总结报告》《工作改善计划》逾期未交者，除一年内不得参加此类培训外，当年年终不得评为优秀个人，同时还要对其进行相应的处罚，如按培训费用的20%处以罚金。

二、脱岗与外派培训的评估内容与方法

（一）参训人员评估

1. 学员自我评估

培训结束后，参训人员应认真总结参加脱岗或外派培训的收获、心得，并写成报告，具体样例详见表9-10。

表9-10　脱岗（外派）培训心得报告

尊敬的领导：

现将此次参加脱岗（外派）培训的情况及收获向您做以下汇报。

姓名		部门		职位	
培训项目名称		培训机构		培训地点	
培训日期	从＿＿年＿月＿日至＿＿年＿月＿日			填表日期	＿＿年＿月＿日
培训课程概况	课程名称	具体内容		所花的课时	培训讲师简介
培训心得与建议					
自我提升计划					
培训对工作的指导性					
对培训课程的建议					
引入企业实施内部培训的价值	□ 是　　　　□ 否 （若有，请详细说明原因及引入的优点）				
部门经理审核					
人力资源经理审核					

汇报人：

2. 学员参加测试进行评估

参训人员参加资历认证考试或学位考试后，其是否通过培训测试、拿到资格证书或学历证书成为离岗培训评估最直接的依据。

（二）培训讲师和培训课程评估

通过问卷调查的方式，对培训机构及其相关人员的工作进行评估。其调查对象是参加培训的所有员工。

表9-11是《脱岗（外派）培训效果调查问卷》范本，此问卷一般在培训课程结束后由讲师或其助教分发给学员填写。

表9-11 脱岗（外派）培训效果调查问卷

您好！感谢您参加本培训中心第____期关于_____的培训，谢谢您对我们的信任和支持！请在培训课程全部结束后，留下您宝贵的意见，以便我们改进工作，为您及贵公司提供更好的服务。

贵公司全名			学员姓名			
调查项目		5分	4分	3分	2分	1分
1. 您认为本次培训课程内容设计的难易程度						
2. 您认为本次培训课时安排是否合理						
3. 您认为培训方法运用是否得当						
4. 您对本次培训场地选择的看法						
5. 您对本次培训现场后勤服务的看法						
6. 您对培训讲师的总体评价						
7. 通过本次培训，您在哪些方面获得了收益（在相应内容前划"√"）	□ 获得工作技能技巧　　□ 克服工作上的障碍 □ 调整工作态度和心态　　□ 拓展了工作范围					
8. 其他意见						

三、撰写脱岗与外派培训评估报告

培训结束后，培训组织人员应及时对培训需求分析、实施及培训效果评估过程进行总结，并撰写《脱岗（外派）培训评估报告》，将此次培训实施的全过程用文字展现，具体详见表9-12。

表9-12 脱岗（外派）培训评估报告

培训项目名称			参训时间	从_____年___月___日至_____年___月___日		
参加培训人员名单	姓名	部门	职位	姓名	部门	职位
培训机构简介						
脱岗（外派）培训目标						
培训实施过程	（相关资料可由培训实施机构提供）					
突发事件及应对方法	（相关资料可由培训实施机构提供）					

（续表）

受训人员对培训的评价	
受训人员受训收益	（附测试成绩表、获得证书统计表）
此项培训对受训员工工作的指导意义	（可由受训员工《培训心得报告》分析得出结论）
此项培训是否有引入企业实施内部培训的必要	（可由受训员工《培训心得报告》分析得出结论）
人力资源部经理意见	培训部经理意见　　　　　填表人

四、跟踪脱岗与外派培训的内化

脱岗培训、外派培训结束后，人力资源部还应注重督促受训员工将所学的知识和技能尽快转化与应用，并在企业内进行传播。

脱岗与外派培训的内化工作由人力资源部组织实施，由专人负责督促和考核并详细填写"培训内化跟踪表"（详见表9-13）。

表9-13　培训内化跟踪表

培训主题		受训人员	
培训形式		培训时间	
可转化应用的内容及方法	培训内容	应用方法和计划	
培训传播计划与实施记录			
培训学员应用过程与成果	工作习惯形成情况		
	工作能力提升情况		
	工作改善情况		
	个人业绩提升情况		
培训集体应用过程与成果	工作习惯形成情况		
	工作能力提升情况		
	工作改善情况		
	个人业绩提升情况		

注：本表用于督促、考核脱岗（外派）受训员工将培训知识、技能在企业内转化、传播及应用的情况。

（一）转化与应用

培训结束后，受训员工应当制定将培训内容转化为工作技能的措施，并提出利用所学的知识和技能改善工作的可能性与着眼点；同时结合企业实际情况，持续不断地将所学的知识和技能应用于工作实践，提升本人的工作能力，养成良好的工作习惯，努力为企业做出更大贡献。

（二）传播

培训结束后，受训员工应当将培训内容以研讨会、授课等方式传授给其他同事，包括本部门同事、与其从事相似工作的同事、与其工作流程接口的同事。

培训内化的成果表现为员工工作习惯形成、工作能力提升、工作改善、业绩提升，具体可参考表 9-13。

第四节 脱岗与外派培训管理制度

一、脱岗与外派培训管理制度

制度名称	脱岗与外派培训管理制度		编 号	
			受控状态	
执行部门		监督部门	考证部门	

第1章 脱岗培训管理规定

第1条 凡员工参加脱岗培训（取得认证、取得学历等），涉及企业支付费用或占用工作时间的，均按本制度执行。

第2条 参训员工必须事先填写"员工培训个人申请表"，经批准后，报人力资源部备案。

第3条 占用工作时间15天以上的或企业统一支付培训费用5 000元以上的培训，参训员工应与企业签订《培训协议》。《培训协议》一式两份，参训员工和企业各执一份，作为《劳动合同》的附件。

第4条 有关服务期限的规定。

1. 经企业同意占用工作时间的（不包括内部培训），参训期间不得影响工作进度，必要时必须返回企业处理事务。

2. 从培训结束第二天起计算服务期限，培训时间15～30天的服务期限不得少于半年，培训时间31～60天的服务期限不得少于一年，培训时间61～90天的服务期限不得少于1.5年，其他情况双方需要另行约定。

（续）

3. 从培训结束第二天起计算服务期限，培训费用 5 000 ~ 10 000 元的服务期限不得少于半年，培训费用 10 001 ~ 15 000 元的服务期限不得少于一年，培训费用 15 001 ~ 20 000 元的服务期限不得少于 1.5 年，其他情况双方需要另行约定。

4. 若培训时间和培训费用均在上述规定服务期限范围之内的，服务期限应累加计算。

第 5 条 培训费用按服务期限分摊，服务每满一个月可递减一个月的费用。未满服务期限而离职的，受训员工需支付违约金，按月计算应支付的违约金额。

第 6 条 有关脱岗培训员工的工资及福利待遇。

1. 每周占用工作时间 1 ~ 3 天，培训时间累计占用工作时间 30 天以上的培训，称为半脱产培训。参训员工当月享受基本工资、福利工资、年终工资三项之和的 90%；享有社会保险福利待遇。

2. 每周占用工作时间 4 ~ 5 天，培训时间累计占用工作时间 30 天以上的培训，称为脱产培训。参训员工当月（或某月）只享受基本工资、福利工资、年终工资三项之和的 80%；享有社会保险福利待遇。

第 7 条 取得学历的培训，一般利用业余时间去学习，培训费用由员工先行支付。参训员工取得学位后，凭学位证书、毕业论文、学费发票可获得一定比例的学费报销，并承诺为企业服务满一定期限。

第 8 条 取得学历培训的服务期限。

1. 取得学士学位后，凭学位证书、毕业论文、学费发票可一次性报销学费的 60%。服务期限为两年，自取得学位之日起计算服务期限。满一年递减所报学费的 65%，满两年递减所报学费的 35%。

2. 取得硕士学位后，凭学位证书、毕业论文、学费发票可一次性报销学费的 80%。服务期限为三年，自取得学位之日起计算服务期限。满一年递减所报学费的 45%，满两年递减所报学费的 35%，满三年递减所报学费的 20%。

3. 取得博士学位及以上学位者，凭学位证书、毕业论文、学费发票一次性报销学费的 100%。服务期限双方事先约定。

4. 未满服务期限约定的，需支付违约金，计算方式为按未满期限与应服务期限的比例计算报销金额。

第 9 条 借款支付学费相关事宜。

1. 在学历培训开始时，员工可向企业申请借款支付学费，但需与企业签订《借款合同》，借款期限一般为一年，最长不超过学习的期限，并规定借款年利率为____%。

2. 员工参加培训学习期间，无论因何原因致使双方解除劳动合同，企业都没有承担员工学成之后报销学费的义务。所借款项须按《借款合同》约定执行。

第 2 章　外派培训管理规定

第 10 条 因工作性质需要或晋升后任职新工作的需要，个人提出申请或经部门推荐后，培训部审议相关需求并呈总经理核准后，同意相关人员参加外派培训，并依人事管理规章制度办理出差手续。

（续）

第 11 条　参训员工必须事先填写"员工培训个人申请表"，推荐部门须填写"参加外派培训人员推荐表"，经批准后，报人力资源部备案。

第 12 条　外派培训人员应与企业签订《培训协议》，《培训协议》一式两份，参训员工和企业各执一份，作为《劳动合同》的附件。

第 13 条　参加外派培训的人员返回后，应将培训教材、书籍及资格证书等有关资料送交培训部归档保管，其受训成绩也应当登记到"员工培训记录表"中。

第 14 条　参加外派培训的人员返回后，应提交"个人参训感想"。

第 15 条　参加外派培训的人员应将所学知识整理成册，列为培训教材，并担任相关讲座的讲师，将培训所学的知识、技能传授给相关人员。

第 16 条　报销差旅费时，参加外派的人员应将受训资料全部送回培训部，然后经培训部检查并让其在报销单据上签字，缺少这一环节，会计部不予办理报销。

第 17 条　本规定适用于参加外派培训。

第 3 章　拟派海外人员培训管理规定

第 18 条　为了提高拟派海外人员的综合能力，确保海外任职或学习的成功，特制定本规定。

第 19 条　培训内容。

1. 目的地国家环境，包括社会、政治、经济和法律等方面的介绍及住房、医疗、交通、通信等条件的了解。

2. 对目的地国家的语言进行专门化、集中化培训，以便受训人员与外国朋友进行交流。

3. 文化敏感性培训，包括目的地国家的文化背景、价值观念、行为标准，提高与目的地国家沟通和合作的能力，避免因文化冲突引起不必要的矛盾。

4. 风俗礼仪培训，包括目的地国家较特殊的风俗习惯及商务礼仪，增加受训人员对目的地国家的宏观认知。

第 20 条　培训方式。

1. 封闭式集训。一般拟派海外工作人员需要经过一段时间的集训，特别是语言培训。

2. 到目的地国家在本国的分支机构参观学习，了解相关情况。

3. 到目的地国家接受现场培训和指导。

第 21 条　培训方法。

1. 课堂教授法
课堂教授法具有内容新颖、针对性强、理论体系完整、系统性好等特点。

2. 对比法
对比法，即让两位代表不同国家文化背景的受训人员进行角色扮演，互相体会并评价彼此的行为。

（续）

3. 实践法

实践法，即根据实际需要，到目的地国家在本国的分支机构进行实习锻炼。

4. 实地考察法

实地考察法，即让拟派海外人员去目的地国家进行实地考察。

5. 现场指导法

现场指导法，即外派人员直接到目的地国家接受培训，本国总部或目的地国家辅导者要给予其支持和帮助。

第4章　附则

第22条　本制度呈报总经理审核批准后颁布实施。

第23条　本制度未尽事宜，可随时进行修改和增补，并呈报总经理审批后生效。

第24条　本制度由人力资源部监督执行，最终解释权归总部人力资源部。

编制日期		审核日期		批准日期	
修改标记		修改处数		修改日期	

二、海外留学细则

制度名称	海外留学细则		编　号	
			受控状态	
执行部门		监督部门		考证部门	

第1章　总则

第1条　关于海外留学细节的处理，需按此细则办理。

第2条　如果《职工就业规则》及其附则有关条款与本细则的规定有抵触，按本细则的规定优先执行。

第2章　留学准备事宜规定

第3条　留学准备过程和相关事务处理。

留学人员因参加选拔考试、访问带课教授、起草《留学申请书》、商洽出发前的事项、申请护照等原因在工作时间外出的，均算作出勤，车旅费则按教育出差经费给予报销。

第4条　出国前以及回国后的休假。

1. 出国前以及回国后的休假，原则上各以五天为限，具体可根据人力资源部经理的认定，确定休假天数。

2. 出国前以及回国后的休假，原则上在出国前和回国后的一个月内准休。

（续）

第5条　年度休假。

1. 出国当年的休假天数，按该年度出国前一天为止的日历天数用一定比例进行计算，所得的天数加上上年度留下来的休息日，即为该年的休假天数。

2. 回国当年的休假天数，按回国后第二天到该年度最后一天的天数用一定的比例进行计算，所得的天数加上出国当年的休假天数，即为回国当年的休假天数。

3. 在留学期间，除非有万不得已可作一次性回国外，不允许年度休假。

第3章　留学时间规定

第6条　留学时间包括往返所需的时间，原则上在两年以内。原办事处人员出国留学的后一年，可以在本企业的驻外办事处研修。学业修完后，原则上要及时回国。但事先得到人力资源部经理和总经理的许可者不受此限，其回国日期可适当延长。

第4章　留学费用规定

第7条　一次性支付留学准备金＿＿万元。

第8条　居留费。

1. 从到达留学所在地的第二天起到离开此地为止的居留费，按月支付。从本国到留学所在地往返旅行的生活补贴，按每天＿＿美元支付。

2. 旅行费用除了总经理许可的情况外，不得用于私事，否则不支付补贴。

3. 若回国延期，除非是因公或确属迫不得已的事由，不支付居留费。

第9条　学费，由企业支付实际发生的费用。

第10条　差旅费。

1. 机票费用

（1）企业支付从国内到留学大学最短距离旅行所必需的实际机票费用。

特例说明：如果事先征得人力资源部经理的同意，在美国留学的人回国时途经欧洲参观学习，或在欧洲留学的人回国时途经美国参观学习，其所需交通费用，可由企业按最低标准支付。

（2）如果留学人员已从别处得到旅费资助，前面（1）项的费用，企业不予支付；如果资助不足以支付（1）项费用时，差额由企业支付。

（3）留学人员乘坐公共汽车或企业自备的汽车，车费或汽油费由企业支付。

2. 交通费用

交通费包括从机场到留学地点之间往返的费用及上学途中的交通费。此项费用也由企业支付。但是，为上学所需购入自行车、汽车的开支以及开汽车所需的汽油费，由留学人员本人负担。

3. 船邮费用

（1）以船邮寄物品，15立方英尺（1立方英尺＝0.02831685立方米）体积范围内，其各种费用由企业负担。

（续）

（2）其他邮寄方式的费用。

①因家属回国而邮寄其行李时若费用不多，需由本人负担三分之一；若金额比平常明显多出许多，要和本人进行沟通，以了解情况。

②若在这方面的费用明显过多，在了解具体情况的基础上商定双方应负担的费用。邮寄土特产品和私人用品的手续费由本人负担。

4. 保险费用

留学人员的船邮费若是由企业之外的机构负担，则保险费由企业负担。

5. 行李费用

行李费的开支应本着节约的原则处理。

第11条 研究调查费用。

1. 教科书、其他书籍购买费

每年此类费用以200美元为限，由企业支付。但是，购书以后，书名、金额都要报告人力资源部经理。回国后务必上交所购图书。

2. 文具费

每年由企业支付的此类费用以100美元为限。这些费用包括毕业论文的写作费用。

3. 交通费

交通费原则上全部由本人负担。如果是为收集业务必要的资料而去其他企业或大学，由此发生的交通费用及其他各种费用，可由企业负担，但须事先征得总经理同意。

4. 出席学术会议

（1）交通费、听课费实报实销；住宿费，每天＿＿＿美元，按实际住宿天数计算。

（2）获得企业同意出席学术会议的，每年限两次。每次出席的天数，原则上以七天为限。远距离出席学术会议，须将日期、场所、内容以及各种经费的预算事先报告人力资源部经理。参加会议后，要向人力资源部经理提交必要的会议报告。

5. 学校组织的参观学习

由学校组织到工厂参观学习，期间所需的费用，企业只负责交通费。以消遣为主要目的的参观，其费用由本人负担。

和出席学术会议类似，进行此类参观学习，也应事先与人力资源部经理沟通，紧急情况下可以事后说明但要提交相关的证明、会议报告。

6. 个人到工厂或研究所参观学习

（1）白天能够返回的情况：交通费由企业负担，实报实销。居留期间的此类费用最多可报销四次。

（续）

（2）住宿费：住宿费原则上企业每年负担一次；若去工厂参观学习且事先征得人力资源部经理同意，则其住宿费可由企业报销。

第12条 通信费。

通信费按留学人员在企业的级别予以报销相应额度，多余部分由留学人员自己负担。

第13条 其他杂费。

杂费由企业实报实销。

第14条 入学手续费。

关于办理留学手续所需费用，企业负担最终决定进入的那所大学的选拔考试费用。但是，留学人员和大学联系时所支付的邮电费用，均由其本人负担。

第5章 工资关系规定（出国当月及回国当月的留学工资）

第15条 出国当月的国内工资，按该月月初到出国前一天的出勤天数计算。

第16条 留学期间的工资。

（1）留学期间的工资：对于单身者，按基本工资的40%支付；对于需要抚养家属者，按基本工资的80%支付。

（2）出国当月的部分留学时间，其工资按出国的那天到月底为止的天数，再按（1）项的计算办法计算，给予支付。

（3）回国当月的部分留学时间，其工资按该月月初到回国那天为止的天数，再按（1）项的计算办法计算，给予支付。

第6章 福利保健规定

第17条 因留学而搬出企业住宅，让出宿舍，为此搬运所必需的运费、保险费等费用，由企业负担。

第18条 伤害保险期限为出发日至其后的三个月时间内。

第19条 疾病保险以参加学校保险为前提，保险费由企业负担。但是，定期到医院检查所发生的小额医疗费、药费、购买眼镜费用等由留学人员自负。

编制日期		审核日期		批准日期	
修改标记		修改处数		修改日期	

三、培训协议

文本名称	培训协议	编　　号	

文件编号：

甲方（企业）：＿＿＿＿＿＿＿＿＿

乙方（参训员工）：＿＿＿＿＿＿

经乙方本人申请，甲方审核同意，由甲方出资，选派乙方到＿＿＿＿＿＿（本市、非本市）参加＿＿＿＿＿＿培训，自＿＿＿＿年＿＿月＿＿日始，至＿＿＿＿年＿＿月＿＿日止，学习期限一共为＿＿年（天）。

培训性质为：□ 脱产学习　□ 半脱产学习　□ 非学历培训　□ 学历培训

甲乙双方在协商一致、平等自愿的基础上签订本协议，协议内容如下。

一、培训缴费类型（两项只选其一）。

1. 培训费由乙方先行支付，培训结束后按甲方的《培训管理制度》和本协议约定，凭相关证书或证件及发票按比例报销培训费，乙方应按约定为甲方服务满规定期限。

2. 培训费由甲方统一支付，培训结束后，按甲方的《培训管理制度》和本协议约定，乙方应为甲方服务满规定期限。

二、培训期间工作安排、工资及福利待遇按《培训管理制度》的相关规定执行。

三、乙方在培训学习期间，应严格保守企业机密，遵纪守法，虚心学习先进经验和技术，圆满完成培训学习任务。

四、乙方在培训学习期间，除应遵守培训单位的各项规章制度外，还应遵守甲方的所有规定。

五、由乙方先行支付培训费用的，培训期间无论因何原因致使双方解除劳动合同，甲方都不再有报销乙方学成之后培训费用的义务。

六、乙方培训学习结束，返回工作岗位后两周内，需向甲方人力资源部提交一份培训报告，作为企业内部培训材料，并有义务对本部门相关岗位的其他员工进行培训。

七、乙方完成学业后，应做到以下两点。

1. 应取得＿＿＿＿＿＿＿＿＿证书。

2. 若乙方未能取得证书，由乙方先行支付费用的，甲方不予报销学费；由甲方先行统一支付费用的，甲方有权从乙方工资中扣除。乙方所占工作时间按《培训管理制度》的相关规定执行。

八、服务期限约定。

1. 由甲方统一支付非学历培训费用的，乙方应为甲方服务满＿＿＿月，自＿＿＿＿年＿＿月＿＿日至＿＿＿＿年＿＿月＿＿日。

2. 乙方完成学历培训后由甲方报销培训费用的，按学位证书记录的取得学位之日起计算应为甲方服务的年限。按《培训管理制度》约定，乙方应为甲方服务满＿＿＿年，自＿＿＿＿年＿＿月＿＿日至＿＿＿＿年＿＿月＿＿日。

九、培训费报销、费用递减约定。

（续）

1. 非学历培训

由甲方统一支付培训费用的，培训费用按服务期限月数分摊，服务期限每满一个月递减一个月费用。

2. 学历培训

（1）乙方完成学业后凭_____学位证书、毕业论文、学费发票及本协议到甲方人力资源部备案后，甲方一次性为乙方报销学费。

（2）报销比例为学费的　　□ 60%　　　□ 80%　　　□ ____%。

（3）报销金额_____元，大写_____。

（4）服务期限满一年递减所报学费的____%；服务期限满两年递减所报学费的____%；服务期限满三年递减所报学费的____%。

3. 其他需要双方约定的相关事项（略）

十、违约责任。

甲方为乙方支付或报销培训费用后，无论因何原因乙方未能为甲方工作至本协议约定期限的，按下列标准执行：

1. 乙方提出提前解除劳动合同的，从乙方离职之日起，计算乙方未满服务期应支付的违约金；

2. 因违反甲方规章制度被辞退、除名或开除的，或在合同期内擅自离职的，除应向甲方支付未满期限的违约金额作为补偿外，还应赔偿未满服务期给甲方造成的经济损失，按每月____元计；

3. 除上述所列两点原因外，因其他原因使员工未能为甲方工作达到约定期限而提前与甲方解除合同者，从解除劳动合同之日起，计算乙方未满服务期应支付的违约金。

注："培训费用"指报销凭证所列"培训、学费"的相关金额。

十一、本协议为劳动合同的附件；本协议未尽事宜，双方应友好协商解决，若不能达成共识，可报××市劳动仲裁委员会申请仲裁。

本协议一式两份，自双方签字之日起生效，甲乙双方各持一份，具有同等法律效力。

甲方：　　　　　　　　　　　　　　　　乙方：

签章：　　　　　　　　　　　　　　　　签章：

日期：_____年___月___日　　　　　日期：_____年___月___日

第十章

拓展训练与沙盘模拟

随着社会的不断发展，越来越多的先进理念或技术被运用到员工的培训中，用来加强某些主题培训的效果。这些理念或技术慢慢就会演变成为一种特别的培训方式，例如，起源于战争中的水兵生存训练的拓展训练，以及起源于战争中的沙盘模拟推演的沙盘模拟培训，目前就成为了两种比较特别的培训方式。

第一节　拓展训练

一、拓展训练的概述

（一）什么是拓展训练

拓展训练又称外展训练（Outward bound），是一种户外体验式心理训练，它让参加者在不同平常的户外环境下，直接参与一些精心设计的程序和活动，继而实现自我发现、自我激励、自我突破、自我升华的目的。

它运用独特的情景设计，通过富有创意的专业户外项目体验，帮助企业和组织激发成员的潜力，增强团队活力、创造力和凝聚力，达到提升团队生产力的目的。

拓展训练原意为一艘小船驶离平静的港湾，义无反顾地投向未知的旅程，去迎接一次次的挑战。这种训练起源于第二次世界大战期间的英国。当时大西洋商务船队屡遭德国人袭击，许多缺乏经验的年轻海员葬身海底。

针对这种情况，军方建立了一些水上训练学校，除了训练海军的体能外，还通过设计一些针对性强的训练科目，对海军的海上求生能力、野外生存能力、作战意志及团队合作能力进行训练。其中，最著名的就是德国人库尔特·汉恩（Kurt Hahn）和英国人劳伦斯·霍尔特（Lawrence Holt）建立的"阿伯德威海上训练学校"，这是拓展训练的雏形。

战争结束后，许多人认为这种训练方式仍然可以保留，于是拓展训练的独特创意和训练方式逐渐被推广开来，训练对象也由最初的海员扩大到其他兵种、学生、公司职员等各类群体。训练目标也由单纯的体能、生存训练扩展到心理训练、人格训练、管理训练等。

拓展训练于1995年引入中国，在极短的时间内就受到了国家机关、企事业单位、专业培训结构的青睐。

（二）拓展训练与传统培训

心理学研究表明：人们可以记住10%看到的信息，可以记住20%听到的信息，可以记住80%亲身体验的信息。

拓展训练作为一种重要的体验式学习方式，拥有完整的循环式学习流程，为了弥补传统教学方式的缺陷，拓展训练课程中增加了体验和联系实际等环节，由学员本人找出存在的问题及实用的工作方法，这样的培训效果是传统授课式教学所达不到的。二者之间的主要区别详见表10-1。

表 10-1　拓展训练与传统培训方式的区别

比较项目	传统培训方式	拓展训练
培训场地/环境	室内	户外，陌生的环境
培训方法	直线式、灌输式教学、学习	参与、互动式教学，启发
培训内容	偏知识性，如知识、技能	非智力因素，如观念、态度、人格

二、拓展训练的形式

拓展训练的形式多种多样，如场地训练、野外训练、水上训练、空中训练等，每一种形式还包括很多种类的项目，具体如图10-1所示。

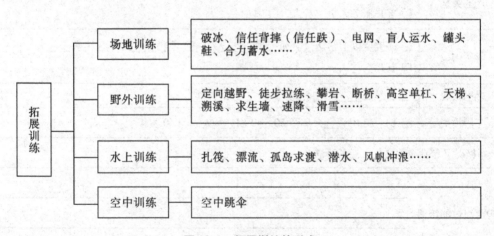

图 10-1　拓展训练的形式

三、拓展训练的实施

（一）拓展训练前期调查分析

在制定拓展训练实施方案之前，负责拓展训练的实施机构或组织需要先对欲实施培训的企业进行初步的调查，主要是为了了解企业的现状及存在需要通过培训来解决的问题，这样才能做到有的放矢，保证培训的效果。

"拓展训练客户需求调查表"的范本详见表10-2。

表 10-2　拓展训练客户需求调查表

参训公司名称						
参训部门		参训对象			预期培训时间	
公司地址		邮编			联系电话	
联系人		职务及所属部门				
公司性质	□ 国企 □ 独资 □ 合资 □ 私企 □ 股份制企业 □ 机关单位 □ 学校、社会团体 □ 其他					
所属行业	□ 制造业 □ 服务业 □ 日用品工业 □ 医药行业 □ IT 行业 □ 通信行业 □ 金融证券业 □ 保险业 □ 广告行业 □ 房地产行业 □ 其他（请注明）_____					
参训人员结构	□ 高层管理人员____人　□ 中层管理人员____人　□ 基层管理人员____人 □ 技术骨干____人　□ 业务精英____人　□ 新员工____人					
职业类别	□ 管理人员____人　□ 行政人员____人　□ 销售人员____人　□ 技术人员____人 □ 客户服务人员____人　□ 其他____人					
学历构成	□ 研究生以上学历（含研究生）____人　□ 本科____人　□ 专科____人 □ 其他____人					
性别构成	□ 男学员____人　□ 女学员____人					
年龄构成	□ 18～30 岁____人　□ 30～40 岁____人　□ 40 岁以上____人					
公司概况（包括企业文化、经营理念）						
曾组织过的培训	1.					
	2.					
	3.					
公司员工关心的或存在的工作上的问题						
公司对本次培训的期望						

（二）安排拓展训练项目实施

拓展训练需要培训机构与参训企业的协商配合来运行，实施进度既是实施流程的细节化，也是拓展训练项目得以按时进行的重要保证。表 10-3 是某企业拓展训练项目实施进程表。

表10-3 拓展训练项目实施进程表

具体工作	负责人	完成时间
参训企业拓展训练需求的调查分析	项目经理/参训企业人力资源部经理	
根据需求分析结果，制定、提供培训方案	项目经理	
探讨、完善并确认培训方案	项目经理/参训企业培训部经理	
确认参训人数/签署培训协议/预付部分培训经费	项目经理/参训企业人力资源部经理、财务人员	
填写培训班预定单	项目经理	
根据参训人数安排培训讲师	培训基地中心	
安排住宿、餐饮	培训基地主任	
将学员房间号、路线图传真或发电子邮件给参训企业	客户服务中心	
将《拓展培训通知》下发给每一位学员	参训企业培训部经理	
培训前的细节确认	项目经理/参训企业负责人	
为参训学员上保险	客户服务中心	
接待学员报到、安排住宿	培训基地负责人	
拓展训练实施	培训讲师	
确认培训班结算单	培训基地负责人/参训单位培训经理	
学员对培训的评估	培训讲师/参训学员	
参训企业培训组织者对方案设计、培训效果的评估	客户服务中心/参训企业人力资源部经理	
付清培训经费	参训企业财务部经理	
备注：完成时间可以根据客户的基本情况由每位项目经理与客户进行协调		

（三）拓展训练的安全保障

从某种程度上说，拓展培训在进行过程中存在着一定的危险，包括体能上的、心理素质方面的以及其他客观存在的危险因素，因此，应该在实施项目前做好一切安全保障工作。

1. 设备器材方面

训练场地及设备要经过专门机构认证、检验并派专人定期维护。所有训练器材和装备都应该达到或通过欧洲质量认证标准（CE）、国际攀登联合会质量认证（UIAA）所要求的水平，并严格遵守器材的检查和更新制度。

2. 项目设计方面

所有拓展训练项目，尤其是野外高难度、高危险性项目，均需经过精心的设计与实验，并被无数次操作验证是完全安全的。

3. 培训讲师方面

所选培训讲师应具有丰富的拓展培训经验。拓展训练中，培训讲师应严格依照安全程序指导、监控活动的全过程。

4. 保护措施方面

对每一个拓展训练项目，均需设置双重保护措施，以杜绝意外的发生。

5. 保险方面

培训机构还应为每位参训学员上一份人身意外伤害险及意外医疗保险，以从最大程度上保证学员的利益。

四、拓展训练的评估

（一）学员训练效果评估

1. 拓展训练即时效果评估

在拓展训练进行的过程中，就已经为学员的训练效果开始做评估了。每个项目都有评委，评委会对每位学员及其所在团队完成项目的情况进行评判，并给出评分，具体详见表10-4。

表10-4　拓展训练评分表

队名	破冰得分	高空单杠得分	徒步拉练得分	野餐得分	电网得分	信任背摔得分	求生墙得分	总体情况	
								总分	名次

2. 学员自我评估

与传统培训形式一样，可以在培训结束后要求学员填写"自我评估表"或写一份《拓展训练总结》，发表对参加拓展训练的收获和对整个训练过程的看法，具体详见表10-5。

表10-5 拓展训练学员自我评估表

您好！请您将参加拓展训练后自身素质方面的变化用分数表达出来：5 分——很好，4 分——较好，3 分——一般，2 分——差，1 分——极差；请同时标注训练前的状态。

自评项目		训练前的状态	训练后的状态
基本素质	自信心方面		
	参加培训的纪律性		
	承受压力的能力及积极进取精神		
	身体体能的耐力及身体的适应性、反应敏捷性		
人际关系沟通能力	有效的沟通能力		
	获得他人信任、支持及尊重的能力		
	顾及别人并体谅他人		
决策能力	发现、分析、解决问题的能力		
	制订计划与做决策的能力		
领导与管理能力	有效授权的能力		
	监督执行及决策实施能力		
团队合作意识	能认清自己在团队中的角色		
	在团队中发挥作用的能力		
最后，请简单写出您参加此次培训的最大收获，以及对我们工作的建议。 谢谢您的合作！			

（二）培训讲师工作评估

拓展培训对培训讲师的要求更严格，表10-6 列出了对拓展培训讲师的规范要求。培训组织者可在拓展训练结束后，要求学员按此表内容给培训讲师打分。

表10-6 培训讲师工作评估表

参训公司名称		参训学员姓名		填写日期	_____年___月___日		
规范要求	很好(5分)	好(4分)	一般(3分)	差(2分)	极差(1分)		
1. 培训讲师的举止得体程度、着装规范性							
2. 培训讲师语言规范性、通俗易懂性、幽默风趣性							
3. 培训讲师是否平易近人，亲和力如何							
4. 培训讲师对项目操作的娴熟程度，以及给人的安全感							

（续表）

规范要求	很好 （5分）	好 （4分）	一般 （3分）	差 （2分）	极差 （1分）
5. 培训讲师了解你的困难的主动性和及时性					
6. 培训讲师对学员思考问题的启发性					
7. 培训讲师阐述训练项目内容及目的的具体程度、明确程度和完整性					
8. 培训讲师对训练项目的总结、归纳能力如何					
9. 培训讲师本身对拓展训练主题的体现程度					
10. 培训讲师能否激发你参加拓展训练的积极性					
11. 培训讲师准备各个项目的充分性					
12. 培训讲师在整个项目过程中表现出来的组织能力					
最后，请写出培训讲师最大的优点及缺点，以及在此类课程方面需要改进的地方					

五、拓展训练实施方案

（一）关于新员工的拓展训练

企业组织新员工参加拓展训练的目的在于让新员工迅速融入企业，对企业建立起信任感和归属感。通过精心设计的项目和系统的课程，使新员工顺利适应角色，尽快进入工作状态。

1. 新员工拓展训练的培训目标

（1）加强新员工之间、新员工与老员工之间的彼此了解和沟通，培养团队精神，帮助新员工快速融入团队。

（2）加强新员工对企业的认同感和归属感，使新员工明确自身发展方向。

（3）挖掘潜能，培养新员工积极向上的心态和良好的心理素质。

（4）培养新员工的创造性思维，提高他们认识和解决问题的能力。

（5）改善企业的单向沟通模式，使新员工在体验式学习中理解和认同组织目标与企业文化。

2. 推荐训练项目

该部分的推荐训练项目有破冰、断桥、高空单杠、徒步拉练和野餐等，下面就其中某些经典项目进行详细介绍。

（1）破冰

破冰，意即打破陌生人之间的隔阂与坚冰，常常被用来训练新员工融入新团队。其活动内容及实施方案详见表10-7。

表10-7 破冰行动实施方案表

活动介绍	主要针对新老员工关系融合、企业文化导入、角色认知以及基本沟通技巧和工作方法等方面设计一些内容与动作
活动目的	1. 锻炼新员工迅速进入工作角色、融入新团队的能力，并让新员工初次体会到协作的重要性，产生强烈的集体荣誉感，为争得集体的荣誉而充分发挥自己的才能 2. 加深新老员工之间的了解 3. 使组织能够尽快度过新人的磨合期，快速打造一支成熟的团队
活动对象	大学毕业生、新入职员工
活动时间及地点	60分钟；野外或室内，最好是野外
组织人员（至少五人）	一人负责主持人（兼规则讲解），一人负责发放、回收物品，一人负责抽签（兼分数统计）；另设两名评委（以上三人也可兼做评委）
活动道具	签条（抽签分队用，每10～12人组成一队），每队需旗杆、旗帜、铅笔、卷笔刀、彩色不干胶纸、剪刀
活动规则	各队在35分钟内完成以下任务，包括起队名、拟队歌、编队训、设计队徽、制作队旗；35分钟后展示效果，由评委给各队打分，取平均值作为最终得分
活动过程	1. 抽签分队及活动规则讲解（5分钟） 抽签，将全班随机分成若干队，每队10～12人，以队为单位集合后讲解活动规则 2. 分队准备（5分钟）：各队成员相互认识和了解（姓名、优点、缺点） 3. 完成上述任务（35分钟） 4. 分队展示（10分钟） 抽签决定展示顺序，各队展示本队的六项任务完成情况，评委给各队打分 5. 点评（5分钟）
点评要点（以点明活动意义、目的为主）	考察队员迅速融入一个新的团队的能力，因为这是现代职业人必备的能力。引导学员初步体验分工合作的重要性。培养队员角色意识，以饱满的激情加入一个新的团队，并在其中发挥自己的作用。随机点评主要是针对各队的情况点评其成功之处与不足之处
活动结果	确立团队培训目标，消除成员之间的隔阂，加深相互了解和信任，使参训人员初步形成团队意识

（2）高空单杠

①活动介绍：高空单杠项目要求每一个学员站在约8米高的铁柱平台上，然后用力跃出，抓住前方的一根单杠（或者采取以下形式：两块木板架在8米高的空中，二者之间间隔0.8～1.5米，每一位参训学员从其中一块跃向另一块，而后返回）。

②活动目的：使学员敢于挑战自我，勇于战胜困难，挖掘自己的潜能。

③活动道具：约8米高的铁柱一根，顶上有一块能够立脚的平台，前上方带有悬挂的单杠（或者:门形结构器材，在8米处左右各伸出一块木板，二者间距0.8～1.5米）。

④注意事项：学员穿戴好防护用具，依次爬上平台（木板）；这个项目的两种形式都具有一定的危险性，须由教练实施保护，并严格按相关规程操作。

⑤活动结果：学员学会自我控制；挑战自我，重新认识自我；锻炼了应变能力和压力释放能力；面对机遇和风险并存的状况，勇于尝试。

（3）徒步拉练和野餐

徒步拉练主要用来锻炼新员工的体能和意志力，挑战自己的身体极限；而野餐主要用来锻炼新员工的动手能力，培训团队成员之间的分工合作意识。其实施方案详见表10-8。

表10-8　徒步拉练和野餐实施方案

徒步拉练	
活动目的	锻炼学员的体能和意志力，培养吃苦耐劳的精神；体验超越自我极限的乐趣
活动时间	4～6小时；15千米行程，时间长短可根据天气情况和学员整体身体素质做调整
活动地点	培训基地周围、车辆较少的郊区马路
组织人员	至少五人，一人负责主持（兼规则讲解），一人负责物品发放，一人负责路障维护（一般由教官担任），一名卫生员，一名评委
活动道具	公司标志性旗帜，学员挎包（每人一个，内装矿泉水、野餐用品等）
活动规则	◇以队为单位组织徒步行进，中途会经过若干个关卡，在关卡处等全队队员到齐后答题，答对的队伍方能继续行进 ◇评委以队员到达情况、答题情况、整体精神风貌、队员协作精神等为依据进行打分
活动过程	1. 集合队伍，讲解规则，指出注意事项，说明安全事项（10分钟） 2. 选旗手，发挎包（5分钟） 3. 徒步行进（4～6小时） 4. 目的地集合，清点人数，分队休息（30分钟） 5. 队员谈体会，教官点评（20分钟）

（续表）

活动结果	1. 培养新员工吃苦耐劳的精神，以及新员工战胜困难的毅力与信心 2. 让新员工在共同奋斗中体验相互合作、相互帮助的重要性，培养新员工的团队意识 3. 引导并培养新员工形成挑战极限、超越自我的欲望
野餐	
活动目的	锻炼学员的动手能力，考察团队分工合作能力，增进学员间的相互了解和沟通，让学员在轻松的活动氛围中体验团队的力量
活动时间	90 分钟
活动地点	野外（徒步拉练结束后）
组织人员	一人负责主持（兼规则讲解），一人负责炊具准备和管理，一人负责准备食物，另设三名评委（负责品菜、整体情况比较）
活动道具	餐具、食物、佐料、炊具、柴火（若条件允许，可增加自筹柴火的环节，所有这些物品需在徒步拉练结束前按队平均分好，以保证活动按时、有序地进行）
活动规则	各队领到必备物品后，在 40 分钟内做好饭菜
活动过程	1. 规则讲解及物品领取（10 分钟） 2. 分队准备、做好饭菜（40 分钟） 3. 评委品菜（10 分钟） 4. 各队就餐，收拾（30 分钟）（可穿插一些应景的小故事） 5. 评委从时间把握、分工协作、饭菜质量、物品保管等方面给各队打分（10 分钟）
活动结果	1. 锻炼学员的动手能力，让学员体验到收获的喜悦 2. 加强学员间的沟通与合作，增进彼此的了解 3. 充分体验分工协作的必要性与重要性

（二）关于组建与打造高效团队的拓展训练

1. 培训目标

（1）积极有效地合作，树立合力制胜的观念。

（2）树立主动沟通的意识，学习有效的沟通技巧。

（3）增进学员的相互认知和理解，提升团队的凝聚力。

（4）发现团队问题、培养团队领导能力、改善团队管理方法。

2. 推荐训练项目

该部分推荐训练项目有电网、信任背摔、罐头鞋、盲人运水、孤岛求生、求生墙等，下面就其中某些经典项目进行详细介绍。

（1）电网

①活动内容：电网项目要求在规定的时间内，所有学员从一张假设带电的网的一边穿至另一边。

②活动目的：使学员在一个团队中进行合理的人事分配，每一个队员都在团队中扮演不同的角色。

③活动道具：用细绳结成一张网，根据每队人数确定网眼数量，网眼的大小要合适。

④活动规则：队员之间应相互配合、互相帮助；在行进过程中不得触碰网线；项目总分为100分，每触碰一次绳子扣一分。

⑤活动结果：让学员体会团队中合理搭配人事的重要性；找准自己在团队中的位置，并致力于扮演好自己的角色；学会一种决策形式——集体决策及其重要性。

（2）信任背摔（信任跌）

这个项目用来考验团队队员之间的相互信任程度，增强团队的凝聚力。其具体实施方案详见表10-9。

表10-9　信任背摔（信任跌）的实施方案

活动内容	每位队员依次从一个1.7米高的台上身体基本无弯曲地向后倒下，本队其他队员在台下平伸双臂结"网"保护，并合力接住这位队员
活动目的	1. 克服心理障碍，增强自信心 2. 增强团队的凝聚力 3. 体验相互信任和理解带来的心灵感触 4. 学会换位思考
活动时间及地点	90分钟（预估时间）；野外或室内平整地
组织人员	至少四人，一人负责主持（兼规则讲解），另设三名裁判（兼安全保证）
活动道具	1.7米高台1个，棕垫1床，棉被2床，毛巾（绑手用）每人一条
活动规则	每位队员均须站在1.7米高的台上背向跌下，由本队其他队员用手臂组成的"网"接住。动作完成且标准（以身体基本无弯曲跌下为准）记两分，动作完成但不标准记一分，全队得分由队员得分相加，弃权则每人次扣一分
活动过程	1. 活动讲解及道具准备（10分钟） 2. 第一队准备时间（5分钟） 3. 按顺序依次进行（70分钟，时间长短取决于队数的多少及各队所花时间的多少） 4. 各队总结，组织者点评（10分钟）

（3）求生墙

①活动内容：全队队员在规定时间内，成功翻过一堵 4 米高的光滑墙（求生墙）。

②活动目的：使学员体验与他人、与团队成员合作完成艰巨任务的快乐和成就感；学会取长补短；使团队精神得到强化。

③活动道具：高 4 米、表面光滑的墙（一堵），棕垫（一块）。

④活动规则：队员之间应相互配合、互相帮助；在翻越过程中，不得借助任何外界的工具，如衣服、绳子、皮带等。

⑤活动结果：让学员体会团队中合理搭配人事的作用，体验团队氛围；体会集体利益与个人利益的关系——在团队合力完成任务时，常常会需要团队成员牺牲个人的利益。

第二节　沙盘模拟培训

一、沙盘模拟培训的起源

在军事中，战前，指挥员们经常站在一个地形模型前研究作战方案。这种根据地形图、航拍相片，按一定的比例关系，用泥沙、兵棋和其他材料堆制的模型就是军事沙盘。

沙盘模拟培训源自西方军事上的战争沙盘模拟推演，它采用各种模型来模拟战场的地形及武器装备的部署情况，结合战略与战术的变化进行推演。19 世纪 70 年代，这种军事上的方法被广泛应用在企业管理培训领域，沙盘模拟培训课程也成为欧美工商管理硕士的核心课程之一。目前，沙盘模拟培训是全球范围内最先进的管理培训工具之一。

二、沙盘模拟培训的概念

沙盘是军事指挥员经常用以研究地形、敌情、作战方案，组织协同动作，实施战术演练，研究战例和总结作战经验的工具；沙盘也是政府和建筑设计公司用来制作经济发展规划和大型工程建设的模型，其形象直观，颇受计划决策者和工程技术人员的青睐。

沙盘模拟培训是一项先进的体验式培训方式，它将军事沙盘推演的方式创造性地用于企业管理，实现管理实战演练，具有很强的实战性和可操作性。

沙盘模拟培训运用独特直观的教具，根据不断变化的市场环境，结合角色扮演、情景模拟、讲师点评，使受训人员在虚拟的市场竞争环境中真实体会企业数年的经营管理过程，从而感悟管理得失和经营成败。

三、沙盘模拟培训的特点

沙盘模拟培训课程与传统的培训课程有很大的区别，它通过模拟企业运营过程，使受训者能够体会到不同角色在企业经营管理过程中的作用，通过和其他小组的竞争，能够体验得失，总结成败，进而领悟科学管理规律，提高经营管理能力。

从培训方法的角度看，沙盘模拟培训与传统的培训方法相比，前者具有更强的参与性、互动性、实战性、竞争性、体验性和综合性等特点，具体内容详见表10-10。

表10-10　沙盘模拟培训的特点

特点	特点描述
参与性	1. 每位参训学员都要进行角色扮演 2. 每个小组都要切实参与到市场竞争中 3. 每个小组不但要参与自己的经营，还要关注其他小组的经营
互动性	1. 学员和学员之间要不断交流和讨论 2. 每个小组和培训讲师要不断进行交流 3. 组和组之间也要不断进行交流和学习
实战性	1. 每位学员都亲自参加，有切身体会 2. 每位学员都要发挥所扮演的角色的作用 3. 每组人员都要在和其他组的比较中互相学习
竞争性	1. 每位学员在本组内轮流扮演不同角色的竞争 2. 各组间的业绩竞争
体验性	1. 体验管理的各个环节 2. 体验经营企业的各种问题 3. 体验到团队的作用 4. 体验市场对企业的影响
综合性	1. 能够看到每位学员的某种能力 2. 能够看到整个团队的协调能力 3. 能够将培训的内容运用到企业的日常经营中去 4. 能够体会到不同角色在企业中发挥的作用

四、沙盘模拟培训的实施与评估

目前，大部分企业或学院聘请第三方沙盘培训机构为自己培训。

在培训的过程中，首先将学员进行分组，每组 4～6 人，分别扮演总经理、财务经理、市场经理、生产部经理、技术部经理、人力资源部经理等各种不同的角色，然后由培训讲师公布游戏规则和市场规则，引领学员进入一个模拟的竞争性行业，围绕形象直观的沙盘教具，进行模拟企业管理运营，参与市场竞争的活动。

某企业以生产日用百货用品为主营业务，颇具规模，但市场竞争力并不强，且资产回报率、股东收益率等都不高，企业盈利能力面临很大的挑战。

面对此种状况，企业决定对除财务经理外的各主要职能部经理及经理级别以上的领导实施沙盘模拟培训，培训的主要课程涉及财务方面的知识，如财务报表的分析与运用、固定成本的分摊、资产周转率、投资回报率等。

本次培训大致分以下四个阶段实施。

首先，采用沙盘模拟的形式，将整个企业的运营方式展示在沙盘之上，使企业的现金流量、产品库存、生产设备、人员编制等指标清晰直观地显现出来。

其次，在具体的实施过程中，将学员分成若干小组，每组五人，同时经营一家企业（与实施培训的该企业情况相差不大）。

再次，将课程分为若干周期，每个周期都包括制订和实施商业计划，如原材料的采购、产品生产、员工招聘、获取贷款、竞争对手分析等，各企业通过竞标来争取客户的订单，而所有的商业运作结果将随时在沙盘上得到反映。

最后，到了模拟训练的结束阶段，有的企业经营惨败，有的企业依旧维持原状，但有的企业的总资产、投资回报率等多项指标都得到了大幅度的提高。

作为企业，如何评估"沙盘模拟培训"的培训效果？一般我们可从两个方面入手：一是评估培训讲师；二是评估整体课程的培训效果。

对培训讲师进行评估，可采用表 10-11 所示的评估指标。

表 10-11 培训讲师评估表

评估指标	评估维度	综合评分
培训讲师的知识水平	1. 战略管理知识	5□ 4□ 3□ 2□ 1□
	2. 市场营销知识	
	3. 财务管理知识	
	4. 生产管理知识	
培训讲师的语言表达能力	1. 表达流畅程度	5□ 4□ 3□ 2□ 1□
	2. 通俗易懂程度	
	3. 专业用语程度	

（续表）

评估指标	评估维度	综合评分
培训讲师的幽默能力	1. 调节气氛的能力	5☐ 4☐ 3☐ 2☐ 1☐
	2. 语言的幽默艺术	
培训讲师的指导能力	1. 参与小组讨论	5☐ 4☐ 3☐ 2☐ 1☐
	2. 洞察问题的能力	
	3. 具体问题的讲解	
培训讲师的协调能力	1. 各组的人员分配	5☐ 4☐ 3☐ 2☐ 1☐
	2. 信息发布的时机选择	
	3. 组间矛盾的处理	
培训讲师分析问题的能力	1. 个性化问题的分析	5☐ 4☐ 3☐ 2☐ 1☐
	2. 小组问题的阐述	
	3. 各组差距的分析	
培训讲师的行业熟悉程度	1. 对行业的了解程度	5☐ 4☐ 3☐ 2☐ 1☐
	2. 行业经验	
培训讲师控制全局的能力	1. 现场秩序	5☐ 4☐ 3☐ 2☐ 1☐
	2. 公平程度	
	3. 时间的把握	
对培训讲师点评内容的评价	1. 点评的准确性	5☐ 4☐ 3☐ 2☐ 1☐
	2. 点评的启发性	
	3. 点评的精练性	

除了对培训讲师进行评估外，还要对培训效果进行评估。因为沙盘模拟是体验式培训课程，所以可以从体验、感知以及角色扮演的角度对学员的培训效果进行评估，具体样例详见表10-12。

表10-12　学员培训效果评估表

姓　名		职　务		联系方式	
所扮演的角色	角色一描述				
	角色二描述				
	角色三描述				

（续表）

你对本课程最大的感受	1. 2. 3.
你从本课程中学到了什么	1. 2. 3.
你认为本课程对实践 有什么指导意义	1. 2. 3.
你对企业组织这种培训有何看法和意见	1. 2. 3.

第十一章

E化培训

自 20 世纪 90 年代末以来，E-Learning 在世界范围内得到飞速发展。中国的 E-Learning 开展得比较晚，但发展势头很迅猛。作为一种新的学习方式，E-Learning 起初主要应用于各种网络教学和远程教育，近几年，企业开始采用 E-Learning 方式进行培训。

E-Learning 的兴起引发了新的学习革命，特别是在企业中，如何充分发挥 E-Learning 的优势，利用 E-Learning 方式进行企业知识构建和传播，推动建立学习型组织，已经成为企业发展进程中的新课题。如何指导企业实施 E-Learning，是企业培训部门、技术部门和决策部门需要正视与思考的问题。

第一节　E-Learning 简介

一、E-Learning 的概念

（一）E-Learning 的定义

E-Learning 的英文全称为 Electronic Learning，国内根据其不同的含义分别译作"电子（化）学习""网络（化）学习""数字（化）学习"等，不同的译法代表了不同的观点，具体内容如图 11-1 所示。

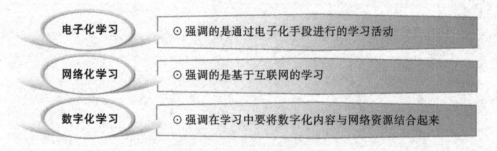

图 11-1　E-Learning 的不同译法

不管哪一种译法都强调电子技术在学习活动中的作用，强调用信息技术来改造和引导教育活动。由此可见，E-Learning 是一种全新的学习方式，它充分利用了现代网络信息技术所提供的、具有全新沟通机制和丰富资源的学习环境。

（二）E-Learning 中"E"的多种解释

关于 E-Learning 中的"E"还有多种解释，具体详见表 11-1。

表 11-1　E-Learning 中"E"的多种解释

E 的全称	E 的解释	译法的侧重点
Exploration	探索式学习	强调 E-Learning 中学习者自由探索的精神。学习者成为 E-Learning 环境下的主动学习者，他们可以利用 E-Learning 资源进行情境探究学习、自主发现性学习；也可以使用信息工具，通过解决具体的问题，进行创新性、实践性的问题解决型学习
Engaged	沉浸式学习	强调学习者在真实的环境中建构知识和学习知识的能力，并接受挑战，促进学习形态从被动型转向投入型，提高学习效果
Experience	体验式学习	强调通过深度的学习体验提高学习者的学习效果，学习者可以与计算机仿真学习环境互动，深度体验和感悟学习内容
Excitement	激情式学习	强调学习者要全身心地参与到学习中去才能产生有效的学习效果，其基本理念是在 E-Learning 环境中根据学习者自己的特点，组建协作团队，并使之基于一定的任务进行有意义的学习，激发学习热情，使学习效率达到最高
Empowerment	授权式学习	强调 E-Learning 能快速扩展学习者的学习能力。学习者通过不同的媒体、不同的方式进行学习，反思自己的知识建构。根据学习反馈，开拓不断深入学习的机会、与专家交流的机会、与其他学习者分享知识和发展能力的机会，以及平等地参与讨论和协作的机会
Effective	有效式学习	强调转换教学理念，精心设计教学模式，采用多种教学形式和教学环节，将课程讲授、测试、协同学习、模拟学习等各种教学手段整合在一起，调整评价方法，加强 E-Learning 教学管理，大大提升教学效果
Enterprise	企业级学习	强调 E-Learning 是一种企业级别的学习，既不局限在信息部门，也不局限在培训部门
Easy	便利式学习	强调学习是愉快之旅，是方便容易的。强调 E-Learning 的易用性是企业在建设和推广 E-Learning 时首先要考虑的因素

（三）E-Learning 的特点

E-Learning 的优点和不足如图 11-2 所示。

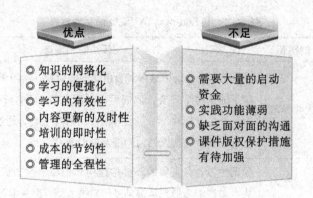

图 11-2　E-Learning 的优点和不足

1. E-Learning 的优点

（1）知识的网络化。学习的知识不再是一本书或几本书，在数据库技术的支持下，知识体系被重新划分，学习内容被重新组合。

（2）学习的便捷性。学员可灵活选择学习内容、学习进度、学习的时间和地点，也可以利用空余时间进行，不用耽误工作。

（3）学习的有效性。可充分利用网络上大量的声音、图片、影音文件等资源，增强教学的趣味性，提高学习效率。

（4）内容更新的及时性。电子课件的内容易被修改，无须重新准备其他教材或教学工具，这一优点使 E-Learning 能够跟上知识更新和技术发展的速度。

（5）培训的即时性。传统的培训要编制培训教材、安排培训场地并组织考试、做好后勤，E-Learning 方式下，可动用 E-Learning 解决方案让培训实施人员几乎在即时模式中完成上述工作。

（6）成本的节约性。E-Learning 培训方式可以削减各类培训费用（如学员和讲师的交通费用、生活费用）和时间（往返的旅行时间），大大降低了培训成本。

（7）管理的全程性。E-Learning 对整个培训过程进行电子化管理，包括需求分析、培训课程的安排、学习跟踪、培训评估都可以通过 E-Learning 系统来及时反馈。

2. E-Learning 的不足之处

（1）建设 E-Learning 系统需要大量的启动资金，包括网络开发与建设、设备购置、电子课件开发等。

（2）E-Learning 实践功能薄弱，主要适用于知识方面的培训，不适用于一些技术、技能方面的培训，如人际沟通能力、实操性技术等。

（3）缺乏面对面的沟通与交流，拉大了人与人之间的距离。

（4）关于课件的版权保护方面，目前尚没有制定出完善的措施，需进一步加强。

二、E-Learning 的体系构成

企业 E-Learning 体系是企业培训和员工学习的重要保证，它包括 E-Learning 技术体系、E-Learning 内容体系和 E-Learning 运营体系三大部分。

（一）E-Learning 技术体系

E-Learning 技术体系是指企业 E-Learning 系统所涉及的软硬件系统，主要包括 E-Learning 平台系统和硬件环境系统。E-Learning 技术体系建设是建设企业 E-Learning 体系的第一步，也是企业 E-Learning 得以实施的技术保证。

E-Learning 平台系统的组成如图 11-3 所示。

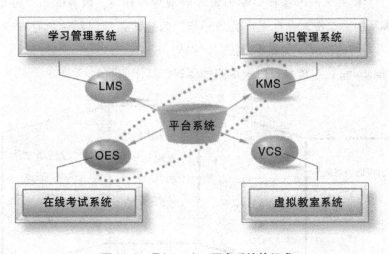

图 11-3 E-Learning 平台系统的组成

1. 学习管理系统

学习管理系统（Learning Management System，缩写为 LMS），也称为在线学习系统，是 E-Learning 学习的基础管理系统。一般来说，LMS 主要包括以下主要功能：管理教育培训流程；计划教育培训项目；管理资源、用户和学习内容；跟踪用户注册课程和学习过程数据管理；支持 SCORM、AICC 等课件标准。

2. 知识管理系统

知识管理系统（Knowledge Management System，缩写为 KMS）是一套对知识管理活动的各个过程进行管理的软件系统。为了提高组织的发展和竞争能力，KMS 通过建立技术和组织体系，对组织内外部的个人、团队进行以知识为核心的一系列管理活动，包括对知识的定义、获取、储存、学习、共享、转移和创新等。

3. 虚拟教室系统

虚拟教室系统（Virtual Classroom System，缩写为 VCS）是以建构主义理论为基础

的，基于互联网的同步教育模式。它能实现实时视频点播教学、实时视频广播教学、教学监控、多媒体备课与授课、多媒体个别化交互式网络学习、同步辅导、同步测试、疑难解析、BBS 讨论、远距离教学等功能。

4. 在线考试系统

在线考试系统（Online Exam System，缩写为 OEC），也称为考试管理平台，是用来进行在线考试管理的一套软件系统。它利用计算机及相关网络技术，实现智能出题、智能组卷、智能考务、智能阅卷和智能统计等，以优化考试管理。

（二）E-Learning 内容体系

E-Learning 内容体系指的是企业 E-Learning 系统的规划与建设，即课件库、媒体素材库、题库、案例库和网卡课程等学习资源的规划与建设。内容体系建设是建设企业 E-Learning 体系的第二步，也是无止境的一步。内容体系的规划对企业来说非常重要，它为未来学习内容的持续开发和建设搭好了框架。

构建 E-Learning 内容体系可以采用四种模式，具体如图 11-4 所示。

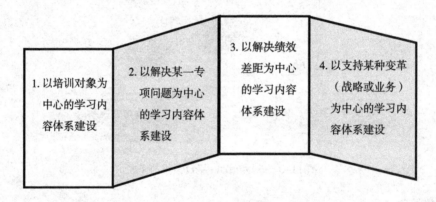

图 11-4　构建 E-Learning 内容体系模式

（三）E-Learning 运营体系

E-Learning 运营体系指的是企业中负责 E-Learning 系统运营和管理的人员配备及组织机构建设。运营和管理 E-Learning 的组织机构通常为企业的培训部门或者是企业独立的网络学院、企业商学院等。

随着 E-Learning 应用的深入开展，企业中的各级业务部门也将成为企业 E-Learning 应用的直接推动者和使用者，培训部门的职责将演变为提供应用方法和支持服务，从培训职能向学习服务职能转变。表 11-2 列出了各部门在 E-Learning 运营中的参与管理要点。

表 11-2　E-Learning 运营中相关部门的参与管理要点

相关部门	参与管理要点
培训部门	1. 日常业务运营管理 2. 课程内容开发 3. 项目运作及整体推动
技术部门	1. E-Learning 系统运营、维护、升级 2. 学习者技术支持
人力资源部门	1. 绩效管理接口 2. 监督管理
业务部门	1. 管理部门内部在线学习项目运作 2. 管理团队学习

三、E-Learning 的技术标准

E-Learning 系统的推广应用涉及一些技术标准，这些技术标准使得不同的 E-Learning 平台和学习内容能够相互兼容、交互。目前业内有较大影响的 E-Learning 技术标准主要有 AICC 标准和 SCORM 标准。

（一）AICC 标准

AICC，英文全称为 The Aviation Industry CBT Committee，即航空工业计算机辅助培训委员会，它是一个国际性的培训技术专业性组织。AICC 为航空业的发展、传送和 CBT（计算机辅助培训）评价及相关的培训技术制定指导方针。AICC 最重要的贡献就是制定出了许多共通性的技术规范。虽然 AICC 主要侧重于航空工业，但它多年来制定的一些标准以及在教育方面的经验都可供其他领域借鉴。

（二）SCORM 标准

SCORM，英文全称为 Sharable Content Object Reference Model，即可共享内容对象参考模型或共享元件参照模式。它是美国国防部于 1997 年启动的一个称之为"高级分布式学习"（Advanced Distributed Learning，缩写为 ADL）研究项目制定的一份规范。

SCORM 定义了一个网络化学习的"内容聚合模型"（Content Aggregation Model）和学习对象的"运行环境"（Run-time Environment）。简单说，它就是为了满足对网络化学习内容的高水平要求而设计的。其目的是为了解决以下事项：使课程能够从一个平台迁移到另一个平台，创建可供不同课程共享的可重用构件，以及快速又准确地寻找课程素材。

SCORM 的演进由 SCORM 1.0、SCORM 1.1、SCORM 1.2 到 SCORM 2004。目前最

常见的是 SCORM1.2 标准，其次是 SCORM2004 标准。

SCORM 标准具有如图 11-5 所示的四项功能。

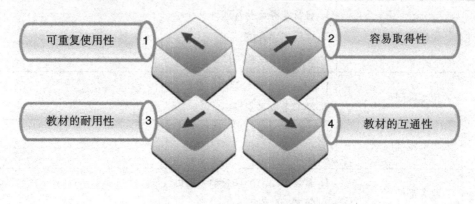

图 11-5　SCORM 标准的四项功能

1. 可重复使用性（Reusability）：同样的教材可以不去修改或经过稍微的修改，即可在不同地方重复使用这份符合标准的教材，也可以轻易地将教材合并于其他系统，或其他的教学内容。

2. 容易取得性（Accessibility）：透过这个标准的平台，学习者可以很容易地通过互联网或局域网存取教材，不受时间及空间的限制，轻易在本地或是远端读取课程的信息或内容，进而达到学习的目的。

3. 教材的耐用性（Durability）：教材不会因为科技进步或标准异动而无法使用，也就是具有良好的相容性。

4. 教材的互通性（Interoperability）：因为在 SCORM 标准下，设计教材时都遵循一个共同的标准，因此所设计的教材可在不同平台上呈现出来，也可通过不同的工具重新编辑。

第二节　E-Learning 培训体系建设

一、E-Learning 技术体系建设

企业 E-Learning 技术体系建设，主要包括硬件环境（网络、服务器及其他硬件设备）、平台（软件）环境（LMS、KMS、VCS、OES）的架构设计、系统选型、系统安装、测试及试运行等。

（一）硬件环境建设

硬件环境建设是企业实施 E-Learning 的前提，硬件环境主要是指企业 E-Learning 正

常运行所需要的设备，包括服务器系统、多媒体系统、网络系统等硬件设备。

服务器主要用于安装学习管理系统、数据库系统以及存放各种学习资源。多媒体系统包括用于学习内容制作和传输的各种多媒体设备，包括 DV 设备、音（视）频采集播出设备等。

（二）平台环境建设

平台环境建设指的是企业 E-Learning 系统中的各类软件系统的建设，主要包括以下各类软件的建设：

（1）操作系统软件、数据库软件；

（2）流媒体服务软件、课件开发工具软件；

（3）学习管理系统软件 LMS；

（4）知识管理系统（KMS）、虚拟教室系统（VCS）、在线考试系统（OES）、学习资源库、学习社区等相关的软件系统。

（三）E-Learning 平台建设的模式

E-Learning 平台建设的模式主要有四种，具体如图 11-6 所示。

图 11-6 E-Learning 平台建设的四种模式

二、E-Learning 内容体系建设

企业 E-Learning 的内容根据学习方式的不同，可以分为两大类，即正式学习内容和非正式学习内容。

（一）正式学习内容的规划和创建

正式学习内容的规划和建设，可称之为课程体系的创建。其主要内容包括课程体系目录结构的创建和课程资源来源方式的确定等。

1. 确定课程体系目录结构及显示方式

企业课程体系目录结构的创建可以采用多种灵活的方式，一般的平台系统都支持多级的子类划分、按类别的全文检索。通常的分类依据如下：

（1）内容的创建年份；

（2）企业的组织架构（如按照企业的业务部门、地域等）；

（3）员工岗位类别（如管理类、专业类、营销类、操作类等）；

（4）员工岗位层级（高级、中级、初级等）；

（5）企业或人力资源方面的其他相关信息；

（6）业务产品及版本；

（7）合作伙伴信息；

......

特别要说明的是，无论采用何种分类方式，其目的都是为了方便管理、易于学员选择和学习，即要注重用户的体验。

2. 确定课程的主要来源

一般来说，企业 E-Learning 的课件主要分为标准化的课程和个性化的课程。标准化的课程通常采用外购的方式，如礼仪形象、办公技巧、沟通技巧、营销技巧、情绪管理、时间管理等职业素养类课程通常采用外购方式获得；而与企业紧密联系的课程，如企业文化、业务模式、岗位能力等，则可以通过合作开发、定制开发、自主开发等方式来获得。

（二）非正式学习内容的规划和创建

通常情况下，正式的学习内容仅能满足员工 20% 的知识和技能的需求，剩下的 80% 的内容均需要通过非正式学习方式获得，因此，企业应该重视非正式学习内容的建设和管理。

1. 非正式学习的内容

对企业来说，员工为了更好地履行职责，所要获取的非正式学习内容中最主要的、最核心的应该就是每个员工的岗位实践经验甚至是教训，这是企业一笔宝贵的知识财富。除此之外，非正式学习内容还应包括一些时事信息，如企业最新的变革策略、企业高层讲话摘要、企业政策信息、行业信息和竞争对手的信息等。

2. 非正式学习的实现方式

非正式学习的实现方式如图 11-7 所示。

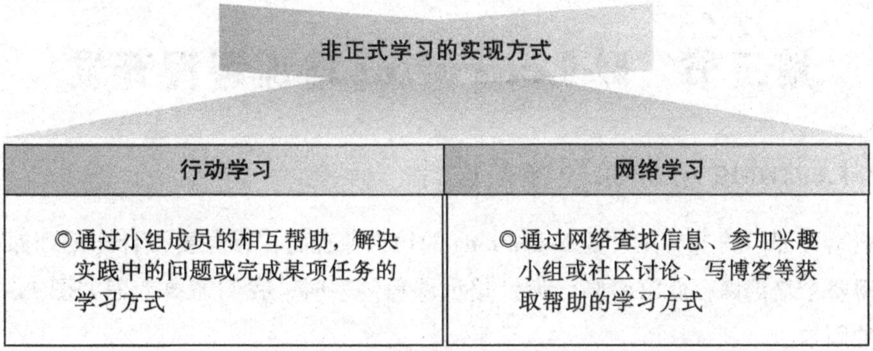

非正式学习的实现方式	
行动学习	**网络学习**
◎通过小组成员的相互帮助，解决实践中的问题或完成某项任务的学习方式	◎通过网络查找信息、参加兴趣小组或社区讨论、写博客等获取帮助的学习方式

图 11-7　非正式学习的实现方式

三、E-Learning 运营体系建设

E-Learning 运营体系建设主要分三个阶段。

（一）导入、宣传阶段

E-Learning 的培训是一种新的培训手段，员工从传统培训到 E-Learning 培训的思想转变需要一个过程。在 E-Learning 的导入、宣传阶段，需要取得企业高层领导的支持，而在高层领导的支持下可大力宣传 E-Learning 的优势，激发员工的学习热情。

（二）在线学习阶段

经过前期的宣传与导入，E-Learning 项目的负责人指导员工按照培训需求设计的 E-Learning 课程模块和安排时间就某一模块进行学习。员工在线学习的同时需要彼此进行研讨，通过团队讨论、角色扮演、基于岗位的实践活动和反馈等方式有针对性地将学习的内容与公司的实际问题相联系并找出解决方案。

（三）巩固加强阶段

E-Learning 的巩固加强阶段主要包括两个方面。

1. 课程内容

通过员工的学习与实践的反馈，E-Learning 项目的负责人需要组织相关人员对原有的课程进行改进并根据现实需要，持续地开发新的课程。

2. 技术

伴随着课程内容的改进，E-Learning 项目需要与之相配的技术基础，企业应不断地对 E-Learning 的技术基础进行升级改进或开发。

第三节　E-Learning 培训课程开发

一、E-Learning 培训课程体系设计

企业培训部门的人员在设置 E-Learning 的培训课程时，首先要设计出培训课程的体系，使得整个培训课程脉络清晰。设计培训课程体系时，我们需要考虑如图 11-8 所示五方面的因素。

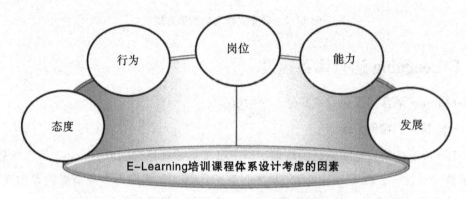

图 11-8　E-Learning 培训课程体系设计考虑的因素

（1）态度：指员工的内心想法并因此表现出来的行为。例如，新员工心态的转变、企业在职员工的主人翁精神等，企业在设计课程时可从企业文化等方面进行设计。

（2）行为：包括个人的行为与组织的行为。个人行为如日常工作是否符合标准，组织行为如企业日常的行为准则，企业在设计课程时可从工作标准等角度进行设计。

（3）岗位：指岗位所需要的知识、经验、技巧等方面。

（4）能力：指员工所具备的如学习、管理、沟通、协调、计算机操作等能力。

（5）发展：包括个人职业发展与组织的发展。

培训人员需要注意，从这五个角度出发去设计培训课程体系时，受训人员的岗位及身份不同，课程的侧重点也就不一致。

二、E-Learning 培训课程内容开发

E-Learning 内容架构包括课程资源库、学习资源库和内部知识库三个部分。课程资源库包括按多种分类管理的在线课程资源；学习资源库中包含了试题库、案例库、视频资源库、专题讨论区等学习资源，这些资源与课程资源库有着紧密的关系，既可作为资源或素材用于在线课程之中，也可与在线课程一同用于混合式培训项目之中。

在此我们主要介绍四种 E-Learning 培训课程内容开发的工具模型。

（一）ISD 模型

ISD 的英文全称为 Instructional System Design，即教学系统设计。ISD 模型是以传播理论、学习理论、教学理论为基础，运用系统理论的观点和知识，分析教学中的问题和需求，从而找出最佳答案的一种理论和方法。ISD 模型的操作步骤如下。

（1）分析，包括对教学内容、学习内容、学习者特征的分析。

（2）设计，包括对学习资源、学习情景、认知工具、学习策略、管理与帮助进行设计。

（3）开发，根据设计内容进行课程开发。

（4）实施，对开发课程的总结与结果强化。

（5）评估，包括对开发的课程评估并形成评估报告以及对教学目标的修改。

（二）HPT 模型

HPT 的英文全称为 Human Performance Technology，即绩效技术。HPT 模型通过确定绩效差距，设计有效益和效率的干预措施，获得所希望的人员绩效，是绩效改进的一种策略。

HPT 模型的操作步骤如下。

（1）绩效分析，包括组织分析、岗位分析、环境分析等内容。

（2）产生绩效差距的原因分析。

（3）设计开发，包括绩效支持、员工发展、组织交流、人力资源、财政系统等内容开发。

（4）执行，包括管理改革、过程咨询、员工发展、通信、网络、联盟等建设的内容。

（5）评估，包括形成性、总结性、确证性等方面的评估。

（三）DACUM 模型

DACUM 的英文全称为 Develop A Curriculum。DACUM 模型也称课程开发模型，是通过（任务分析）职业分析从而确定某一职业所要求的各种综合能力及相应专项技能的系统方法。

DACUM 表是由某一职业所要求的各种综合能力（任务领域）以及相应的专业技能（单项任务）所组成的二维图表。它描述了专业课程开发的目标和从事该项职业必须满足的各种要求，其中行代表专项技能，列代表综合能力，具体详见表 11-3。

表 11-3　DACUM 表

A	A1	A2	A3	A4	…
B	B1	B2	B3	B4	…

（续表）

C	C1	C2	C3	C4	…
D	D1	D2	D3	D4	…
…					

一般来说，DACUM 表包括名称、任务领域、单项任务和任务完成评定标准四项内容。用 DACUM 法进行工作任务分析的流程如图 11-9 所示。

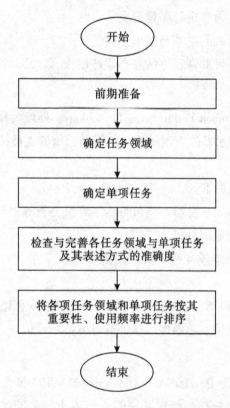

图 11-9 DACUM 法的工作任务分析流程

（四）ADDIE 模型

ADDIE 模型是一套系统性的培训教学方法，其核心主要包含要学什么（学习目标的制定）；如何去学（学习策略的运用）；如何判断学习者已达到学习成效（学习评量的实施）三方面。ADDIE 模型各阶段的工作内容如下。

（1）分析。该阶段的工作内容包括学习者分析、课程内容分析、培训工具分析、培训环境分析等方面。

（2）设计。该阶段的工作内容包括课程大纲拟定、课程架构图的规划、教学目标撰写等方面。

（3）发展。该阶段的工作内容包括课程表现形式、教学活动设计、接口设计、回馈设计等方面。

（4）执行。该阶段的工作内容包括程序设计、脚本撰写、美术设计等方面。

（5）评估。该阶段的工作内容包括课程内容评估、接口评估、效果评估等方面。

三、E-Learning 培训课件设计制作

（一）E-Learning 课件的表现形式

常见的 E-Learning 课件表现形式有以下六种，具体详见表11-4。

表 11-4　E-Learning 课件的表现形式

E-Learning 课件 的表现形式	说明
HTML 多媒体类	基于 Web 浏览器学习的超文本形式课件，课件由以 HTML/XML 为标记语言的多种类型素材构成，如文本、图片、声音、动画等
音频或视频类	以适合网络传输的音频、视频为课件主要表现形式。音频、视频课件是将传统课堂教授、讲座等内容移植到网络上的最简单和有效的方式
三分屏类	三分屏课件指视频窗口、PPT 白板和章节导航同时出现在屏幕之中的课件形式。三分屏课件较音频、视频课件表现内容更为丰富，是主流的课件模式之一
Flash 动画类	以 Flash 技术为表现形式的多媒体课件，内容呈现上多以动画形式为主。Flash 课件具有表现形式好、占用带宽小等特点，但开发成本较高
3D 仿真模拟类	3D 仿真模拟类课件主要用于讲解、展示复杂结构以及仿真模拟各种操作类的培训，如机械构造、建筑构造讲解，汽车、飞机的模拟驾驶等
游戏类	以单机或网络游戏的形式表现学习的内容，特点是寓教于乐，可大幅度提升学习者的兴趣，游戏化学习是在线学习领域的发展趋势之一

（二）培训课件制作需考虑的因素

制作 E-Learning 培训课件时，我们需考虑以下因素。

1. 培训需求

员工需要进行哪方面的培训就制作哪方面的内容。

2. 课件内容的规范性

制作课件时应严格遵守课程设计的要求。

3. 课件的界面

制作课件时要以多种表现形式制作，以便给受训人员营造一个轻松的学习环境。

4. 技术规范

制作的培训课件必须符合 E-Learning 运营的技术要求，否则难以在平台上运营。

（三）E-Learning 培训课件制作流程

1. 准备阶段

（1）项目组的组建

E-Learning 课件项目组包括设计开发组和内容开发组。设计开发组负责课程的教学设计、资源管理、美术设计、技术支持等；内容开发组负责课程素材的整理和提供，并指导、协助技术人员进行课程开发。

（2）进行相关知识储备

在课件开发制作前，设计开发人员适当学习所制作的课件内容，将有助于在制作过程中更好地理解脚本的内容。同时，课件主讲教师也应适当学习媒体制作的相关知识，以便与设计人员进行更好的沟通。

2. 前期策划阶段

（1）教学设计

教学设计是以获得优化的教学效果为目的，主要包括学习需求分析、内容框架设计、功能模块设计等。

（2）技术方案设计

技术方案设计的基本依据也是学习需求分析，在符合教学要求的前提下，技术方案应力求简单、有效，并且应具备一定的可扩展性，以应对在开发过程中不断出现的新要求。

（3）素材准备

在前期策划阶段就应该为课件准备初始素材，如开发职业礼仪的课件时，就应该收集有关着装、仪容仪表、待人接物等方面的相关图片和资料。

（4）DEMO 的开发

很多课件往往在开发完成后才发现有很多功能不符合教师和学员的实际需要，但为时已晚。为避免此种情况的出现，可在课件前期策划阶段，通过选取课程某一专题或某一具有代表性的知识点，以能够体现课件主要功能、技术特色和风格为基本要求，制作一个样本（DEMO）。

3. 开发制作阶段

（1）工作分工

在课件开发制作阶段，首先要进行人员分工，即确定项目经理人选，明确教学设计人员、设计制作人员和程序开发人员的任务与要求，制定详细的开发进度表。

（2）统一制作规范和模板

无论一个还是多个制作人员参与开发，制定一个统一的制作规范和模板，都将有助于保证课件元素与风格的统一性。

（3）沟通交流和信息反馈

在开发制作阶段，项目组成员之间的交流和信息反馈是非常重要的，因为每一个课件的制作都需要经过方案设计、制作、反馈、方案修改、制作定型这一过程。

4. 测试收尾阶段

（1）内容审定校对

原始教材经过多道加工和组织难免出现差错与疏漏，因此需要仔细地进行审校。

（2）性能及兼容性测试

网络性能测试应模拟学习者的实际网络环境，观察课件在不同地点、不同带宽条件下的传输速度。此外，还应进行链接跳转检查和病毒检测，确保课件运行的稳定性和学习者计算机的安全性。

（3）资料编制归档

在课件开发基本完成后，应该编制完整的技术文档，如安装说明、用户使用帮助等，以指导学员正确使用。此外，所有在课件开发过程中使用过的原始素材、中间文件、源程序、中间程序等都应归档保存，以便以后进行便捷、高效的修改或升级。

（四）E-Learning 培训课件评估

对制作好的培训课件进行评估是保证课程制作质量的重要手段。培训课程评估的内容主要包括培训需求分析、课程设计、课程内容、课程制作形式、界面设计及技术规范六个方面。

第四节　E-Learning 培训实施与评估

一、E-Learning 培训实施的制约因素

正如前文分析的，E-Learning 这种方式并非完美无缺，它的实施也存在着制约因素，具体如图 11-10 所示。

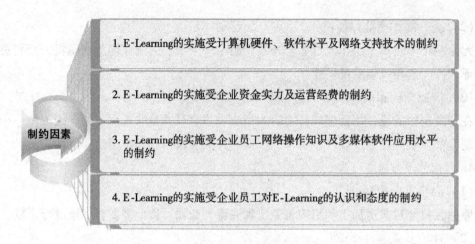

图11-10　E-Learning 培训实施的制约因素

二、E-Learning 培训实施的具体步骤

（一）E-Learning 培训需求分析

E-Learning 培训需求分析在实际操作中，也是通过调查问卷、访谈的方式进行的。问卷的题目、访谈的问题需要涉及以下几个方面的内容。

1. 可行性分析

（1）分析企业规模、资金实力，以及将来改变经营方向的可能性和企业可能的经营领域。

（2）调查分析实施 E-Learning 所需资金到位的可能性，考虑后期的成本问题。

（3）计算建设或引进 E-Learning 所需的费用。

（4）计算运营 E-Learning 的行政管理费用。

2. 企业内外环境分析

（1）调查企业人力资源规划体系、培训现状。

（2）分析企业标准化、规范化程度及整体管理水平。

（3）调查企业网络建设情况。

（4）调查企业计算机技术及应用的普及程度。

（5）分析员工职位发展体系及薪酬激励政策。

3. 员工个人分析

（1）调查分析员工年龄结构、学历结构、职能层次、学习习惯等。

（2）调查员工计算机操作及应用软件使用能力。

（3）调查员工参加 E-Learning 培训的态度。

（4）调查分析员工的个人工作绩效。

（5）调查员工个人发展需求。

（二）E-Learning 课件制作

1. 培训课件的来源

（1）与企业的培训需求相结合，定制开发的 E-Learning 课件（企业内部机构开发或寻求专业机构的帮助）。

（2）以前的成品课件转成 E-Learning 课件。

（3）培训讲师的 PPT 资料转成 E-Learning 课件。

（4）企业领导的演讲、视频录像转成 E-Learning 课件。

2. E-Learning 课件的内容

在需求分析的基础上，E-Learning 课件的内容安排应遵循"三要、三不要"的原则，具体如图 11-11 所示。

图 11-11　E-Learning 课件内容的"三要、三不要"

（三）E-Learning 课件开发团队

课件开发是 E-Learning 培训中最为核心的工作。在一个成熟的课件开发团队中，一定要有以下六类人员的参与，具体内容如下。

1. 授课专家

授课专家的作用是：拟订内容教授计划、设计内容表现方法、撰写教学文档（包括教学内容、辅助学习材料、练习题、试题库等）、审定网络课程成品。

2. 项目策划人员

项目策划人员是整个网络课程开发的总负责人，即负责整个课程开发项目组的运行和管理。其主要负责拟订整个项目组的开发计划、编制项目预算、协调授课专家与其他人员的关系、对网络课程整体策划进行汇总、提出网络课程基本样式、拟定网络课程策划书、跟踪网络课程开发进度并予以督促。

3. 美术设计人员

美术设计人员是网络课程中视觉效果的主要策划人和执行人，主要职责是负责网络课程静态视觉效果和动态视觉效果的策划。

4. 数字内容工程师

数字内容工程师就是将网络课程素材编制成课程的人员，是网络课程开发主要技术环节的参与者，其主要负责参与网络课程策划、对网络课程样式的技术实现提出建议、完成网络课程的技术实现、维护网络课程。

5. 技术人员

技术人员主要负责后台技术支持工作，为网络课程的技术实现提供解决方案；同时负责开发网络课程相关工具和教育数据库，解决网络课程中新发现的技术问题。

6. 音像制作人员

音像制作人员负责对图形图像进行剪辑处理、录入文字、摄像等工作。

（四）E-Learning 的具体实施

1. E-Learning 培训的准备阶段

（1）根据学员规模、课程特点，分析数据流量，选择购买合适的服务器；根据稳定性、可靠性、性价比等要求，选择不同档次的计算机硬件设备，并考虑数据存储、备份的必要性。

（2）搭建网络学习平台、购买网络通信设施，联系网络运营商。

（3）选择购买合适的应用软件，并考虑软件的兼容性。

（4）充分利用现有的课件资源。

（5）上述软硬件条件具备之后，就需要聘用专业的网络技术人员。只有他们才能保证 E-Learning 系统的顺利运转。

2. E-Learning 培训方案的实施

（1）学员提交培训申请

学员提出相关项目的培训申请，由服务器接受、处理收到的信息，再通过显示器向讲师、学员提供需要供应及需要培训的内容。

（2）E-Learning 培训模式

目前，经常采用的 E-Learning 培训模式主要有两种，即直接交互授课、网上自主学习。表 11-5 比较了这两种模式的优缺点。

表 11-5 直接交互授课与网上自主学习的比较

E-Learning 培训模式	简介	优点	缺点
直接交互授课	授课、学习异地同步进行	现场感强,师生可以通过网络进行交流;可当场解决学习过程中出现的问题	成本高,对设备、通信线路的稳定性及技术服务要求很高
网上自主学习	通过互联网或企业专网点播网上课程,实现异地异时培训	非常灵活,是企业网络学习的主要方式	解决问题具有滞后性

3. 生成试卷、自动评分及网上评估

每参加完相应课程的学习,即可实现对学员的培训效果进行即时评价,这也是 E-Learning 系统的功能之一。

4. 建立学员的培训成绩档案及培训历史记录

学员答完题后,若合格,可进行下一步的进阶培训;若不合格,需要重新接受相同课程的培训,直到合格为止。同时,E-Learning 系统对每一位学员的培训成绩、培训历史都有记录。

三、E-Learning 培训实施的误区

E-Learning 培训实施时应避免以下误区,具体内容如下。

(一) E-Learning 就是课程电子化

E-Learning 并非简单地将课程电子化,它不是简单地将培训内容变为电子版,学习管理平台也不是简单地安装系统和发布课程。无论是课程还是平台,都应以学习者为导向,并充分考虑运用各种手段去满足学习者的要求。

(二) 只有大型用户才适合实施 E-Learning

虽然一开始 E-Learning 培训实施主要集中在金融、石化、电信等企业用户,但在知识与网络经济时代中,不论是大用户还是小用户,E-Learning 培训学习都将成为一种必然的学习趋势。

(三) E-Learning 就是替代现有培训

E-Learning 的采用并不能完全取代面授培训,E-Learning 与面授各有优势,只有将二者有机结合,通过混合式学习,才能产生更好的学习和培训效果。

(四) E-Learning 实施主导权错位

很多企业的 E-Learning 培训实施不是由需求部门如培训部门或人力资源部门主导,

而是由 IT 或信息技术部门来主导，这导致了 E-Learning 培训实施一味强调技术指标，而忽略了其真正的目的。E-Learning 是一个学习平台，也是一个学习体系，更是一种学习方式，因此企业绝不能将其简单地等同于一个系统或技术。

四、E-Learning 运营评估的内容

对企业 E-Learning 使用现状的评估，可以从以下五方面进行。

（一）应用模式

应用模式评估主要评估它应用在哪些领域、应用哪些方法、哪些人群在使用等。

（二）相关技术

相关技术评估重点在于评估其在线学习使用的技术手段情况。

（三）培训内容建设

培训内容是 E-Learning 培训的核心所在，对培训内容建设的评估主要从课程体系的完整性、适用性和有效性等方面进行。

（四）E-Learning 的实施效果评估

对 E-Learning 实施效果的评估主要从实施 E-Learning 对企业战略的帮助和对员工工作的帮助两方面进行评估。

（五）E-Learning 项目团队的评估

对 E-Learning 项目团队的评估主要从 E-Learning 项目团队的项目开发工作与项目实施工作情况两个方面进行评估。

第五节　E-Learning 培训管理制度

一、E-Learning 课程运行管理办法

制度名称	E-Learning 课程运行管理办法		编　号	
			受控状态	
执行部门		监督部门	考证部门	
第 1 章　总则				
第 1 条　目的。 　　为了有效管理公司所有的 E-Learning 课程，提高 E-Learning 课程的培训效果，结合公司 E-Learning 课程运行的实际情况，特制定本办法。				

（续）

第 2 条　含义界定。

本办法所指的 E-Learning 课程包括外购的 E-Learning 课程、自行开发的 E-Learning 课程、合作开发的 E-Learning 课程和委托开发的 E-Learning 课程。

第 3 条　责任划分。

1. 培训部人员

（1）负责外购 E-Learning 课程以及外购 E-Learning 课程课件的上传工作。

（2）开发公司所需要的特殊 E-Learning 课程，并对所开发的课程进行报审和课件上传工作。

（3）为员工分配学习账号、密码，通知学员参加培训。

（4）及时更新和完善 E-Learning 课程课件以及相应的题库。

（5）指导受训学员进行在线学习和考试考评工作。

2. 受训学员

（1）在规定时间内学完所分配课程，掌握课程内容。

（2）课程学习完毕后，及时登录 E-Learning 课程题库进行综合练习。

（3）准时参加必修课考试、及时提交学习心得。

第 2 章　E-Learning 课程外购管理

第 4 条　E-Learning 课程外购条件。

培训部人员在以下两种条件下可外购 E-Learning 课程。

1. 自行开发成本高于外购成本，且自行开发的课程培训效果与外购培训课程没有较大差异。

2. 员工在某方面的技能迫切需要提高，而培训部自行开发 E-Learning 课程不能满足培训的要求。

第 5 条　E-Learning 课程外购申请与审批。

培训部人员将符合外购条件的 E-Learning 课程名单列举出来，并及时（两个工作日内）提交培训总监审核、总经理审批。

第 6 条　E-Learning 课程外购实施。

培训部人员根据外购 E-Learning 课程名单，选择合适的 E-Learning 课程提供商，并向其发出课程询价函。根据询价函的回复情况，选择出符合公司报价要求的 E-Learning 课程提供商，并与之进行谈判，双方就各种购买条件达成一致后，签订 E-Learning 课程购买合同。

第 3 章　E-Learning 课程开发管理

第 7 条　E-Learning 课程开发条件。

培训部人员在以下两种条件下，可以组织开发 E-Learning 课程。

1. 组织开发的 E-Learning 课程能够满足员工培训需求，且比外购 E-Learning 课程更能提高员工工作效率。

2. 培训的 E-Learning 课程内容属于与公司生产经营有密切关系的知识或专有技术的内容。

第 8 条　E-Learning 课程开发方式。

培训部人员根据课程内容性质决定 E-Learning 课程的开发方式，相关规定如下。

（续）

1. 自行开发

若 E-Learning 课程内容涉及公司企业文化或与公司生产经营有密切关系的知识或专有技术时，培训部要自行开发 E-Learning 课程。

2. 合作开发或委托开发

若 E-Learning 课程内容不涉及公司企业文化或与公司生产经营有密切关系的知识或专有技术的课程时，培训部可以与外部培训机构或高校进行合作开发，或是直接委托相关机构开发。在达成合作或委托意向后，培训部经理代表公司与相关机构签订合作开发合同或委托开发合同。

第 9 条　E-Learning 课程开发控制。

1. E-Learning 课程自行开发和合作开发控制

在自行开发以及合作开发 E-Learning 课程的过程中，培训部要组织公司相关人员和外部专家定期对所开发的课程进行评估，以确保课程质量。

2. E-Learning 课程委托开发控制

在委托开发 E-Learning 课程的过程中，公司培训部应指定专人对委托开发机构的开发活动进行控制和跟踪，以防止其所开发课程出现问题。必要时，培训部也可以聘请外部专家对委托开发课程进行控制和跟踪。

第 4 章　E-Learning 课程上传与更新管理

第 10 条　E-Learning 课程上传管理。

1. E-Learning 课程上传时间管理

（1）外购 E-Learning 课程上传时间

培训部人员应按照 E-Learning 课程采购合同规定的时间，及时向 E-Learning 课程提供商催要培训课程教材和课件等。催要成功后，培训部组织人员进行验收。对于验收合格的外购 E-Learning 课程课件要在 2 个工作日内上传到公司学习管理平台，并及时通过 OA 发布上传通知，告知应学习该课程的人员课程可使用。

（2）开发 E-Learning 课程上传时间

对于公司组织开发的 E-Learning 课程（自行开发 E-Learning 课程、合作开发 E-Learning 课程和委托开发 E-Learning 课程），开发完毕后，培训部组织人员进行验收。验收合格后，培训部人员要在 3 个工作日内将所开发 E-Learning 课程课件上传至公司学习管理平台，并及时通过 OA 发布上传通知，告知应学习该课程的人员课程可使用。

2. 上传权限管理

公司所有 E-Learning 课程课件的上传权限归培训部主管和培训部经理指定的 1 名培训专员所共有，其他人员一律没有 E-Learning 课程课件的上传权限。培训部主管总体负责编写 E-Learning 课程课件上传要求以及其他注意事项，指定的培训专员辅助培训部主管上传 E-Learning 课程课件以及其他相关资料。

第 11 条　E-Learning 课程更新管理。

1. 外购 E-Learning 课程的更新管理

对于外购 E-Learning 课程的更新管理，应按公司与课程提供商签订的 E-Learning 课程采购合同中的相关条款执行。

（续）

2. 自行开发 E-Learning 课程的更新管理

公司规定自行开发的 E-Learning 课程更新时间为 6 个月。

3. 合作开发和委托开发 E-Learning 课程的更新管理

对于合作开发和委托开发 E-Learning 课程的更新管理，应按公司与外部培训机构或高校签订的合作开发合同或委托开发合同的相关条款执行。

第5章 E-Learning 课程实施效果管理

第12条 培训部人员与各部门经理共同设定必修课程，所有参加必修课培训的员工在学习期限内必须完成必修课的学习并参加考试。考试合格，获得该课程的全部学分；考试不合格，还有一次补考机会，补考通过获得一半学分。

第13条 员工根据个人兴趣和岗位工作需要，自行选择一定的选修课程，员工在学完选修课程后，只需向培训部提交一篇学习心得即可，不必参加考试，培训部人员择优在公司 E-Learning 学习管理平台上发表。

第14条 员工要定期参加培训部或本部门组织的学习经验分享活动。

第15条 培训部人员每月查询并公布培训学习进度，根据实际情况反馈至员工本人，以保证正常的培训进度。

第16条 每季度学习结束，培训部人员按照批次评选优秀学员，以学员获得的学分为基准，以学员的学习经验分享表现为参考，给予优秀学员奖励。

第17条 员工在学习期限内，必修课程的补考没有通过，将取消其全年培训资格。

第18条 所有学员的培训学习一律安排在上班以外的时间。

第6章 附则

第19条 本办法的解释和修订权归培训部所有。

第20条 本办法自颁布之日起执行。

编制日期		审核日期		批准日期	
修改标记		修改处数		修改日期	

二、E-Learning 课程外购管理办法

制度名称	E-Learning 课程外购管理办法		编　　号	
			受控状态	
执行部门		监督部门		考证部门	

第1章 总则

第1条 目的。

为了约束培训部人员的 E-Learning 课程外购行为，提高所购 E-Learning 课程质量，减少 E-Learning 课程购买成本，特制定本办法。

（续）

第2条　适用范围。

本办法适用于本企业所有 E-Learning 课程的购买事项。

第3条　含义界定。

本办法所称 E-Learning 课程外购包括定制 E-Learning 课程外购和非定制 E-Learning 课程外购两种。

第2章　E-Learning 课程购买申请与审批

第4条　E-Learning 课程购买申请。

公司各部门人员在申请外购 E-Learning 课程时，需要填写外购 E-Learning 课程申请单，并将该单据提交培训部经理审核。外购申请单的主要内容包括如下：

1. 所需外购 E-Learning 课程名称以及门数；

2. 所需外购 E-Learning 课程提供商的名称；

3. 所需外购 E-Learning 课程的单价以及单价合计。

第5条　E-Learning 课程购买审批。

外购 E-Learning 课程经培训部经理审核通过后，根据其购买所需金额的大小，分别由公司相关管理人员按权限审批，具体的审批权限如下：

1. 外购 E-Learning 课程单次购买金额低于2万元（含2万元）的，需要由培训部经理审批；

2. 外购 E-Learning 课程单次购买金额高于2万元（不含2万元）、低于5万元（含5万元）的，需要由培训总监审批；

3. 外购 E-Learning 课程单次购买金额高于5万元（不含5万元），低于10万元（含10万元）的，需要由财务总监审批；

4. 外购 E-Learning 课程单次购买金额高于10万元（不含10万元）的，需要由总经理审批。

第3章　E-Learning 课程提供商选择

第6条　E-Learning 课程提供商的选择标准。

培训部人员根据公司的相关规定和要求，制定外购 E-Learning 课程提供商的选择标准，其具体标准如下。

1. E-Learning 课程提供商经营时间。培训部规定要选择经营时间超过5年以上的 E-Learning 课程提供商。

2. E-Learning 课程提供商的课程开发能力达到一定的水平，其开发的课程曾获得过优秀课程奖项。

3. E-Learning 课程提供商的课程开发团队成员的能力和经验。培训部规定 E-Learning 课程提供商的课程开发人员必须具备5年以上的课程开发工作经验。

4. E-Learning 课程提供商的管理能力。例如，对员工的流动率低于10%、高层管理人员的流动率低于10%的课程提供商优先考虑。

5. E-Learning 课程提供商以往的客户满意度必须达到95%以上。

第7条　E-Learning 课程提供商选择程序。

培训部在进行 E-Learning 课程提供商选择时，应遵循以下程序。

1. 列出符合公司外购 E-Learning 课程标准的所有提供商名单。

（续）

2. 向名单内的所有课程提供商发出询价函，以确定哪些 E-Learning 课程提供商的报价在公司能够接受的范围内。

3. 确定公司可以接受其报价的 E-Learning 课程提供商名单，并对他们的课程开发能力进行评估。

4. 根据评估结果，确定出最终的 E-Learning 课程提供商。

第4章 E-Learning 课程采购谈判

第8条 E-Learning 课程采购谈判人员。

对满足公司评估条件，且与公司有合作意向的 E-Learning 课程提供商，培训部应成立专门的谈判小组，就公司 E-Learning 课程采购事宜与之谈判。谈判小组成员包括培训部经理、培训部主管、培训专员，其中由培训部经理担任组长。

第9条 E-Learning 课程采购谈判内容。

E-Learning 课程采购谈判内容如下：

1. E-Learning 课程要求；

2. E-Learning 课程单价以及优惠条件；

3. E-Learning 课程采购数量；

4. E-Learning 课程交付时间以及交付方式；

5. 付款条件；

6. 课程采购合同争议处理规定。

第5章 E-Learning 课程采购合同签订以及实施

第10条 E-Learning 课程采购合同签订。

若谈判小组与 E-Learning 课程提供商的谈判达成一致意见后，公司培训部经理根据谈判内容拟定 E-Learning 课程采购合同，并提交培训总监审批。审批通过后，培训部经理代表公司同 E-Learning 课程提供商签订 E-Learning 课程采购合同。

第11条 E-Learning 课程采购合同实施。

E-Learning 课程采购合同签订后，培训部应指派专人对合同的实施进行跟进，若发现 E-Learning 课程提供商不能执行合同或不能按要求执行合同时，应立即上报培训部主管和培训部经理。

第6章 附则

第12条 本办法自总经理审批之日起实施。

第13条 本办法若与公司发布的其他管理制度相抵触，以本办法为准。

编制日期		审核日期		批准日期	
修改标记		修改处数		修改日期